JN438436

길은 순간마다 아름답고

길은 순간마다 아름답고

김용자 수필집

수필과비평사

■ 지은이의 말

되돌아본 길은 아름답다

지나간 것은 다 아쉽고 그리운 건가. 빛바랜 일기와 메모를 뒤적이다 그만 그것들의 눈짓을 차마 외면하지 못했다. 나 자신의 발자취를 기록한 나만의 영토, 그 '비밀의 정원'에 빈약한 꽃 한 송이를 누군가가 바라봐 준다면 나의 부끄러움이 다소나마 씻어지지 않을까. 영혼의 한없는 정결함과 생명의 연소가 있는 글을 써야 하지만 그 길은 내게 너무 요원하다. 망설이다 저 생명의 깃발을 흔드는 나무들을 보고 용기를 내어 내 삶의 조각보를 만들어 보았다.

수필 공부를 하면서 책을 읽고 밑줄 치고 글을 쓰고 다시 지우기를 반복했던 지난 5년여 세월이 더없이 행복했다. 지나온 길을 뒤돌아보니 웃음도 나오고 아프기도 하다. 오늘의 나를 있게 해 주신 부모님, 은사님, 사랑하는 가족 그리고 기도해 주신 모든 분들께 감사의 마음을 전하고 싶다. 수많은 인연들이 보내 준 따뜻한 눈빛과 격려로 《길은 순간마다 아름답고》라는 수필집을 두근거리는 가슴으로 세상에 내어본다.

2018년 여름에

김 용 자

차례

지은이의 말 _ 4

1. 고향 이야기

초등학교 시절 _ 12
논매는 날 _ 16
무명베를 바래던 엄마 _ 20
복숭아밭이 그립다 _ 23
오디와 누에고치 _ 27
외가 _ 31
윷놀이로 겨울밤은 깊어지고 _ 35
하천에 빠지다 _ 39

2. 아름다운 시절

기차가 들려주는 이야기 _ 44
누나의 꿈은 뭐야 _ 49
눈 오는 날 남산에서 _ 53
대구사범 낙방기 _ 57
스승님을 기리며 _ 61
스승의 날 그 눈물 _ 65
연탄불의 추억 _ 70
인연의 의미 _ 74

3. 지혜의 샘

11월의 연주회 _ 80
소나기 문학관 탐방 _ 83
우연 _ 88
독서 _ 91
자녀에게 무엇을 가르칠 것인가 _ 95
정지용 문학관을 찾아서 _ 98
행복한 삶을 이끄는 긍정의 말 _ 101

4. 낯선 미국

미국문화와 나 _ 106
그녀와 이구아나 _ 111
기조 경은 혜영 윤정에게 _ 115
미국 운전면허증 _ 119
미국생활 그 낯선 문화 _ 123
스탠포드 대학 탐방기 _ 127

5. 사색의 창

광교산 기슭에서 _ 132
군자란 _ 136
남 신경 쓰지 마라 _ 139
내 머리 염색할 때 _ 142
매미의 여름 _ 146
선물 _ 150
창덕궁에 매화가 피었어요 _ 154
후배와 가을 산장에서 _ 158

6. 가족 이야기

별난 떡볶이 _ 164
산바라지 _ 167
서울로 이사 온 장독 _ 171
아들 구하기 (6 · 29 선언을 돌아보며) _ 175
아버지 _ 179
엄마 돈 안 벌면 안 돼 _ 184
외손녀 사랑 _ 188

적막을 넘어서 유찬 태현이를 보내고 _ 191
집에 가자 _ 196
처음 내 집을 마련하고 _ 200

7. 기행문

꿈꾸는 겨울의 제주도 _ 206
남도의 가을 _ 210
부산에 가다 _ 214
새재를 걷다 _ 218
서해로 달려갔다 _ 222
왜 산에 오르는가 _ 226
꿈만으로도 행복한 유럽 여행 _ 229
나이아가라(Niagara Falls)여 _ 234
남섬 여행 _ 238
문화 속에서 길을 잃다(유럽) _ 242
미국 동부지역을 가다 _ 249
미국 서부지역을 찾아서 _ 256
가족여행 _ 260
중국의 오지를 찾아서 _ 265

짙푸른 호프만 공원 _ 271
캐나다 여행 _ 275
팔라완섬을 찾아서 _ 280
호주 여행 _ 285

1.

고향 이야기

초등학교 시절

초등학교 입학 사흘 전에 내 이름 석 자를 처음 써 보았다. 엄마가 써 준 대로 삐뚤빼뚤 간신히 한 장을 채웠다. 그 이름 석 자가 내 평생을 따라다닌다는 것을 알 턱이 없었다. 초등학교에 다니는 귀여운 손녀를 보면서 나의 초등학교 시절을 생각하니 웃음이 절로 나왔다. 유년시절 성장 과정은 우리들 인간 됨됨이를 형성하는 데 가장 중요한 시기임을 절감하게 된다.

집에서 학교까지는 4km가 조금 넘는 거리다. 오른쪽으로 길게 뻗은 '황새머리'라는 산은 꽤 높았다. 황새목같이 긴 길이라는 뜻인가 보다. 그 길이 끝나면 큰 냇가를 만난다. 학교까지 가는 데는 물을 세 번 건너야만 한다. 여름 장마철이면 우리는 비상이 걸린다. 물가 초입에는 동네 친구들이 다 모여든다. 우산이라곤 구경도 못해 보았고 헝겊으로 기운 다 낡은 삿갓도 매우 귀했다. 모두 헌 부대를 덮어쓰고 나녔고 웬만한 비는 그냥 다 맞고 다녔다. 키가 작은 우리들은 물가로 들어서자 무릎 위 배꼽까지 물이 차오른다. 책보를 허리에 단단히 매고 중무장을 한다.

남자 여자가 손을 잡고 한 줄로 띠를 만들어 건너야 한다. 남자 여자가 손을 잡아야 하는데 모두들 '남사스럽다.'고 망설인다. "너희들은 4촌간이잖아. 손잡아도 돼." 하면서 부추긴다. 생일이 두어 달 늦은 4촌 남동생과 한 반이다. 둘이 손을 잡는 순간 황토물이 눈앞에 넘실거린다. 심장이 콩닥콩닥 소리를 낸다. 한발 한발 긴장하며 잘 건너간다 하는 순간 옆에서 "아! 내 신발. 아이고! 내 책." 하며 큰 소리로 앙앙 운다. 신발이 둥둥 떠내려가고 책 보따리가 황토 물을 마시며 허우적거린다. 속수무책이다. 마음 약한 친구들은 울고불고 난리다. 이렇게 세 군데의 물을 건너고 학교에 가면 둘째 수업시간 끝 종이 크게 울렸다.

겨울은 겨울대로 힘들었다. 냇가에 둥글넓적한 돌을 놓은 징검다리를 건너노라면 살짝 언 돌에 미끄러져 발이 물에 빠지기 일쑤였다. 금방 신발과 양말에 얼음이 달라붙었다. 발이 시리고 아팠다. 학교에 거의 다 왔는데 나는 울면서 집으로 갔다. 나 혼자 보낼 수 없어 사촌 언니가 나를 데리고 집으로 갔다. 둘 다 결석이다. 지금 아이들과 비교해 보면 격세지감이다. 이런 위험이 도사리고 있는데도 어른들은 아무 관심도 없다니.

1학년 담임선생님은 이웃집 털털한 아저씨 같았다. 수박 벌거지란 별명을 가지고 있다. 하하 허허 잘도 웃으신다. 그때마다 금빛 앞니가 유난히 불거져 보였다. 그래서 수박 먹기가 좋다는 뜻에서 붙여진 별명인가 싶다. 선생님은 쉬는 시간만 되면 복도로 교실로 어슬렁어슬렁 오신다. 그리고는 나의 종아리를 붙들어 공중에 높이 띄웠다가 공기 받듯 하셨다. 어느 때는 어깨에 매달고 교무실로 향했다. 발버둥을 치고 울상이 된 나는 간신히 교무실을 빠져나올 수가 있었다. '선생님은 왜 나만 보면 못 살게 구실까?' 그 뒤부터는 선생님 그림자만 보아도 숨어 버렸다.

4학년이 되었다. 조회 시간에 새로 오신 선생님을 소개했다. 두 분 여선생님은 올봄에 갓 졸업하시고 첫 발령을 받으셨다. 한 분은 키가 크고 얼굴이 깡마르다. 또 한 분은 마치 갓 피어오르는 목련꽃 같았는데 그분이 우리 담임선생님이 되셨다. 나는 속으로 기뻤다. 어느 날 방과 후 집으로 돌아가려는데, 내 신발이 없어졌다. 신발장을 다 뒤지고 다녀도 신발은 나오지 않았다. 울상이 된 나를 담임선생님이 보시고 "우리 집에 가서 자자. 내일이면 틀림없이 신발이 나올 거야." 하셨다. 그때만 해도 선생님들은 화장실에도 안 가시는 줄 알았다. 너무나 부담이 되었다. '선생님 옆에서 어떻게 누워서 잔담?' 동화 속에 나오는 꿈꾸는 공주처럼 예쁘게 자야 할 터인데,

저녁 밥상에 오징어채볶음이 나왔다. 발그레한 윤기 나는 오징어볶음이 어찌나 달콤하고 맛있던지 그 맛을 평생 못 잊을 것 같았다. 시래기된장국, 호박잎만 먹다가 도시의 음식을 맛보니 딴 세상을 만난 것 같았다. 그 이튿날 우리 반 신발장엔 정말 내 꺼먹고무신이 가지런히 놓여 있었다. 확인된 바는 없지만 나를 좋아한 어느 남학생이 내 신발을 감추었다는 소문이 돌았다.

5학년이 되었다. 담임선생님은 남자 분이시다. 5학년이 되고 나서

나는 황당한 일을 당했다. 6학년 선배 언니들에게 왕따를 당했다. 점심시간이면 운동장에서 고무줄놀이나 공기놀이에 정신이 팔려 있었다. 한참 재미에 빠져 있는데 친구들이 하나 둘씩 어디론가 빠져나갔다. 나만 덩그러니 남아 있는데, 선배들이 주위에 삥 둘러섰다. "너는 선생님이 '알아 봐' 준다더라. 넌 친구들한테 대장노릇한다더라. 대에장! 대에장!" 소리를 높였다. 다소 기는 죽었지만 그래도 난 울지 않았다. 6학년 선배 가운데는 나의 친척 언니가 있었다. 그런데 왜 언니는 나의 편이 되어 주지 못하였는지? 어른이 다 된 후에도 끝까지 물어 보지 않았다. 그 무슨 자존심(?).

산비탈을 내려오는 나무꾼들의 지게 위에 진달래 다발이 춤을 춘다. 학교를 마치고 집으로 돌아가는 길엔 탐스러운 진달래 꽃잎을 뜯어 먹느라 친구들 입술은 파랗게 물들어 있었다. 푸른 하늘엔 종달새가 총총한 날갯짓으로 아물아물 사라졌다. 보릿고개, 미처 익지 못한 풋보리를 잘라다가 쪄서 가루를 만들어 허기진 배를 달래던 시절, 우리들은 배고픈 줄도 모르고 즐겁게 뛰어놀았다.

지나간 일들이 아름다운 것은 옛일을 떠올릴 때마다 우리의 기억이 조금씩 왜곡되어서 좋은 기억만 남고 나쁜 일들은 기억에서 사라지기 때문이라고 한다. 초등학교 어린 시절에도 어찌 좋은 일만 있었을까만, 지금 내 마음속에는 그 시절이 그리움으로만 남아 있다. 담임선생님들에게 사랑을 받고서도 그것이 사랑인 줄도 몰랐던 어린 시절은 그만큼 순수했고 아름다웠다. 눈 감으면 진달래 먹고 물장구치던 그리운 그 시절, 어릴 때 뛰놀던 정겨운 산야만 내 마음에 가득하다.

논매는 날

무논을 갈고 써레질하여 모심기를 하고 벼가 자라면 논매기를 시작한다. 농촌의 벼농사는 세 벌 논을 매고 나야 한 고비를 넘기게 된다. 넓은 들판에 짙푸르게 자라는 벼 포기 사이사이로 흰 옷 입은 농부들이 연신 허리를 굽혔다 폈다 하면서 논을 맨다. 멀리서 바라보면 마치 흰 학이 내려앉은 것 같아 평화롭기 그지없다. 여기저기서 흥겨운 풍년가가 흘러넘친다.

논매기는 우리나라 오랜 전통인 품앗이로 오늘은 우리 논, 내일은 숙이네 논, 한 달 내내 이어진다. 농경사회에서 더불어 살아가는 소중하고 따뜻한 문화다. 농부는 억센 풀을 뽑아내느라 호미에 힘을 주기 때문에 손이 부르트고 물집이 생긴다. 그래서 흰 붕대를 여러 겹 감아 손을 보호해야 한다. 허린들 오죽 아플까. 농사철에는 등 굽은 노인들도 일손을 놓을 수가 없었다. 노동의 고달픔을 노래로 달래이 본다. 노동요를 부르면 일은 신명으로 능률이 더 오른다. 논둑에 '농자천하지대본'의 깃대를 꽂고 꽹과리를 울리면 일꾼들의 기운이 온 들판을 흔들었다. 한편에서 선창을 하면 다른 편에선 후창을 한다.

"이 논배미 얼른 매고 저 논배미로 건너가세. ~담송담송 닷 마지기 반달만치 남았구나. 얼럴러 상사듸야."

구성지고 우렁찬 풍년가가 흘러넘친 온 들판은 더욱 더 벼가 잘 자라서 올 가을 풍년을 기약한다. '농부는 죽어도 씨앗을 베고 죽는다.' 는 말이 있다. 곡식 종자를 불씨처럼 간직하며 수천 년 이어져 내려온 벼농사가 아닌가. 작열하는 팔월의 태양 아래서 농부가 일곱 근의 땀을 흘려야 비로소 한 줌의 쌀을 얻게 된다.

어머니와 동네 아주머니들은 점심 준비로 눈코 뜰 새 없이 바쁘다. 마루에선 손칼국수를 만들어 펄펄 끓는 미역국에 넣는다. 큰 함지박에 밥을 수북이 담아 지게에 얹는다. 가지 무침, 오이소박이, 배추고갱이겉절이, 고추찜, 장떡 특히, 고등어자반 조림은 정성을 다한다. 뒤뜰 감나무 잎을 깨끗이 씻어 한 잎에 자반 한 토막씩을 얹어 차곡차곡 담는다. 막걸리통과 큰 주전자 모두들 한 가지씩 이고 지고 행렬을 지어 들판으로 간다. 가장 가벼운 간장 주전자는 내 차지다. 나는 이 행렬을 보면 그렇게 기분이 좋을 수가 없었다. 산천도 들판도 푸르고 세상이 온통 다 푸르다. 산딸기 덤불이 얼기설기 뒤엉킨 논두렁 사이로 야생화들의 환한 웃음이 나를 반짝 놀라게 한다.

일꾼들이 기다리던 점심시간이다. 고된 일에 얼마나 시장할까? 상일꾼이 밥 한 술 떠서 고수레를 외친다. 널찍한 논두렁에 길게 늘어

앉아 꿀맛 같은 점심을 먹는 모습도 잊지 못할 정경이었다. 혹 모르는 사람이 지나가더라도 반드시 먹여 보냈다. 농촌의 후한 인심이다. 가장이 일하러 가면 그 집 아이들은 몇이 되든 아버지 앞에 올망졸망 앉아 밥을 같이 먹었다. 너무 많이 먹어 맹꽁이 배같이 뽈록 나왔다. 사발농사란 말이 있다. 가난한 시절에 한 끼 식사를 해결한다는 것이 그만큼 소중했다.

점심 후 일꾼들은 집에서 기다리는 노모를 생각해서 아이들에게 고등어조림을 들려 보냈다. 어쩌다 자반을 땅에 떨어뜨리면 아이들은 앙앙 소리 내며 울었다. 떨어뜨린 자반에는 모래가 묻고 순식간에 개미떼가 달려들었다. 나는 얼른 주어서 모래를 대강 털고 다시 싸매주었다. 그 당시 농촌은 고등어 한 토막도 아주 귀한 반찬이었다. 새우젓 한 국자도 군침을 돌게 했던 가난하고 순박한 농촌이었다.

길고 긴 여름 해가 꼴딱 넘어 가면 일꾼들은 앞산에서부터 북소리를 둥둥 울렸다. 아이들은 새 날개같이 양팔을 벌리고 앞산으로 달려갔다.

그날은 우리 집 세 벌 논을 마무리하는 날, 해마다 일꾼의 노고를 위로하고 감사하는 행사를 치른다. 온 동네 사람들이 함께 모여 잔치 분위기다. 우리 집 일꾼은 소를 타고 입성하고 다른 일꾼들은 뒤를 따른다. 마당에는 멍석이 깔리고 기다리고 있던 동네 사람들과 아이늘이 일제히 일어나서 박수를 친다. 구릿빛 팔뚝에 단단한 근육을 가진 일꾼은 소를 탄 채로 마당을 두어 바퀴 돌고 나면 어머니는 미리 준비한 새 옷 한 벌을 일꾼에게 건네신다. 일꾼은 고개를 끄덕끄덕하며 함박웃음으로 답례를 하고 우리는 와! 하며 함성을 지른다. 북소리, 꽹과리 소리는 더욱 절정에 이른다.

이어서 삶은 돼지고기가 큰 접시에 수북하게 오르고 마당가에서는 뒤집힌 솥뚜껑에 고소한 지짐 냄새가 골목을 휘감는다. 막사발에 막걸리가 넘쳐흐르고 건배를 하며 술기운으로 얼굴이 불그스레하다. 모두 일어나서 손뼉 치며 춤을 춘다. 유성기판 하나 없는 농촌인데도 사랑방에서 구전되는 유행가를 멋지게 한 곡조씩 풀어낸다. 아이들은 신나게 뛰놀다가 하나 둘씩 제 엄마 무릎에 곯아떨어졌다. 밤하늘에 별들도 깜빡깜빡 조는 깊은 밤중까지 흥겨운 노래 소리는 끊일 줄 몰랐다.

고되고 힘든 농촌일이지만 정다운 이웃이 있기에 살맛이 났다. 지금은 모든 것이 기계화 되었고 제초제가 있으니 세 벌 논매기도 없어졌다. 요즈음은 들녘에까지 짜장면, 닭튀김, 커피 등등이 배달되니 편리는 하겠지만, 그 맛이 인정으로 넘치던 논두렁의 점심밥만 할까.

나는 우리 농촌이 산업화 이전의 뜨거운 연대감으로 뭉쳐 품앗이 전통을 계속 이어 나갔으면 한다. 가난했지만 아름다웠던 그 시절의 삶이 그립다.

무명베를 바래던 엄마

봄 햇살이 눈부시다. 봄은 어머니다. 많은 것을 잉태하고 또 많은 것을 쏟아낸다. 따사한 봄볕은 내 등줄기를 타고 내려온다. 이맘때쯤이면 양지바른 고향 언덕에 펼쳐 놓은 그 하얀 베와 함께 엄마의 얼굴이 떠오른다.

엄마는 목화씨를 심었다. 여름철에 무럭무럭 자라 탐스러운 다래가 많이도 열렸다. 주전부리가 없었던 그 시절의 아이들은 달착지근한 다래를 따 먹다가 야단을 맞기도 했다. 실을 만들고 베를 짤 다래기에 아이들의 욕망만큼 어른들의 야단도 절박했다. 사래 긴 목화밭에 노란 노을이 지면, 그 뽀얗던 목화송이도 노랗게 물이 들었다. 석양이 비치는 들길에 목화송이 광주리를 이고 걸어가는 아낙네 모습은 한 폭의 그림이었다.

쐐기로 목화씨를 제거하고 활로 튕겨 솜뭉치를 만든다. 솜을 대청마루 가득 펼쳐 놓고 적당한 크기로 잘라 수숫대 밀대로 비벼서 고치를 만든다. 고치를 물레로 자아서 실을 뽑는다. 바디에 날줄 실을 올올이 꿰어 베를 맨다.

그날은 우리 집 베를 매는 날이었다. 적어도 두세 명의 손발이 잘 맞아야 일이 원활하게 진행된다. 등 너머 아주머니들이 와서 엄마의 시중을 든다. 아침부터 마당 한편에 불씨를 놓고 마른 목화씨와 왕겨를 섞어 그 위에 골고루 편다. 계속 불기운이 돌아야 베올이 잘 마른다. 엄마는 풀 솔로 실에 풀을 먹이고 맨손으로 실올 하나하나에 풀기가 잘 배도록 조심조심 훑어 나간다. 날줄이 팽팽하고 질긴 실이 되기까지는 노련한 솜씨와 까다로운 공정이 이어진다. 도투마리에 잘 말려진 실들을 감을 때 실이 서로 엉키지 않도록 사이사이에 대쪽을 끼워 넣는다. 이때 한 올이라도 잘못되면 큰 낭패다. 모두가 극도의 정성을 다한다. 베틀이 차려지고 날줄이 가지런히 펼쳐지면 엄마의 손과 발이 쉴 새 없이 움직이며 찰가닥찰가닥 북 속의 씨줄이 왔다 갔다 하며 고르게 베를 짠다.

아무리 목이 마르고 배가 고파도 한 번 베틀에 앉으면 내려올 줄 모르셨다. 다 짠 베가 감길 때마다 그 무게는 엄마를 힘들게 했다. 마치 해산의 고통 끝에 새 생명을 얻듯이 무명베 한 필을 가슴에 안았다. 지금 생각하면 엄마의 베 짜는 과정 하나하나가 자식을 낳고 기르는 과정과 너무나 닮았다. 삶의 베틀에 앉아 철없는 자식 같은 베올을 움켜쥐고 올바른 베 한 필을 짜내느라 얼마나 많은 고난을 견디셨을까.

엄마는 오늘같이 볕 좋은 봄날 “날 좋다, 날 좋다.”를 연신 되뇌시며 노는 햇볕을 늘 아까워하셨다. 애지중지 자식 같은 무명베 한 필을 찬물에 헹궈서 양지 바른 언덕에 내다 말렸다. 불그레한 색이 가실 때까지 며칠이고 봄볕에 바랬다. 나중엔 마당가 빨랫줄에 장대를 받치고 서리서리 길게 걸어 말리다 보면 무명베는 하루가 다르게 뽀얗게 변해 갔다. 봄바람에 펄럭이는 무명베는 깃발처럼 눈부셨다. 그런 베를 바라보는 엄마의 눈빛도 봄날처럼 따뜻했다.

70평생 싸구려 동동 구리무 한 통 바른 적 없는, 봄빛에 그을린 엄마의 맨 얼굴이 그렇게 환해졌던 것은 그 무명베가 엄마의 정신이고 긍지였기 때문이리라.

등잔불이 사그라질 때까지 무명베 바지저고리를 깁던 엄마, 엄마는 그 길쌈 과정만큼이나 달고 쓰고 애틋한 인생길을 타박타박 걸어오셨다. 기억 속의 엄마의 베적삼은 항상 땀이 흥건했다. 그 희생은 해 질 녘 들려오는 트럼펫 소리처럼 애잔한 그리움이다.

고향마을에 가면 무명베가 펄럭이는 고향 언덕 저 너머에서 엄마는 환하게 웃으시며 우리 곁으로 다가오실까? "너그들 무명베처럼 질기고 깨끗하게 살아래이." 하시는 그 음성이 생전처럼 귀에 쟁쟁하다.

> …그대 몇 번이고 감고 푼 실을
> 밤마다 그리움 수 놓아 짠 베 다시 풀어야 했는가
> 내가 먹인 암소는 몇 번이고 새끼를 쳤는데
> 그대 짠 베는 몇 필이나 쌓였는가…
>
> – 문병란 〈직녀에게〉

복숭아밭이 그립다

불볕더위다. 마른하늘은 농부의 마음을 애태운다. 너무 일찍 잠자리에 들었기 때문일까. 한번 도망간 잠은 더 이상 돌아오지 않는다. 불현듯 산허리를 감고 도는 물안개. 그 위에 섬처럼 이어지는 산들의 모습, 우리 집 복숭아밭, 마치 느릿한 활동사진 필름처럼 펼쳐진다.

상주 북부 귀호마을 나지막한 산자락 소나무 언덕 아래, 그리 넓지 않은 복숭아밭. 이름 모를 새소리가 어우러지면 먼 데 산이 성큼 다가온다. 환한 등불을 단 듯, 연분홍 화사한 복사꽃은 물동이를 인 동네 처녀들의 마음도 물들였다. 어슴푸레 달빛이 산자락으로 내려오면, 친구들은 복숭아밭 가까이 놀이터로 모여들었다. 모두들 술래잡기 놀이에 정신이 팔려 어디론가 다 숨어버렸는데, 큰 복숭아나무 그늘 아래서 상기된 얼굴의 초등학교 남자 친구가 꼼짝도 않고 서 있었다. 그는 몇 발자국 내 앞으로 다가왔다. 몇 번이나 망설인 끝에 하얀 편지 봉투를 나에게 내밀었다. 며칠 전에도 복숭아나무 가지

끝에 사랑의 시를 써서 매달았노라고 떨리는 목소리로 말했다. 바람 한 줄기가 시원하게 지나갔다. 눈꽃 같은 복사꽃이 우수수 떨어졌다. 그 위로 열이틀 달빛이 고왔다.

"난 왠지 공부가 제대로 안 돼."라고 말했다. 나는 가슴이 두근거렸다. 술래잡기 친구들이 와아 몰려올 것만 같았다. 누구에게 들키기라도 한 듯이, 황급히 달아나다가 하마터면 복숭아나무 가지에 걸려 다칠 뻔했다. 어서 자리를 떠야겠다. 황금색 점박이 산나리 꽃들이 여기저기 바람 따라 살랑거렸다. 어디선가 개구리 울음소리가 적막을 깨고 들려왔다.

봄이 가고 어느새 여름이 왔다. 풀 향기 묻어나는 언덕에는 하얀 망초꽃이 무리지어 피어 있고 복숭아밭은 노란 봉지를 뒤집어썼다. 아버지는 복숭아밭을 정성껏 돌보셨다. 올망졸망 파란 얼굴들이 어느덧 발갛게 홍조를 띠었다. 어쩌다 먼저 익은 복숭아를 발견해도 아버지는 반쪽도 잡수시는 걸 본 적이 없었다. 밭에서 돌아오실 때도 늘 벌레 먹고 멍든 것만 가지고 오셨다. 그것마저도 버릴 게 없다면서 요리조리 칼로 오려낸 시원찮은 복숭아 조각들을 우리에게 맛보였다. 밤에 복숭아를 먹으면 예뻐진다고 어른들은 말했다. 그때는 그 속뜻을 몰랐다. 좋은 복숭아를 아끼기 위한 말이란 것을 나중에야 알게 되었다.

강렬한 불볕이 계속 복숭아나무를 달구었다. 밭에 나갈 때마다 더욱더 예뻐지는 복숭아들. 하얀 우윳빛 얼굴에 수줍어서 더욱 아름다운 자태. 열아홉 순정 같은 복숭아 뺨. 과일 미인 선발대회가 열린다면, 단연코 여왕으로 뽑히리라.

가지마다 주렁주렁 주먹만 한 탐스런 복숭아가 매달렸다. 진한 향기가 코끝에 스쳤다. 아버지가 그렇게 아끼던 복숭아였지만 동생과 나는 그 유혹을 물리칠 수 없었다. 아버지 몰래 예쁜 복숭아를 몇 개 따서 산골 찬물에 뽀드득뽀드득 씻어서 크게 한 입 베어 물었다. 그 노르스름한 부드러운 과육. 알싸하고 달콤한 과즙이 입안에 가득했다.

복숭아를 첫 수확하는 날이었다. 온 식구의 얼굴이 복숭아처럼 환했다. 특히 아버지의 얼굴은 보람이 넘쳐흘렀다. 때깔도 좋고 잘생긴 것은 예쁜 광주리에 따로 담았다. 벌레가 먹었거나 거멓게 멍이 들고 진물이 난 것은 헌 바구니에 담았다. 함께 담으면 그 진물이 금방 옆으로 번져가서, 튼실한 복숭아도 버리게 된다고 하셨다. 지금까지 태풍, 천둥, 번개가 요동을 칠 때마다 이것들은 서로 힘을 합쳐, 놀란 가슴을 쓸어내리며 여기까지 왔다. 어떤 것은 귀한 대접을 받고 어떤 것은 그렇지 못하다니 마음이 짠했다. 돌아서려니 잎사귀에 가려서 미처 보지 못했던 복숭아가 여기저기 남아 있었다.

그때 밭 언저리 소나무 가지에서 까치 가족들이 이리저리 맴돌고 있었다. 까치 울음소리가 어쩐지 심상치 않았다. 그도 그럴 것이 그 아름답던 복숭아밭이 순식간에 텅 비어 황량하게 되었으니 얼마나 놀랐을까. 목마를 때마다 내려와 콕콕 단물을 찍어 먹고 행복했던 까치들이 아니었던가. 까치밥을 생각지 못하고 모조리 거두려 했던 내가 부끄러웠다.

어서 오라는 아버지의 성화에도 미련을 버리지 못하고 자꾸만 복숭아밭을 뒤돌아보았다. 묘목으로 실려와 나와 함께 자라왔고, 꿈을 키우며 사랑과 낭만을 품어 주었던 복숭아나무였다. 복숭아를 사랑하며 복숭아밭을 부지런히 돌보셨던 아버지의 모습이 가뭇없이 사라졌다가 다시 떠오르곤 했다.

달빛에 젖은 복사꽃이 아름다웠던 고향. 기억은 꺼낼 때마다 새로워진다고 했던가. 코끝의 복숭아 향기가 나를 먼 과거로 데려간다. 다시는 되돌아갈 수 없는 어릴 적 그 복숭아밭이 손에 잡힐 듯하다.

오디와 누에고치

어, 이게 뭐지? 배달된 오디 상자를 뜯는 순간 어릴 적 봤던 오디 생김새와는 너무 달랐다. 그때는 탐스럽고 윤기 나는 진보라색이었는데 이번에 온 것은 자잘하고 검은색이었다. 초등학교 시절 이맘때면, 학교에서 돌아오는 길에 밭두렁에 책보를 집어던지고 뽕나무에 기어올랐다. 키가 크고 가지도 쭉쭉 뻗어 잎이 무성했다. 진녹색의 잎들이 바람을 타고 출렁거렸다. 밝은 햇살이 나뭇가지 위로 내려쬐고 까치란 놈이 할일 없이 이리저리 날아다니며 깍깍 울어댔다.

재잘거리던 친구들은 오디 따 먹느라고 모두 조용했다. 잘 익은 오디 맛은 참으로 달콤했다. 출출했던 아이들은 무슨 별식이라도 만난 듯 배가 불뚝 일어나서야 나무에서 내려왔다. 친구들의 입 언저리는 잘못 그린 그림처럼 푸릇하게 얼룩져 있었다. 서로 얼굴을 쳐다보며 뭐가 그리 우습던지 배꼽을 잡고 깔깔거렸다.

엄마는 면사무소 직원이 주고 간 누에 판을 들고 무척 좋아하셨다. 따뜻한 아랫목에 깨끗한 보자기를 덮어 잘 간수하셨다. 우리들에게 들여다보지 말라고 당부하시는 걸 보면, 아주 중요한 것임엔 틀림없는 것 같았다. 며칠 후에는 까맣고 아주 작은 생명체가 곰실거렸다. 학교에서 돌아오면 엄마 몰래 누에들을 가만히 살펴보았다. 나날이 조금씩 자라더니 어느새 어른 손가락 굵기만큼 자랐다. 새끼누에 때는 뽕잎을 좁쌀처럼 가늘고 잘게 썰어서 주었는데 이제는 가지째 던져 준다. 어찌나 식욕이 왕성한지 뽕잎 먹는 소리가 마치 잠결에 듣던 소나기 소리와 같다. 누에의 이빨은 좌우로 칼날처럼 톱니 모양의 요철이 있어 순식간에 넓은 잎을 다 갉아 먹어 치운다.

드디어 넉 잠을 잘 태세다. 누에는 넉 잠을 자고 나면 고치를 만든다. 말갛고 투명하게 변한 누에 속에는 점액질의 명주실이 하나 가득 들어 있다. 아랫배를 고정시키고 군대 열병식처럼 고개를 빳빳하게 들고 허공을 응시한다. 이때가 되면 엄마의 일손이 더욱 바빠진다. 투명한 몸체를 다칠세라 고이고이 다룬다. 똥을 가려서 깨끗한 짚으로 만든 예쁜 섶에 올린다. 누에는 부지런히 자기 집을 만든다.

생의 새로운 단계를 준비하는 그들은 자신의 운명을 알고 있을까? 운명의 씨줄과 날줄을 엮어 자신을 감싸고 있다. 누에는 마침내 보이지 않고 자신의 모습을 닮은 타원형의 갸름한 누에집 속에서, 다가오는 변화가 두려운 듯 단단히 몸을 가둔다. 참으로 성실하게도 자기의 사명을 다하고 고치 속에서 순결한 백색 날개로 날아다닐 나비의 꿈을 조용히 꾸고 있다.

엄마는 뒤곁에 큰 솥을 걸고 불을 지핀다. 끓는 물에 하얀 고치가 떠오른다. 동네 개구쟁이들은 용케도 번데기 냄새를 맡고 하나 둘씩 모여 든다. 엷은 막 속에 발그레한 몸체가 드러나면 모두들 꼴깍 군침을 삼킨다. "뜨겁다 뜨거워", "데인다 데이어." 하시는 엄마의 목소리는 번데기에 정신이 팔린 아이들에게는 들리지 않는다. 성질 급한 나는 나무젓가락을 휘저으며 얼른 하나를 입에 넣는다. 뜨겁다. 그러나 구수하고 맛있다. 너도 나도 날름날름 잘도 받아먹는다. 먹을거리가 귀하던 그 시절 어린이 영양 보충으로 이만한 것이 없는 것 같다.

초등학교 3학년 학예회였다. 세 친구와 함께 "날 저무는 하늘에 별이 삼형제" 머리띠에 노란 별 세 개를 붙이고 엄마가 짠 명주 천에 연분홍 꽃물을 들인 치마저고리를 입고 춤을 춘 적이 있었다. 내 친구 숙이는 장에서 사온 광택이 있고 꽃무늬가 번뜩이는 금박 박힌 치마저고리를 입었다. 많은 사람들이 모인 강당 무대에서 아찔한 흥분으로 하마터면 순서를 까먹을 뻔했던 가운데서도, 나는 그 친구 옷이 더 멋스럽게 보여 내심 부러웠다. 지금 생각하니 몇 백 마리의 누에의 헌신과 엄마의 노고로 만든 내 옷을 자랑스러워하지 못했던, 참 철딱서니가 없었던 시절이었다.

자기완성의 길에는 누에에게나 인간에게나 많은 역경이 놓여있게 마련이다. 나비가 되고자 하는 누에의 꿈이 비록 명주실과 번데기로 남게 되었지만 그 과정의 노력은 누군가의 삶에 날개가 되는 것이다. 엄마의 삶도 마찬가지였으리라. 엄마는 당신의 꿈을 접고 우리에게 날개가 되어주셨다. 오늘 오디를 보고 뽕나무를 생각하고 누에치던 우리 집을 떠올린다. 냄비 가득 부풀어 오르던 그 하얗고 뽀얀 고치와 함께 비단실 같은 엄마 모습이 눈에 어른거린다. 오디에서 엄마 냄새가 난다.

외가

초등학교 다닐 때, 엄마를 따라 외가에 자주 갔다. 집을 떠날 때는 언제나 설렜다. 기차를 타고 외가에 가는 것은 즐거운 여행이었다. 우리 동네에는 없는 긴 강을 따라 발달한 유원지와 기암절벽 사이로 쭉쭉 뻗은 아름드리 소나무 숲, 며칠 묵어가는 내내 이 모든 새로움은 나를 들뜨게 했다.

허둥지둥 도착한 조그마한 시골 기차역. 가을이 오기 전 일찍 핀 키 작은 코스모스, 모자 쓴 정장 차림의 근엄한 역장님 뒤로 길게 늘어선 철로의 모습에 내 마음은 이미 다른 세상을 향해 달려갔다. 역장님의 깃대가 마술사의 지팡이처럼 올라가면 기차는 생명을 얻어 하얀 김을 내뿜으며 달려갔다. 빠르게 돌아가는 산과 실개천, 밀짚모자를 눌러쓴 농부는 가까운 거리만큼 더욱 빠르게 지나갔다. 그 속도감에 적응하지 못한 나는 겁을 먹고 어리둥절했다.

외가로 가는 길은 두 갈래였다. 하나는 편하고 안전한 길인데 긴 돌담을 끼고 걷노라면 30분이나 더 걸렸다. 과수원에는 하얀 배꽃이 피고 논밭을 휘감고 흐르는 강줄기도 저만큼 보였다. 다른 길은 지름길로 철교를 건너는 위험한 길이었다. 철교 밑으로 시퍼런 강물이 흐르고 더 겁나는 것은 맞은편에서 기차가 오면 피할 곳이 없었다. 그래도 늘 외길 철교를 이용하셨던 엄마의 발걸음은 어쩌면 당신의 인생길이었을지도 모른다.

엄마는 보퉁이를 이고 한 손으로 나를 낚아채듯 겨드랑이에 끼고 한 발 한 발 조심스럽게 건너셨다. 흰 거품을 일으키며 센 물살이 언뜻언뜻 다리 밑으로 보일 때면, 오금이 저리고 아찔했다. 주저앉아 엉엉 울며 못 가겠다고 떼를 써 보고 싶었지만, 그러면 다시는 나를 외가에 데리고 가지 않을지도 모른다는 생각에 그러지도 못했다.

철교에서 마지막 발을 떼는 순간, 나는 이제야 살았다 싶어 외가로 가는 논둑길을 마구 내달렸다. 할머니가 제일 먼저 뛰어나오셨다. 외삼촌도 내 손을 잡으며 반기셨다. 할머니 품에 안기면 철교 위에서 졸였던 마음이 봄눈 녹듯 풀려갔다. 아늑하고 포근한 품속, 지금도 현실의 각박한 삶의 언저리를 지날 때면 문득문득 생각나는 품속이었다.

할머니 방에는 나지막한 오동나무 장롱이 있었다. 그 속은 보물단지였다. 자다가 눈을 뜨면 장롱은 바스락 소리를 냈다. 살며시 할머니의 손이 내 입가에 닿았다. 그리고 갓 볶은 콩가루 고소한 냄새가 나고 곧 까만 갱엿이 내 입속으로 들어왔다. 알싸하고 달착지근한 그 맛, 입속에서 사르르 녹았다. 지금도 어디 여행을 갈 때면 그때의 엿 맛이 그리워 엿장수 주위를 기웃거리느라 일행을 놓칠 때도 있었다. 어쩌면 할머니의 모습을 찾고 있는지도 모를 일이었다.

외갓집 가을은 풍성했다. 깊은 아궁이 속에서 이글거리는 불꽃이 토해낸 열기로 큰 무쇠 솥 가득 수수범벅이 끓어올랐다. 불그레한 범벅 위에 빨강, 노랑, 파랑색의 풋콩들이 고운 빛깔로 수를 놓듯 남실남실 떠 있었다. 큰 주걱을 잡은 할머니의 옷소매는 범벅으로 얼룩져 있었다.

외사촌들과 두레상에 모여 앉아 큰 양푼 가득 떠온 수수범벅을 서로 숟가락을 부딪치며 경쟁하듯 먹어 치웠다. 그 배릿하고 향긋한 독특한 맛. 어른이 된 지금, 그 맛을 떠올리는 것만으로도 나는 늘 배가 불러오는 것은 할머니의 사랑 때문이겠지.

소꿉놀이가 시들해지면 사촌들과 허수아비를 만나러 들판으로 갔다. 논 가운데 서서 우쭐거리는 허수아비를 가리키며 '이건 아빠, 이건 엄마.' 하며 흔들어 댔다. 집에 있었다면 이 시간쯤이면 들판에서 빈 깡통을 두드리며 새를 쫓고 있었겠지. 정말 재미없는 새 쫓기를 잊어야 한다는 듯이 나는 누런 콩밭으로 달려갔다. 정말 푸른 물이 뚝뚝 떨어질 것 같은 하늘을 나는 빨간 고추잠자리는 그 자체로 그냥 가을이었다. 벼도 수수도 무거운 목을 늘어뜨리고 가을 햇살에 갈대숲은 은빛으로 부서졌다. 갈대는 바람과 싸워 이기지 않아도 빛나는 존재였다.

산 밑 콩밭 가에서 가느다란 연기가 피어올랐다. 동네 총각들이 콩서리를 하고 있었다. 그들은 나를 보자 손님이라며, 타다 남은 검불 속에서 콩 꼬투리를 찾아 한 줌 건넸다. 시커먼 콩 꼬투리 속에 잘 익은 연녹색 콩알이 예뻤다. 입안에 가득 풋콩 냄새, 산더미같이 쌓인 마트 어느 곳에도 이 살가운 맛을 내는 것은 아무것도 없다.

빨갛게 물든 하늘을 바라보며 헐레벌떡 집으로 달려갔다. 벌써 골목 어귀에 풍경화의 한 모습처럼 할머니가 서 계셨다. 늦게 온다고 꾸중을 들을 줄 알았는데 오히려 "잘 놀다 가야지." 하시며 내 머리를 쓰다듬으셨다. 저녁식사 후 평상에 누워 앞산 수풀에 수많은 반딧불이의 파란 불빛은 은하수를 배경으로 점점이 수를 놓고 내 마음에도 파란 자국을 남겼다. 마당가엔 송아지가 어슬렁거리고 미루나무 높은 꼭대기에서 시원한 바람이 일고 있었다. 할머니의 무릎은 우리 모두를 넉넉히 품을 수 있었지만 철없던 우리는 서로 차지하려고 야단이었다.

할머니는 견우와 직녀가 만나는 칠석 밤에는 반드시 비가 온다고, 헤어질 때 슬퍼서 흘린 눈물이 비가 된다고 하셨다. 꿈속에서도 계속 이어지는 할머니의 옛 이야기를 들으며 잠들었던 그 밤은 은하수를 따라 흘러가버렸다.

60여 년의 세월에 잊힐 만도 한데, 외가의 기억은 지금도 또렷하다. 애써 찾아보아도 그만큼 따뜻하고 포근한 곳은 없다. 할머니의 품은 영원한 그리움이다. 가을 들판이 누렇게 물들 때면 외가와 할머니는 나의 기억 속에서 강렬하게 되살아난다.

윷놀이로 겨울밤은 깊어가고

겨울밤은 길기도 하다. 호롱불 아래 할머니가 들려주는 옛날이야기에 손자의 꿈은 영글어 가고 찬바람에 삭정이 부러지는 소리가 간간이 들린다. 조용한 산골에 설이 지나고 정월 대보름이 가까워 온다. 세시풍속 중 정월에는 윷놀이가 으뜸이다. 동네 처녀 총각들의 윷놀이도 이때쯤이면 절정에 달한다. 적막하던 동네가 들썩일 정도다.

아직도 겨울의 긴 터널이다. 싸락눈 내리는 매운 겨울 한파가 몰려오는데도 4촌 언니와 나는 솔숲을 지나 이웃 마을 춘아 언니네 집으로 윷놀이를 간다. 벌써 낮에 파발이 돌았다. 한 10여 명이 모였다. 마을은 그리 크지 않지만 본관本貫이 같은 김가네 집성촌이다. 둘레둘레 정답다. 어른들도 처녀 총각이 모여 노는 걸 알고 있지만 크게 신경 쓰지 않는다. 이성간의 문제를 일으킬 우려는 없다는 생각일 것이다. 윷놀이만큼 신나는 놀이도 없다.

편을 가르고 윷놀이가 시작된다. 긴장감이 돈다. 우리가 자랄 때는 우리 편 넉 동과 상대 편 넉 동 도합 여덟 동을 다 머릿속에 암기하고 있어야 고수가 된다. 그 변화무쌍하게 돌아가는 여덟 동의 윷말의 위치를 헤아리고 있다는 것 참 신기하다. 컴퓨터시대도 아닌데. 행여 윷말 자리에 착오가 생기면 살벌한 분위기로 난리가 난다. 막판에서 넉 동을 합칠 수가 있다. 이건 보통 배짱으론 할 수 없다. 두 자리만 지나가면 이길 수 있는데, 여기서 상대편에게 잡아먹히면 일대 소동이 일어난다. 잡은 편은 모두 일어나서 '에헤야! 디야!' 둥실둥실 춤을 춘다. 한밤중 신명나서 지르는 노래 소리는 논두렁을 넘어 멀리 동구 밖 금줄마저 흔들어 놓고 만다. 어느 때는 발을 구르고 춤을 추며 놀다가 방구들까지 꺼지는 경우도 있었다. 진 쪽은 죽을상이 된다.

갑자기 불이 꺼진다. 윷까지가 뛰어오르면서 호롱불을 끄고 말았다. 창호지 문짝만 희미할 뿐 방안은 캄캄하다. "성냥이 어디 있지?" 모두들 성냥 곽을 찾느라고 어수선하다. 더듬거리다가 행여 처녀 총각이 서로 손이라도 맞닿는 순간, '에구머니' 하고 깜짝 놀란다. 그런데 정말 전광석화같이 반짝 지나가는 그 찰나의 짜릿함이란……. 불은 다시 켜지고 윷은 더 높이 올라갔다. 마침내 승부는 판가름이 난다. 진 편은 멀리 기차역 근처 구멍가게에 가서 두부를 사와야 한다. 살을 에는 찬바람을 맞으며 공동묘지를 지날 때는 등골이 오싹한다. 시린 손에는 조그마한 손전등과 두부 두 모가 매달려 있다. 낡고 허름한 엿집에서 엿을 몇 가락 사온다. 구멍이 숭숭 뚫린 엿을 차지하면 엿치기에 승리한다. 그러면 분위기가 고조된다. 고작 두부 두 모가 무슨 벌칙이냐고? 그러나 가난했던 그 시절 묵은지가 들어간 두부찌개는 요즘으로 말하면 돼지갈비 한 대 뜯는 기분에 버금간다.

구멍가게의 추억, 다른 집은 초가인데 그래도 구멍가게는 낡은 스레이트 지붕이다. '담배, 간첩신고 113' 같은 문구가 나붙어 있다. 그 속에 늘 천식으로 골골거리던 구부정한 노파는 내 마음속에 낡은 것에 대한 정겨움으로 남아 있다.

이제는 승부에 관계없이 다 한 마음이 되어 밤참을 준비한다. 남자들은 아궁이에 불을 지핀다. 처녀들은 호호 언 손을 불어가며 찬을 준비한다. 생나무 타는 냄새. 송진 냄새가 난다. 청솔가지가 타느라고 매캐한 연기가 아궁이를 메우더니 다시 활활 타오른다. 콧물 눈물까지 솟게 한다. 쌀이 귀할 때라 각자가 집에서 조금씩 떠온다. 그 위에 노란 좁쌀을 얹어 밥을 짓는다. 마당 저편 김치 광에서 김치를 꺼내온다. 동치미 항아리 살얼음이 살짝 낀 독 안에서 금방 건져낸 동치미 다발에는 얼음이 엉겨 있다. 노랗게 잘 자란 콩나물로 무침을 하고 동치미 무는 채 친다. 여기에 고춧잎 나물까지 준비한다. 큰 냄비에 두부찌개는 끓고 있다. 모든 나물 반찬을 색색으로 얹고 깊은 맛을 자랑하는 언니네 고추장이 들어가면 밥과 나물이 어우러진다. 여기에 고소한 참기름 몇 방울을 떨어뜨리면 이 세상에 둘도 없는 비빔밥이 된다. 이보다 더 맛있을 순 없다. 따뜻한 두부찌개 국물을 후룩후룩 마시면 금상첨화다.

내일 모레가 정월 대보름이다. 요즘은 윷놀이도 점점 사라져가고 있다. 고향집에 들른 자식들은 귀경길 걱정에 윷 한번 놀 마음의 여유도 없다. 손자들 역시 스마트폰에 얼굴을 묻고 침묵 속에 손가락만 까딱까딱하다가 후딱 떠나버리고 만다고 한다. 미풍양속도 세시풍속도 다 세월 따라 변하고 있어 아쉽다. 정월 대보름 꽃 벙거지를 뒤집어쓰고 북 치고 꽹과리 장단에 풍악을 울리던 그 장정들 다 어디로 갔을까. 우리 집 대청마루에 그 귀하던 쌀이 말 수북이 올라가면 풍악소리는 한층 높아만 간다. 가슴팍이 확확 타오르던 그 풍악놀이가 그립다.

은하수가 강물 되어 길게 흐르고, 별들도 꽁꽁 얼어 소름 돋던 이슥한 겨울밤, 어디선가 컹컹 개 짖는 소리가 적막을 깨고 마당가 삽살개는 꼬리를 친다. 밤 깊어 가는 줄도 모르고 온 동네가 들썩이던 그 신나던 윷놀이는 단순한 놀이가 아니다. 메말라 가는 나의 마음을 데우는 불씨처럼 따뜻한 추억이다.

하천에 빠지다

남태평양, 숨 가쁘게 아름답다. 옥빛, 코발트 빛, 잉크 빛, 이런 말로는 제대로 표현할 수 없다. 뉴질랜드 북 섬 오클랜드 해변 가. 차를 타고 15분이면 어디로 가든 바다에 닿는다. 막내딸 가족과 함께 해수욕을 하러 간다. 사시사철 푸른 초원에는 한가롭게 풀을 뜯고 있는 양떼들. 푸르고 싱싱한 풀밭이 넓게 펼쳐져 있는 바닷가. 섬 하나 보이지 않고 깊고 푸른 바다는 섬뜩하리만큼 이국적이다. 이런 바다는 우리 마음속에 잠재되어 있는 그리움의 남쪽 바다가 아니다. 적막, 침묵, 응시가 제격이다. 일렁이다가 치솟고 밀려왔다가 줄달음치는 파도의 위세에 마음이 눌린다. 언제 적 읽은 무인도에서의 '조르바'의 춤, 모닥불 피워 놓고 진정한 자유인만이 누릴 수 있다는 그의 춤사위가 멀리 파도 너머로 아물아물 하늘거렸다. 식어가던 질화로에 한 점 불씨처럼 추억 하나가 살아난다. 초등학교 6학년 때 하천 봇도랑에 빠져 죽을 뻔했다. 푸른 바다를 바라보며 심호흡을 했다. 반백년이 넘은 봇도랑 사건이 이 순간에 떠오르다니!

그해도 농촌 여름 가뭄은 극심했다. 비가 안 오면 농사를 지을 수 없는 천수답에 물을 대기 위해 시냇가에 T자형으로 봇도랑을 깊이 파고 물길을 내어 놓았다. 그 당시는 관계시설이 전무한 때였다. 어쩌다 비가 오면 캄캄한 밤 중, 번갯불을 등불 삼아 물꼬를 내어 자기 논에 물을 넉넉히 대기 위해 모두들 안간힘을 썼다. 물 때문에 때로는 정다운 이웃과 멱살잡이까지 하던 판국이었다. 그래서 가뭄을 대비해 파 놓은 것이 봇도랑이다.

학교 갔다 돌아오는 길이었다. 갈림길에서 5학년 후배가 헤어지기 아쉬운 듯 말을 건넸다. "언니, 우리 수영하고 가자." "수영은 무슨 수영, 난 수영할 줄 몰라." 퉁명스럽게 대답했다. 우리는 그 봇도랑까지 갔다. 겉으로 보기엔 그리 깊지 않은 것 같았다. 후배는 옷을 훨훨 벗고 물방개처럼 날렵하게 물 위를 요리조리 잘도 떠다녔다. 재촉하는 후배 손에 이끌려 그의 손을 잡고 물속으로 들어갔다. 땡볕이 내리쬐는 여름 대낮. 물속은 참으로 시원했다. 가슴팍까지 물이 차오를 때만 해도 기분이 상쾌했다. 한 발 한 발 물속으로 더 깊이 들어갔다. 갑자기 발이 땅에 닫지 않고 붕~ 뜨는 기분이 들더니 점점 더 깊은 물속으로 가라앉았다. 아무리 발버둥을 쳐 봐도 어찌할 수가 없었다. 물이 꼴깍꼴깍 두어 모금 목구멍으로 넘어갔다. 조금 후 더 많은 물이 목 줄기를 타고 들어갔다. 한참 물을 먹고 허우적거리다가 그만 까무룩, 의식이 희미하고 몽롱한 가운데 '안 돼, 안 돼.' 하면서도 나는 이제 죽는구나 싶었다. 이러기를 몇 초 후 누군가 내 몸을 끌어당기는 강력한 힘에 이끌려 나는 홱! 하고 모랫바닥에 나뒹굴어졌다. 아니 내동댕이쳐졌다. 하늘도 나무도 원두막도 모두 빙빙 돌고 있다. 나무가 거꾸로 보이다가 바로 보이다가 어지러웠다. 후배의 얼굴은 하얗다 못해 노랗게 질려 있었다.

정신을 차리고 후배 말을 들어 보니 물속에 들어가자마자 뜰 수가 없었단다. 내가 워낙 후배 손을 꽉 잡고 놓아 주지 않아 움직일 수 없었다고 한다. 이러다간 둘 다 죽겠구나 싶어 발로 나를 세차게 걷어찼다. 그리고 물 위로 솟구쳐 올라와 보니 나의 두 손이 허공을 휘젓고 있더라는 것이다. 그 손을 후배가 낚아채 밖으로 내던졌다고 한다. 무의식중에 본능적으로 살아남기 위해 그렇게 했던 모양이다. 후배가 아니었으면 물속에 들어가지도 않았겠지만 죽지 않고 살아난 것도 후배 덕이다. 후배는 나의 손아귀가 그렇게 센 줄 몰랐다는 듯이 나를 나무라고 있는 표정이었다.

파도 소리에 놀라 사방을 둘러보았다. 사위와 딸은 저만치서 신나게 수영을 하고 있다. 너무 멀리 가지 말라고 조바심하는 나를 안심시키기라도 하듯 딸은 연신 손을 흔들어 보이고 있다. 조금 떨어진 곳에서 보트 대회가 열리는가 보다. 많은 참가자들이 노란 유니폼을 입고 푸른 바다를 사이에 두고 멀리 양편으로 갈라져 있다. 붉은 깃대들이 해풍에 펄럭이며 경기 분위기를 한껏 돋우고 있다. 해양 국가답게 바다에서 수영과 보트 놀이로 경기를 하는 광경이 매우 흥미롭고 이색적이다. 이곳에서는 두 살배기 어린이라도 물에서 놀게 한다. 물과 친해져서 물을 두려워하지 않고 다섯 살만 되면, 제법 멀리까지 수영을 할 수 있다고 한다. 나는 지금도 바다를 무척 좋아하지만 물속은 무섭다.

수영을 못해서 죽을 뻔했던 나였다. 바다를 껴안고 뒹굴며 물과 친한 그들을 바라보는 것만도 나는 힘이 들었다. 자기를 뛰어넘는다는 게 이렇게 어려운가. 남태평양의 바다는 나를 아찔한 추억으로 이끌고 그 날의 기억을 생생하게 떠올리게 했다. 물은 분명 나와 먼 곳에 있다.

2.

아름다운 시절

기차가 들려주는 이야기

질주해 가는 기차가 굉음을 울리고 나면 철로는 오롯이 적막으로 애틋하다. 역 밖에서 아낙네들은 헌 자루에 석탄 덩이를 힐끔힐끔 주워 담기도 했다. 이 을씨년스런 기차역은 그래도 농촌 아이들에겐 분명 문명이라는 것을 처음 일깨워 주는 곳이었다. 기적 소리가 울리면 어디론가 떠나야 할 것 같은 설렘이 있다. 새로운 세계에 대한 동경 같은 것이라고 할까.

1950~60년대의 우리나라 경제수준은 거의 최하위에 머물렀다. 교통수단 역시 매우 열악하였다. 다행히 우리 동네에서 15분쯤 걸어가면 기차역이 있었다. 나는 중학교 3년 내내 기차통학을 했다. 그 당시 농촌엔 시계가 귀했다. 우리 집 마루에 걸린 벽시계는 밤중에 맑고 깊은 소리를 내다가도 제 멋대로 잠이 든다. 새벽 기차시간에 맞춰 새벽밥을 지어야 하는 엄마는 시계 대신 새벽 닭 우는 소리를 기상나팔로 여기셨다. 어쩌다 깜박 늦잠이 들 때는 무쇠 솥에서 지글지글 끓고 있는 밥을 찬물 한 그릇과 함께 들고 오셨다. 그것도 보

리쌀이나 좁쌀이 들어가서 우둘우둘한 게 거의 생 밥 수준이었다.

"어서 먹어. 어여. 한 술이라도 뜨고 가야 항께." 하면서 안쓰러워 하셨다. 죽밥에 찬물을 부어 두어 번 마시고 부리나케 골목을 나섰다. 평소보다 늦었나? 이웃 오빠들도 안 보였다. 기차를 놓치면 큰일이다. 다음 편 기차는 없다. 오전과 오후에 한 번씩 다니면 그걸로 끝이었다. 버스는 있는지 없는지도 모를 정도였다.

겨울이면 해가 짧아 캄캄할 때 집을 나서야 했다. 기차역 가는 산모롱이에 서낭당이 있었다. 어설프게 쌓아 올린 돌무더기에 흰 종이 나부랭이가 붙은 새끼줄이 바람에 흔들릴 때면 금방이라도 귀신이 튀어나올 것만 같았다. 낮에 지나가기도 오금이 저리고 으스스했다. 엄마는 호야 불을 켜들고 앞장을 서면 나는 엄마 치마꼬리를 붙잡다시피 하고 그곳을 지나갔다. 서낭당을 지내고서야 엄마는 "잘 갔다 오래이." 하시곤 집으로 돌아가셨다. 지금도 그 생각을 하면 목이 멘다.

도시락 속에서는 아직도 밥이 끓고 있다. 따스한 도시락 온기가 언 손을 녹여주었다. 그때 막 저만치 산모롱이를 돌아오는 기차 소리가 들렸다. 이건 전역을 출발했다는 신호다. 급했다. 5분이면 도착할 기차, 빨리 달려야 한다. 그러나 무거운 책가방과 도시락 통이 나를 옭아맨다. 이마에는 진땀이 흐르고 다리는 후들거리고 숨이 턱에 닿는다. 검고 험상궂은 물체가 씩씩대며 달려 온다. 발이 플랫폼에 닿는 순간 기차는 긴 연기를 뿜어내며 기적을 울리며 떠나갔다. 친구들은 창가로 몰려와 '자야, 자야.' 내 이름을 불러대며 안타까이 손을 내젓는다. 친구들의 얼굴이 아른아른한다. 눈물이 뚝뚝 떨어진다. 학교까지 8킬로를 걸어가야 하다니, 신발은 꽉 조여 발이 부르트고 송곳바람이 사정없이 목덜미를 파고들었다. 기관사는 정말 나를 못 본 것일까? 나를 두고 떠난 기차를 생각하며 울고 또 울었다. 지금도 가끔 꿈속에서 간발의 차이로 기차를 놓치고 서럽게 울 때가 있다.

새벽 기차를 타고 학교에 가면 교문은 굳게 잠겨 있었다. 숙직실 창문을 향해 고래고래 소리를 지른다. "문 좀 열어 주세요." 우리들의 합창소리는 새벽 공기를 가르고 쩌렁쩌렁 울렸다. 더벅머리 총각 영어 선생님이 잠옷 바람으로 슬리퍼를 끌고 나오신다. 올 겨울에도 숙직실 단골손님 신세를 면치 못하셨다. '어서 장가드세요.' 목구멍까지 나오다 도로 삼켜버렸다. 우리는 숙직실 옆방에서 도시락을 다 까먹었다. 점심은 없다. 학교 측백나무 울타리 밑에는 아주머니들이 들이민 작은 광주리에 찐빵과 흰 가루가 댕글댕글 묻은 찹쌀떡이 있었다. 그러나 언감생심 꿈도 못 꿀 일이다. '그림의 떡이다.' 정말 '그림의 떡이다.'라는 말이 이때처럼 실감이 난 적이 없는 것 같다. 지금 와서 되돌아보니 그때는 왜 도시락 2개를 싸가지 못했는가? 그 정도 머리도 안 돌아간 것일까? 하기야 그 당시 우리 동네만 하더라도 끼니를 거르는 가정이 여럿 있었다. 춘궁기에 양식이 떨어진 것을 숨기기 위해 그냥 헛불을 지펴 연기만 굴뚝에 솟아오르게 했다. 이러한 절박함이 벌어지는 판에 무슨 도시락 2개 타령이냐 핀잔을 주어도 할 말이 없다. 엄마들은 배고픈 밤을 지새우기가 일쑤였으니.

고등학교 때는 정반대 방향으로 기차통학을 했다. 기차 시간이 새벽에서 아침으로 바뀌어서 새벽 기차통학 전쟁은 없었지만 이번에는 귀가 기차시간이 늦어 힘들었다. 아무도 없는 운동장엔 차가운 바람만이 낙엽을 몰고 이리저리 휘젓고 다닌다. 아직도 집으로 가는 기차를 타려면 2시간을 기다려야 한다. 배는 고프고 몹시 추웠다. 우리는 중국집으로 가자고 모의를 했다. 그 당시 학생 신분으로는 영화 구경도 빵집 중국집도 출입금지였다. 우리는 감시망을 뚫고 중국집 뒷문으로 가만가만 기어들어갔다. 두꺼운 커튼이 드리워져 있는 방안은 지저분했고 밀가루가 여기저기 흩어져 있었다. 기다리는 동안 윗목 큰 양푼에 팥소와 돼지고기 양념한 것이 눈에 들어왔다. 잠시 침묵이 흐른다. 누군가의 제의랄 것도 없이 그것들을 큰 접시에 잔뜩 떠다가 '마파람에 게눈 감추듯이' 순식간에 다 먹어 버렸다. 발동이 걸린 기계처럼 왕성한 식욕을 억제할 수 없었다. 가슴이 두근거린다. 우리는 모두 공범자다.

중국집 뚱보 아저씨는 그것도 모르고 매상 올려주는 기특한 학생들이라고 눈웃음을 지으며 김이 무럭무럭 나는 찐빵과 만두를 들고 들어왔다. 입으로 들어가는지 코로 들어가는지 모를 지경이다. 참, 꿀맛이 따로 없었다. 이번에도 빵과 만두값은 문방구집 경아가 다 감당했다. 기차표 외에는 동전 한 닢 없는 우리들에게 경아는 존경 받아 마땅할 우리들의 영웅이었다. 배고팠던 그 시절, 경아의 따뜻한 마음이 지금까지 내 가슴에 남아 있다. 그 친구를 만난 지도 꽤 오래되었다. 그 얼굴이 보고 싶다. 앳되고 풋풋했던 그 모습이 그립다.

지금도 잊지 못할 수학 시간의 눈물, 나와 단짝이던 한 친구가 "이제 나 기차를 안 타. 외갓집에서 다니게 되었어." 그 말이 떨어지자마자 곧 수업종이 울렸다. 담임이신 수학 선생님이 들어오셨다. 칠판에는 미적분 어려운 수학 문제가 적혀 있었지만 조금 전 그 친구의 말이 자꾸 생각나서 계속 눈물이 났다. 같이 기차 통학을 못한다는 것이 왜 그렇게 서운한지. 수학 선생님께서는 그런 나를 물끄러미 바라보시기만 하셨다. 졸업 후 그 친구와 나는 같은 대학을 다녔고, 한 방에서 자취를 한 적도 있었다. 또 모교에서 몇 년간 함께 후배들을 가르치기도 했다. 수십 년을 두고 두터운 우정을 맺어 왔으니 참으로 질기고 귀한 인연이다. 살아가면서 속마음을 읽고 위로해주는 친구가 있다는 것은 얼마나 큰 축복인가.

나의 중고등학교 시절은 누구에게나 그렇듯이 늘 그리운 시절이다. 친구들과의 오붓한 정과 사랑과 배려가 차곡차곡 쌓인 아름다운 시간이었다. 6년간의 기차통학은 나에게 강한 정신력과 의지를 심어 준 소중한 기간이기도 했다. 아지랑이가 피어오르던 긴 철로 위로 끝없이 이어지는 작은 추억들이 도란거린다. 덜커덩 기차 바퀴소리가 지금도 귀에 들리는 듯하다. 어제 같은 그 시절 그 친구들이 그립다.

누나의 꿈은 뭐야

1960년대 서울, 나는 고등학교에 다니는 남동생과 자취를 했다. 부푼 꿈을 안고 서울에 왔지만 자취생활은 생각보다 힘들었다. 처음 대하는 연탄, 시도 때도 없이 꺼지는 연탄불, 연탄보다 더 아까운 번개탄을 몇 장 사르고도 우리 집 화덕은 늘 싸느랗게 죽어 있었다. 동생의 아침밥과 도시락은 어떻게 할까. 꺼진 연탄불은 내 마음만 태워냈다.

서울역 뒤편에는 수화물 취급소가 있었다. 고향에서 쌀을 보낸 전표를 들고 찾아가는 길옆에는 지게꾼들이 낡은 창고 앞에 붙박이처럼 늘어섰었다. 그들의 축 처진 어깨에 눈부신 시월의 햇살이 무색했다. 쌀이 나오자마자 득달같이 달려온 나이 지긋한 아저씨. 작은 키에 눈은 순해 보였다. 그는 일감을 얻었다는 안도감인지 입가에 살짝 웃음이 번졌다.

봉래동 언덕길을 끙끙거리며 올라가는 지게꾼의 뒷모습에는 삶의 고단함이 온몸에 배어 있었다. 그의 어깨에 실린 무게 때문인지 바라보는 나의 마음도 가볍지만은 않았다. 그에게는 많은 식솔이 딸려 있을 것이다. 그래도 우수한 성적으로 대학에 들어간 장남을 생각하면서 뿌듯한 심정으로 힘든 무게를 감당하고 있겠지. 그 어느 곳에서처럼 서울 명동의 화려한 불빛 아래에도 그늘진 삶이 많다는 것을 깨달았다.

나는 중고등학교 내내 기차통학을 했다. 새벽 별을 보고 대문을 나서면 식구들이 저녁을 다 먹은 뒤에야 집으로 돌아왔다. 늘 기차 시간에 쫓겨 해주는 밥도 제대로 먹지 못했다. 그러한 내가 두 식구의 식사를 책임져야 하고 게다가 동생의 도시락까지 준비해야 하다니.

그런데 좁은 자취방 구석에 금보다 귀한 쌀부대가 놓여 있었다. 보기만 하여도 마음이 푸근했다. 동생이 오기 전 무엇으로 반찬을 해 놓을까? 쌀부대 속을 뒤졌다. 거기엔 가을 햇살에 잘 말린 무말랭이, 호박고지, 고구마 줄기가 들어 있었다. 엄마가 만들어 주시던 그 맛을 내보려고 이리저리 뒤적이며 간장을 쳐서 볶았다. 동생의 수저가 두어 번 오르락내리락하더니 금방 동이 나버렸다. 무쇠라도 녹일 나이, 다음 날까지 먹을 생각이었는데 왕성한 동생의 식욕에는 아무것도 남아나는 게 없었다. 나는 그럴 때마다 간장을 한 술 더 붓곤 했다. 내 음식 솜씨는 늘지 않고 간장병만 축을 냈다. 짜게, 더 짜게!

부모님의 살점 같은 생활비가 올라온 지 며칠밖에 안 되었는데, 단솥에 물 붓듯이 곧 바닥이 났다. 내 작은 수첩에는 반찬값은 아예 없었다. 나의 자취집과 담 하나를 사이에 두고 고등학교 동기가 자취를 하고 있었다. 어느 날 나를 부르기에 가 보았다. 그 친구는 밥물이 넘쳐 눈물 자국이 난 냄비를 들고 신문지 한 장을 펴서 밥상을 차렸다. 그곳에도 찬은 한 가지도 없었다. 따끈한 밥에 마가린을 한 숟가락 크게 떼어 왜간장을 뿌리고 싹싹 비볐다. 그 고소하고 짭짜름한 마가린 밥. 어찌 그리 맛있던지 입속에서 사르르 녹아 내렸다.

얼마 전 어느 일간지에서 1960년대 두부장수가 흔들던 요령 소리가 '한국의 소리냐, 생활의 소음이냐.'를 두고 이견이 분분했었다는 기사를 읽었다. 그 후 1970년대 중반 서울에 아파트가 우후죽순처럼 들어서면서 두부장수 소리는 생활 소음으로 몰렸다. 새벽녘이면 멀리 골목 입구에서 점점 더 내 창문 가까이로 다가왔던 두부 장수 딸랑이 소리. 살까 말까 몇 번 망설이는 사이에 그의 발자국 소리는 벌써 저 멀리 사라졌다.

동생의 생일날 엄마가 보내준 미역 한 다발 속, 엄마의 쪽편지에 '그래, 객지에서 무탈하냐? 끼니 거르지 말고 잘 지내그래이.' 그 순간 눈물이 왈칵 솟았다. 엄마는 우리가 이렇게 찬이 없는 밥을 먹고 있는 걸 모르시겠지. 고향집 토담 위에 흐드러진 호박잎과 아침 이슬을 머금은 싱싱한 텃밭의 상추와 아욱이 그림처럼 스쳐갔다. 호박잎은 서울 생활 내내 갈등이었다. 호박잎 좌판을 지나칠 때마다 발걸음이 멈칫거렸지만 단 한 번도 호박잎을 산 적이 없었다. 시골에 그 흔한 호박잎을 어떻게 돈을 주고 살까 싶어서였다.

어느 날 동생이 불쑥 물었다.

"누나의 꿈은 무어야?"

"누가 매일 맛있는 찬으로 근사한 식탁을 마련해 주었으면 좋겠다."

동생은 그 말이 떨어지자마자 정색을 하면서 핀잔을 주었다.

"1960년대 대한민국 여대생의 꿈이 고작 그 정도야." 어찌나 무안했던지. 지금도 동생을 만나면 그 말이 단골 화제가 되곤 한다.

물질적 풍요를 누리는 지금 왜 어렵던 그 시절을 되돌아보는 것일까? 생각해 볼 만한 가치가 없는 고난은 없다. 두부 한 모 배추 한 잎이 소중했던 그 시절이 아직도 내 마음에 오롯이 남아 있다.

> 나를 위해서 저녁 식탁을 준비해 놓고 기다려 주는 여인이
> 있다면, 나는 내 재능을 전부 그녀에게 바쳐도 아깝지 않다.
>
> – 투르게네프 –

눈 오는 날 남산에서

행복한 웃음이 저절로 나왔다. 사진첩에서 꺼내든 빛바랜 한 장의 흑백사진은 우리의 눈싸움을 담고 있었다. 탄탄한 몸매, 환한 얼굴들이 눈을 뒤집어쓴 채 웃고 있었다.

11월 마지막 날 시詩 강의 시간이었다. 교수님의 특유한 음색이 고즈넉하게 흘렀다. 젊은 시심이 막 끓어오르는 어느 정점에서였다. 느닷없이 탄성이 터져 나왔다.

"와! 눈이다." 용수철처럼 튀어 오른 학생들은 일제히 책을 던지고 운동장으로 뛰쳐나갔다. 고삐 풀린 망아지가 따로 없었다. 수업을 뒤로하고 우리는 눈 덮인 서울 거리를 마구 쏘다녔다. 백화점으로, 까페로, 혹은 음악 감상실로 뿔뿔이 흩어졌다. 나는 우리 동아리 친구들과 남산으로 향했다.

소나무 가지에 아기 주먹만 한 눈송이가 탐스럽게 매달려 있었다. 길은 눈으로 존재마저 사라지고 서울의 높은 건물들은 태고의 비밀을 간직한 채, 숨 죽여 엎드려 있었다. 이 모든 풍경은 고고한 수묵화 한 편이었다.

팔을 벌리고 혀를 내밀어 차가운 눈의 감촉을 즐겼다. 순간 내 고향 노을 속 목화밭 그 하얀 목화송이가 눈이 되어 내 뺨에 내렸다. 마음이 편안하고 따뜻해졌다.

그때 어디서 날아온 눈덩이가 내 어깨를 쳤다. 놀라 돌아보니 친구들이 신나게 눈싸움을 하고 있었다. 미끄러지고 넘어지고 서로 상대방을 향해 맹공격이었다. 검은 외투가 온통 눈투성이였다. 친구는 연신 카메라 셔터를 눌러 댔다. 이 아름다움을 영원한 추억으로 붙들어 놓기라도 하듯이. 말라 버린 덤불 속에서 장끼와 까투리가 푸드덕 날아올랐다. 그들의 밀애를 방해라도 했을까. 웬 불청객이 떼로 몰려와 야단이냐고 투덜대는 듯했다.

얼마간 시간이 흘렀는지 눈싸움에 지친 우리들은 약속이나 한 듯 약수동 친구 자취방으로 몰려갔다. 조그만 가게에서 막걸리 한 병을 샀다. 얼었던 몸을 녹여주는 막걸리 한 잔에 얼굴이 빨개진 친구들은 정말 취했나 보다. 구변 좋은 영자가 한마디했다. 삶이 그대를 속일지라도 오늘만은 생의 기쁨을 노래하자며 "건배, 건배."를 외쳤다.

어둠이 내린 이웃 창가의 불빛은 따뜻하고 정겨웠다. 그때까지도 친구들은 돌아갈 생각이 없었다. 인생이니 문학이니 하며 떠들어댔다. 모두가 철학자가 다 된 느낌이었다. 영숙이는 느닷없이 일어나 페이터의 산문을 줄줄이 외었다. "네가 향수한 부분이 어떻게 작고, 네게 허여된 시간이 어떻게 짧고, 운명 앞에 네 존재가 어떻게 미소한 것인가를 생각하라.”

분위기는 점점 고조되어 갔다. 아름답거나 아프거나 한 청춘의 사랑 이야기에 겨울밤은 깊어만 갔다. 눈물을 펑펑 쏟으며 잃어버린 사랑 이야기를 하던 그 친구의 아픔은 이제 얼마나 아름다운 목리문木理紋으로 남아 있는지…….

흑백사진에서 내 젊음의 흔적을 더듬어 본다. ‘참 좋았구나!’ 눈 오는 날은 행복했던 옛날로 되돌아가게 하는 마력이 있나 보다. 70고개를 넘기고 있는 친구들이 젊은 그 시절 모습으로 눈앞에 다가온다.

눈 내리는 남산, 흑백사진 한 장이 현재의 나를 지우고 우리 기뻤던 그 젊은 날로 나를 채운다. 그런데 왜 나는 이 순간 눈물이 나는 걸까.

그리움

이 용 악

눈이 오는가 북쪽엔
함박눈 쏟아져 내리는가

험한 벼랑을 굽이굽이 돌아간
백무선 철길 우에
느릿느릿 밤새어 달리는
화물차의 검은 지붕에

연달린 산과 산 사이
너를 남기고 온
작은 마을에도 복된 눈 내리는가

잉크병 얼어드는 이러한 밤에
어쩌자고 잠을 깨어
그리운 곳 차마 그리운 곳

눈이 오는가 북쪽엔
함박눈 쏟아져 내리는가

대구사범 낙방기

시골 기차역, 벌겋게 녹슨 펌프, 그 언저리에 석탄 더미 너머로 어둠이 빠르게 번져가고 있다. 꼬불꼬불한 논둑길을 걷는다. 가끔씩 바람이 불 때마다 바싹 마른 갈대 잎들이 서걱거린다. 사람 하나 없다. 놀랍도록 적요했다. 무서운 생각에 걸음은 더 빨라진다. 나지막한 산기슭을 넘어 소나무 숲길에 들어서면 우리 동네다. 눈을 감고도 잘도 뛰어다녔던 골목길이다. 그러나 오늘은 휑하니 낯설다.

초저녁인데도 전깃불이 없던 시절이고 보니 동네는 전설 속의 마을처럼 적막에 싸여 있다. 안방에서는 희미한 등잔불이 창호지에 배어나오고 엄마의 목소리가 간간이 들린다. 사랑채에는 불빛마저 없는 걸 보니 아버지께서 출타 중이신 것 같다. 대구사범에 응시했다가 낙방하여 심한 낭패감에 짓눌려 친척 집에서 차일피일 미루다가 근 보름만에 집으로 돌아오는 길이다. 나는 안방으로 들어갈 용기가 나지 않았다. 살금살금 아버지 방으로 들어갔다. 아랫목 이불 속에 발을 넣었다. 따뜻하다. 변함없이 따뜻한 아랫목이다. 지금은 그 흔한 전기밥솥을 그때는 꿈에도 상상할 수 없는 시절이었다. 늦게 공부하고 돌아오는 자식들과 출타 중인 아버지의 밥그릇을 이불에 싸서 아랫목에 묻어 두었다. 아랫목에 묻어 둔 따뜻한 밥 한 그릇을 생각하면서 언 몸은 어느새 스르르 꿈속으로 빠져들었다.

아버지가 안 계실 때는 사촌 오빠가 와서 잤다. 도둑을 지키라고 그런 것 같다. 그날도 오빠가 잠자리에 들려고 이불 속으로 발을 들이미는 순간 무엇이 꿈틀거려 놀라 불을 켜 보니 내가 세상 모르고 자고 있더라는 것이다. 엄마가 뛰어오시고 동생들이 뒤따랐다. 한바탕 야단이 났다. 희미한 등잔불빛에 엄마의 모습이 보였다. 엄마는 나를 향해 "괜찮아, 나는 너를 믿어." 하는 신호를 연신 보내시는 것 같았다. 순간 참았던 눈물이 걷잡을 수 없이 흘러내렸다.

우리 집은 작은 집과 담 하나를 사이에 두고 있다. 그것도 담을 트고 쪽문을 내어 놓아 한 집이나 다름없었다. 그 작은 집 오빠가 대구 경북고등학교로 진학을 한 것이다. 방학 때면 유학 갔던 오빠가 귀향을 한다. 흰 테가 달린 모자를 쓰고 세련된 모습으로 돌아왔다. 원래 흰 얼굴에 눈도 크고 콧날이 우뚝 선 귀공자 타입이다. 게다가 경북에선 최고의 명문고에 다녔기에 더욱 멋져 보였는지도 모른다. 나는 내심 부러웠다. 오빠가 전해주는 대도시 이야기며, 학교 이야기며, 수많은 책들이 꽉 들어찬 도서관 이야기는 나를 흥분시켰다. 무엇 하나 신기하지 않은 게 없었다. 그 미지의 세계가 나를 끌어당겼다.

그 당시는 사범학교를 졸업하면 초등학교 교사가 되었다. 교육대학은 그 뒤 한참 후에 생겼다. 이왕 대구로 갈 바에는 교사가 되는 길을 택하는 게 낫다는 부모님의 권유도 있었지만, 내가 대구사범에 응시한 것은 사촌 오빠의 영향이 컸다. 나도 오빠처럼 이름 난 학교에 다니고 싶었다. 그 당시 대구사범은 경북에서 최고의 경쟁률을 자랑하던 학교였다. 그런 학교에 열심히 공부하지 않고 평소 성적만 믿고 응시한 것이었다. 겉멋만 잔뜩 든 철부지, 우물 안 개구리가 따로 없었다.

3월이 왔다. 다른 친구들은 다 고등학교에 들어갔다. 친구들이 여러 번 나를 찾아왔다. 드디어 담임선생님까지 가정 방문을 오셨다. 이제도 늦지 않았으니 학교에 오라고 하셨다. 그래도 내 마음은 움직이질 않았다. 낙방이 주는 자존심의 상처는 나를 가두고 한 발자국도 앞으로 나갈 수 없게 했다. 그렇게 조금씩 세상으로부터 멀어져 갔다. 내 마음의 빗장은 대못을 박은 듯 꼼짝도 하지 않았다. 이대로 삶이 끝나도 좋다고 생각했다.

그해 가을이었다. 한지에 잦아든 혼곤한 달빛이 나를 깨웠다. 앞산 소나무 가지에 걸린 청아한 달빛은 내 속사정을 다 들어줄 것같이 나를 감싸 안았다. 잠을 못 이루고 서성이는데, 가을바람에 문풍지는 계속 파르르 떨었다. 신음에 가까운 탄식이 절로 나왔다. 어느새 가을, 많은 시간이 흘렀구나. 그때서야 내 마음에 전광석화와 같은 불이 번쩍 지나갔다. '넌 왜 그러고 있나? 무엇이 잘나서 그렇게 버티고 있는 거냐?' 아집으로 뭉쳐 있던 나를 들여다보니 초라하고 한심한 여자아이가 웅크린 채로 울먹이고 있었다. 1년 동안 허송세월 한 게 아깝게 느껴졌다. 쓸데없는 고집을 반성하고 부끄러워했다. 길을 잃고 헤맨 시간, 그건 나를 돌아보는 성찰의 시간이었다.

그때의 좌절과 상처는 내 인생의 교훈이 되었다. 인생에서 무엇보다 아껴 써야 할 것은 시간이란 것을 알았다. 그 이듬해 나는 다른 지역의 한 여고로 진학했다. 그 선택은 내게 대학진학이란 기회를 열어 주었다. '길에서 다시 길을 찾는다.' 끝이 새로운 시작이라는 말은 결코 진부하지 않다. 여전히 우리에게 삶의 진리를 전하는 말이다. 내가 그때 모든 것을 포기하고 주저앉았더라면 어떻게 되었을까? 고난과 시련, 고독과 소외 그것은 또 다른 영혼의 깨달음을 나에게 선사했다.

스승님을 기리며

올해도 스승의 날이 다가온다. 이사장님과 사모님을 모시고 스승의 은혜에 감사하는 시간을 갖기로 했다. 제자들은 꽃다발을 안고 두 분을 기다리고 있었다.

드디어 이사장님 내외분께서 도착하셨다. 회색 양복을 입으신 근엄하신 이사장님과 한복으로 곱게 단장하신 사모님께서 환호하는 제자들을 보시며 너무나 반가워하셨다. 우리는 두 분께 절을 올렸다. 이사장님께서는 제자들의 손을 잡고 일일이 안부를 물으시며 환한 미소를 지으셨다.

우리들은 준비해 온 선물을 개봉했다. 연노랑 바탕에 드문드문 조그만 분홍 꽃이 수놓인 얇은 명주 이불이었다. 태산 같은 은혜에 비하면 너무나 보잘것없는 선물이었지만, 사모님께서는 "아이구, 곱기도 해라. 제자들 덕에 호강하겠네." 하시며 환하게 웃으셨다. 이사장님께서도 "모두들 바쁜데 이렇게 시간을 내 주어서 고맙군. 열심히 살아."라고 덕담을 해주셨다.

종로에 있는 한식집 '대천'은 아늑하면서도 고풍스런 분위기였다. 식사가 끝나고 국화차를 마시면서 이사장님의 이야기는 시작되었다.

여성교육의 불모지였던 경북 북부지역에 우리 모교를 세우게 된 동기를 말씀해 주셨다. 젊은 시절 공무원으로 계실 때의 일화였다. 공무로 각 가정을 방문할 때면 농촌이라 남자들은 다 들에 나가고 집에는 부녀자들만 있었다. 사람을 찾으면 부녀들은 밖으로 나오지 않고 되레 방으로 들어가 문구멍이나 혹은 문살에 박힌 조그만 유리를 통해 밖을 내다보며 "아무도 없어요." 기어들어가는 목소리로 겨우 대답을 한다는 것이었다. 그 시절은 남녀가 유별하다는 유교관념이 팽배해 있을 때였기에 외간 남자와 마주치는 것을 금기시했다. 그 상황을 목격하시고 여성교육의 필요성을 절감했다고 하셨다. 그 후 많은 사재 출연으로 경북에서는 물론 전국적으로 손꼽히는 여자중고등학교를 세우셨다.

본관 건물은 이층 목조였는데, 그 당시 그렇게 멋진 건물은 보기 드물었다. 복도 바닥은 반질반질 초칠을 해서 넘어질까 조심조심 걸어 다녔다. 가사실은 외국화보에나 나올 법한 최신 시설이었다. 생전 듣지도 보지도 못했던 가스레인지, 조리대, 예쁜 그릇들 어느 것 하나 놀랍고 신기하지 않은 것이 없었다. 1960년대 우리나라 국민소득 80불도 안 될 때였으니. 그 당시 농촌 재래식 부엌은 컴컴하고 음산하여 서글프기 짝이 없었다. 천장까지 그을음이 덕지덕지 붙었다. 땔감이 없어 청솔가지를 아궁이에 넣고 눈물 콧물 흘렸던, 가난에 찌든 부녀자들의 모습, 이러한 때에 학생들은 좋은 시설에서 훌륭한 선생님을 모시고 공부할 수 있다는 것은 행운 중 행운이었다. 더구나 이사장님께서는 재단장학회를 만들어 제자들에게 대학 진학의 길을 열어 주셨고, 고향에서 여러 번 국회의원으로, 의정활동 또한 매우 활발하셨다. 그 당시 국회의장이신 이효상님께서 많은 손님들과 함께 우리 학교를 방문하실 정도로, 사회의 각 분야에서 관심을 끌었던 훌륭한 여성교육의 요람이었다.

대학시절, 장미넝쿨이 늘어진 후암동 이사장님 댁을 친구와 함께 자주 들렀다. 넓은 방 식탁에는 늘 10여 명의 객식구들이 북적였다. 모두들 시골서 찾아온 고향 사람들이었다. 사모님께서는 부엌에서 일하는 사람이 있었지만, 항상 밥상을 두루 살피시며 "밥 많이 들어요. 시장할 텐데." 하시고 우리에게는 "자취하느라 고생이 많지?" 하시면서 맛있는 반찬을 더 얹어 주셨다. 평소 생선 토막이나 고기 살점 같은 것을 먹을 수 없던 자취생활, 우리는 영양보충을 단단히 한 셈이었다. 어머니 같은 사모님 덕분에 타향에서의 외로움을 달랠 수 있었다.

새해 인사차 동기생 세 명이 이사장님 댁을 방문할 때였다. 이런 저런 이야기 끝에 작년에 하셨던 말씀을 다시 하셨다. "재경동문회를 열어 봐. 우선 열어 보라구." 이전까지 모습과는 전혀 다른 단호함이 배어 있었다. 아니 조금 화가 나신 그 어떤 질책 같은 꾸지람이 감지되었다. 1회 졸업생인 우리가 마땅히 했어야 할 일을 엄두를 내지 못하고 미루다가 한 대 맞은 기분이었다.

그 후 동문회를 조직하기 위해 온갖 힘을 기울였다. 그 당시 나는 교직에 매어 있을 때라 낮에는 틈이 없고 퇴근 후 대충 집안일을 마무리한 후, 전화통을 붙들면 9시를 넘어 10시를 훌쩍 넘길 때도 있었다. 처음에는 내가 아는 후배들 전화번호가 고작 3~4명에 불과했다. 이들을 중심으로 계속 동문 회원들을 확충해 나갔다. 두 달이 지나자 내 노트엔 100여 명의 동문들 이름과 전화번호가 적혔다. 드디어 1984년 4월 셋째 화요일에 첫 재경동문회를 개최하였다. 이사장님께서는 누구보다 기뻐하셨다. 서울에 거주하는 은사님들께서도 참석하셔서 격려를 아끼지 않으셨다. 1회를 중심으로 동문들이 보내준 지대한 관심과 노력의 결과로 모두 130여 명의 동문들이 모여 성황을 이루었다.

동문회가 30여 회를 거듭하며 지금까지 이어지고 있다. 나는 지금도 4월이 다가오면 마음의 몸살을 앓는다. 후배들이 잘해 나가는데도 공연히 내 마음은 조바심을 낸다. 매년 동문회가 열리면 그때의 이사장님 모습과 그리운 은사님들의 모습이 함께 떠오른다.

지금도 이사장님과 사모님을 생각하면 마음에 사무치는 그리움을 금할 수 없다. 그 가르침의 향기는 언제까지나 제자들 가슴에 살아 있을 것이다.

스승의 날 그 눈물

나의 모교는 경북 북부 지역에 있는 어느 사립 여자고등학교다. 낙후된 농촌의 발전은 여성교육에 달렸다는 것이 이사장님의 교육 이념이셨다. 나는 첫 입학생으로 1회 졸업생이 되었다. 초대 교장으로 李 교장선생님이 부임하셨다. 교장선생님은 40대 후반으로 큰 키에 늘 너털웃음이었지만 옳은 일에는 뜻을 굽히지 않는 강직한 분이셨다. 지금도 기억에 남는 훈화 말씀은 '자립정신'과 '애국심'을 강조하셨다. 1960년대는 그만큼 어려운 시대였다. 고3 때였다. 늘 그렇듯이 그날도 늦은 귀가 기차시간을 기다리며 우리들은 이른 봄 쌀쌀한 교실 한쪽에 웅크리고 앉아 있었다. 그때 복도를 지나가시던 선생님은 우리를 보시자,

"너희들 저녁도 먹고, 우리 집으로 가자." 교장 선생님의 뜻밖의 제의에 어리둥절했지만 선생님의 뒤를 따라 사택으로 갔었다. 방 한가운데 큼직한 놋화로가 놓여 있고 화롯불 위에는 찌개가 끓고 있었다. 달래와 냉이가 듬뿍 들어간 된장찌개였다. 머리가 하얗게 센 노

모께서는 연신 화롯불을 다독이며 아들인 교장 선생님의 귀가를 기다리신 듯했다. 이내 두레상이 차려지고 식사가 시작되었다. "배고프지? 많이 먹어. 너희들 기차통학하느라 고생이 많다." 선생님은 맛있는 반찬을 우리 앞으로 밀어 주셨다. 교장선생님과 한 상에서 밥을 먹으려니 처음에는 젓가락질도 잘 안 되었다. 그러나 기차를 기다리느라 지치고 배고픈 우리들에겐 이 세상 그 무엇보다 꿀맛 같은 저녁밥이었다.

선생님은 우리들에겐 태산 같은 분인데 노모께서는 어린아이 다루듯 손수 국자를 들고 아들의 식사를 챙기시는 자상한 모습이 퍽 인상적이었다. 놋화로의 찌개를 둘러싸고 앉은 그날의 정겨웠던 식사 풍경은 두고두고 내 마음에 남아 있다. 지금도 추억이란 창고 속에는 그 장 끓는 냄새가 우리들의 마음을 하나로 묶어 주고 있다.

대학 다닐 때도 서울에 가끔 출장을 오시면 우리 동기생 몇 명을 소공동 어느 찻집으로 부르셨다. 선생님은 그간 쌓였던 학교 이야기, 세상 이야기, 선생님의 인생관과, 선현들의 삶의 지혜까지 모두 풀어 놓으셨다. "청년의 하루는 천금과 같다. 부지런히 공부해라." 선생님의 이 모든 말씀에서 삶의 무게를 느꼈고 지금까지 큰 울림으로 남아 있다.

우리들은 밖으로 나와 서울의 밤거리를 거닐었다. 낙엽이 뒹구는 포도 위로 도시의 불빛이 낭만적이었다. 엊그제까지만 해도 촌티 나는 시골소녀들이었는데, 교장선생님을 모시고 서울의 한복판을 활보하니 마치 개선장군처럼 으쓱했다. 그때 앞서 가던 친구의 머리에 누렇게 빛바랜 플라타너스 한 잎이 뚝 떨어졌다. 외로운 낙오자처럼.

"어, 여기 문학도 없나? 이럴 때 시 한 수 읊어야지." 나는 그때 무어라고 답했는지 기억엔 없지만 이렇듯 선생님은 멋이 넘치는 분이셨다. "너희들 먹고 싶은 거 말해 봐. 오늘은 숙녀 대접해 줄게." 갑자기 신이 난 우리들은 "돈까스", "함박스테이크", "아이스크림"을 연발했다. 우리는 스무 살 '눈부신 나이' 팔짝대는 수다쟁이가 따로 없었다. 돈까스, 그 바삭하고 고소한 맛이라니! 자취생활의 군때를 벗기라도 하듯 오랜만에 도시의 맛을 한껏 즐겼다. 지금 생각하면 한없는 철부지였다. 대식구의 가장이신 선생님의 주머니 사정은 아랑곳없었으니.

외로운 서울에서 선생님을 뵙는다는 것은 마치 어두운 골목에서 불쑥 아버지를 만난 것처럼 푸근했다. 그 당시 농촌에 전화가 거의 없던 시절, 편지 한 통 주고 받자면 보름은 더 걸렸다. 그러한 때 고향의 목소리가 얼마나 그리웠던가. 귀향 후 며칠이 지나도 선생님의 사랑은 차가운 서울에 훈풍으로 남아 있었다.

그 후 대학을 졸업하고 모교에서 첫 교직생활이 시작되었다. 해맑은 학생들 앞에 서면 햇병아리 교사였지만 교무실에서는 아직도 어린 제자의 자리가 더 익숙했다. 내 곁에는 나를 가르치셨던 은사님들이 계셨기 때문이었다. 은사님들께 배우면서 한편 후배들을 지도할 수 있었으니 보람은 배가 되었다. 그해 5월, 교사가 되어 처음 맞이하는 스승의 날이었다. 아침부터 무언가 설레고 감회가 남달랐다.

전교생이 강당에 다 모였다. 곧 식이 시작되고 스승의 노래가 우렁차게 울려 퍼졌다. 다음은 제자들이 선생님들에게 꽃을 달아 주는 순서였다. 우리 반 반장도 생끗 웃으며 나의 가슴에 붉은 카네이션을 달아 주었다. 꽃을 달아주는 제자에 대한 고마움과 동시에 나를 길러 주신 은사님들의 사랑이 왈칵 밀려와 가슴이 찡했다.

식이 끝나고 모두들 제자리로 돌아갔다. 내 발길은 나도 모르게 어느새 교장실 문 앞에 머물고 있었다. 선생님 얼굴을 대하는 순간 뜨거운 눈물이 흘러내렸다. 갑자기 터져 나온 눈물, 솟구치는 눈물이 볼을 타고 흘러내렸다. 영문을 모르는 선생님께서는 당황해 하셨다. "왜 그래, 왜 울어?" 나는 아무 말도 할 수가 없었다. 내 가슴에 꽃을 달아 주는 제자 앞에서 정작 내가 꽃을 달아 드려야 할 큰스승님을 발견한 것이었다. 오늘의 내가 있기까지 대학 4년 과정을 무사히 마칠 수 있도록 물심양면으로 지원해 준 모교의 은혜와 그 가운데 우뚝 서신 교장선생님의 따뜻한 사랑이 함께 녹아내린 감격의 눈물이었다. 눈물만 흘리고 서 있는 나를 물끄러미 바라보시던 교장선생님은 내 마음을 알았다는 듯이 내 어깨를 가볍게 토닥여 주셨다. 끝내 나는 아무 말도 못한 채 교장실을 빠져나왔다.

이제는 꽃을 달아 드릴, 내 눈물을 받아 줄 선생님은 가시고 안 계신다. 나는 내 인생의 어려운 고비마다 교장선생님의 교훈을 되새기며 힘과 용기를 얻는다. 삶이 시들하고 힘이 빠질 때 나를 다시 데워주는 난로 같은 선생님이시다. 퇴색되어 가는 스승상이 세상의 화젯거리가 될 때 나는 여고시절 교장선생님의 모습을 생각하며 위로를 받는다. 썰물처럼 가버린 세월, 기억의 지평 저 너머에서 스승님의 넉넉한 품성과 따뜻한 사랑이 눈물겹도록 아릿하다.

내 남은 생애에서 이처럼 의미 있는 눈물을 흘릴 날이 또 남아 있을까?

연탄불의 추억

농촌에서 자란 나는 서울의 모든 것이 낯설었다. 서울에 첫발을 디딘 것은 대학교 입학하고서다. 당시 고등학교에 다니는 남동생을 데리고 자취를 하면서부터 연탄불과의 전쟁은 시작되었다. 농촌에서는 땔감으로 볏짚 보릿짚은 기본이고 장작, 삭정이, 콩개비, 수숫단, 깻단 등이 다 동원된다. 정말 자연 그대로가 다 땔감이다. 어머니는 이것들을 큰 아궁이에 넉넉하게 넣고 성냥을 확 그어 대기만 하면 탁탁 소리를 내며 잘도 타들어 갔다. 곧 무쇠 솥이 끓어오르고 잔불을 다독여 놓으면 뜸이 들고 밥이 되어 나온다. 그렇게 쉽게만 생각되던 밥이다.

서울은 모든 게 달랐다. 눈 뜨고 코 베어 간다는 서울이 아니던가. 하루는 이른 아침잠에서 깨기도 전에 주인 아주머니가 한바탕 소동을 벌였다. 방마다 문을 두드리며 지하 연탄광으로 우리를 불러냈다. 요 며칠 사이에 연탄 몇 장이 없어졌다는 것이다. 백묵으로 표시를 하고 개수를 적어 놓고 단단히 으름장을 놓는다. 순식간에 죄인

취급을 당했지만 어느 누구도 대들지 못했다. 1960년대의 서울은 이랬다. 퇴근길에 새끼에 꿴 연탄 한 장과 종이 봉지에 쌀 한 됫박 들고 골목길을 힘겹게 오르는 가장家長들의 뒷모습을 심심찮게 볼 수 있었다. 주인 아주머니의 성이 난 심사를 조금은 이해할 것 같다.

서울, 얼마나 동경했던 곳인가. 명동의 화려한 불빛. 대학로의 젊은이들의 물결. 도서관에서 만난 수많은 책들 이런 것들은 시골내기였던 나를 매혹시키기에 충분했었다. 그러나 얼마 지나지 않아 시궁창 같은 청계천 바닥의 오물과 그 너덜너덜한 판자촌의 지붕들, 고지대 수도꼭지 앞에 양철통을 놓고 길게 늘어선 아낙네들의 행렬은 나를 실망케 했다. 또 삐꺽삐꺽 물장수들의 힘겨운 물지게 소리는 나를 우울하게 만들었다. 그러나 김동환의 시 '북청 물장수'에서는 이런 내용을 담아내고 있다.

새벽마다 고요히 꿈길을 밟고 와서
머리 맡에 찬 물을 솨아 퍼붓고는
그만 가슴을 디디면서 멀리 사라지는 북청 물장수
....

날마다 아침마다 기다려지는
북청北靑 물장수

시인은 그들의 부지런함과 강인성을 오히려 칭송하지 않았는가! 북에서 맨손으로 피난 와서 물지게를 지고 고생고생하면서 자식들을 대학에 보냈다고 한다. 그렇다. 모든 상황을 긍정적인 눈으로 보고 따뜻한 가슴으로 품어야 한다. 그 뒤 서울의 풍물들은 나를 끌어 당겼고 상아탑 속의 내 꿈은 영글어 갔다.

가을이 가고 겨울이 와도 나의 연탄불 실력은 조금도 나아지지 않았다. 엊저녁까지도 파란 불꽃이 잘도 타올랐는데 아침에 나가보니 싸느랗게 죽어 있었다. 까만 시체- 그 참담함을 무어라고 말할까? 동생의 아침밥과 도시락 통을 어깨에 메고 집을 나선다. 한 정거장 쯤에서 자취를 하는 친구 집을 찾아 간다. 아침 일찍 남의 집 대문을 두드려야 하는 미안함도 잠시. 연탄불 앞에 쪼그리고 앉아 밥이 다 될 때까지 기다린다. 밥물이 넘어서 연탄불을 망가뜨리면 안 된다고 조바심을 하면서 말이다. 바람은 차갑고 발은 시리다. 냄비 밥의 온기만이 나를 지탱해 준다. 청파동 언덕길은 가파르고 길기만 하다.

그 동생은 대학에서 경제학을 공부하고 고향으로 내려왔다. 고향의 특산물 '상주 연봉배'란 이름을 달고 미국 캐나다로 수출하는 길을 터놓았다. 농가 소득을 올리는 데 크게 기여했다. '자랑스런 한국 농업인 100인'에 뽑혔다. 또 25년을 최 장수 농협조합장으로 농촌을 위해 헌신하고 있다.

한국인은 할 수 있다(Koreans can do). 최빈국 국가에서 세계사에 우뚝 서는 오늘의 대한민국을 이루어 냈다. 한강의 기적을 이루어 낸 경제 대국의 밑바탕엔 이 연탄의 공로를 아무도 부인할 수 없을 것이다. 물속을 헤엄치듯 잠시도 쉬지 않고 달려온 덕이다. 이제 연탄불- 그 수난의 시대는 갔다. 겨울이 다가와도 연탄불 걱정을 안 하고 살게 되니 나는 지금 행복하다. '연탄불의 추억' 그래도 그때가 좋았다. 그것은 나를 살찌우고 단련시켰다.

2013《문학예술》지 등단 작품

인연의 의미

내 기억 속의 그 학생의 모습은 나이답지 않게 성숙해 보였다. 언젠가 한 번 가정방문을 했다. 찔레꽃이 만발한 길에 벌들이 윙윙거리고 언덕길 이마를 맞댄 초가집들이 옹기종기 정답다. 넉넉하지 않은 농촌의 환경 속에서도 삼촌이 읽었던 번역시집이나 《젊은 베르테르의 슬픔》 같은 소설을 뜻도 모르고 읽었노라고 그 학생은 말했다.

그후 교대를 졸업하고 교사로 근무하던 중 자신이 쓴 첫 시집 《소작인의 가을》을 나에게 보내왔다. 그 후에도 여러 차례 시집을 보내왔으나, 나는 내 나름대로 바쁘게 사느라 별다른 격려도 보내주지 못했다. 이따금씩 펼쳐본 시인의 시들은 나의 부족한 심미안으로는 잘 이해가 되지 않았지만, 사물과 존재에 대한 깊은 성찰이 느껴졌다. 감성을 무기로 하는 다른 시와는 확연히 구별된다. 권 시인이 최근 발간한 《그가 오기 전에 날이 저물었네》는 나의 애송 시집이다.

이화여, 영원하라

길목마다 꽃향기 넘치는 4월입니다.
돈달산 등성이 진달래 붉고
이화동산에 꿈꾸는 아이들처럼
오얏꽃 눈부시겠습니다.

추억의 사진첩 속에
영원히 변치 않을 언약처럼
오얏꽃 눈부시겠습니다.

동창회를 향하여 달려오는 마음속에도
오얏꽃이 피고 있었습니다.
두 사람 동창이 만나면 두 사람의 이화동창이 되고
세 사람 동창이 만나면 세 사람의 이화동창이 되어
눈부신 우리들
지천명知天命 지나 이순耳順을 지나도 눈부신 우리들

이렇게 만든 동창들이 모여
우물이 되어 준다면
가슴을 적셔 준다면
실뿌리를 적셔 준다면
지천명 지나 이순을 지나도 우리는 눈부실 것입니다.

권점출

이 시는 3년 전 재경동문회에 보내온 권 시인의 축시다. 시인은 회고하기를 중학교 때 국어선생님의 격려와 칭찬으로 시인이 되겠다는 꿈을 더욱 다지게 되었다 한다. 그 국어 선생님이 나라는 사실에 감사할 뿐이다. 시인은 1982년도 《현대시학》을 통해 시인으로 등단하게 되었고 필명은 운지芸之를 쓴다 했다. 운지 시인은 《역대여류 101인 시선집》에 작품이 등재된 역량 있는 시인이 되었다. 또 현재 대구 대청초등학교 교장으로 재직 중이다.

나는 국어시간에 종종 교내 동산에서 글짓기 지도를 했다. 멀리 강이 내려다보이고 잔디가 깔린 동산은 감수성을 키우기에 아주 좋은 장소였다. 소나무 숲에서는 여름 내내 매미소리가 요란했다. 지금도 흰 칼라의 교복을 입은 꽃다운 소녀들이 풀밭에서 글짓기 하던 모습이 눈에 아른거린다. 그 때에도 권운지 시인의 작품이 유난히 돋보였다. 상상력과 표현력이 남달라 문학에 소질이 있다고 생각했다.

시인은 나의 제자이기도 하지만 고등학교 선후배간이도 하다. 시간 공간적으로 차이는 있지만, 시인과 나는 많은 부분을 공유하고 있다. 같은 곳에서 비슷한 꿈을 꾸며 자랐다. 솔 푸른 문경새재와 배꽃 내리는 영순강 언덕 그리고 꿈의 동산 모교는 지금도 그리움의 대상이다. 우리는 흙냄새 나는 그 땅에서 생의 갈증을 녹여내고 있는 것이다. 눈물 겹지 않은 고향이 있으랴마는 고향은 누군가에게는 영혼의 성지가 된다. 나 역시 내 마음은 항상 고향에 머문다. 운지 시인도 또한 나의 고향의 일부이다.

그의 고향 속에도 나의 존재가 있기를 원한다. 고향 하늘의 별무리들이 서로를 향하여 반짝여 준다면 우리의 삶이 더 한층 밝아질 것이다.

'인생은 작은 인연들로 아름답다.'

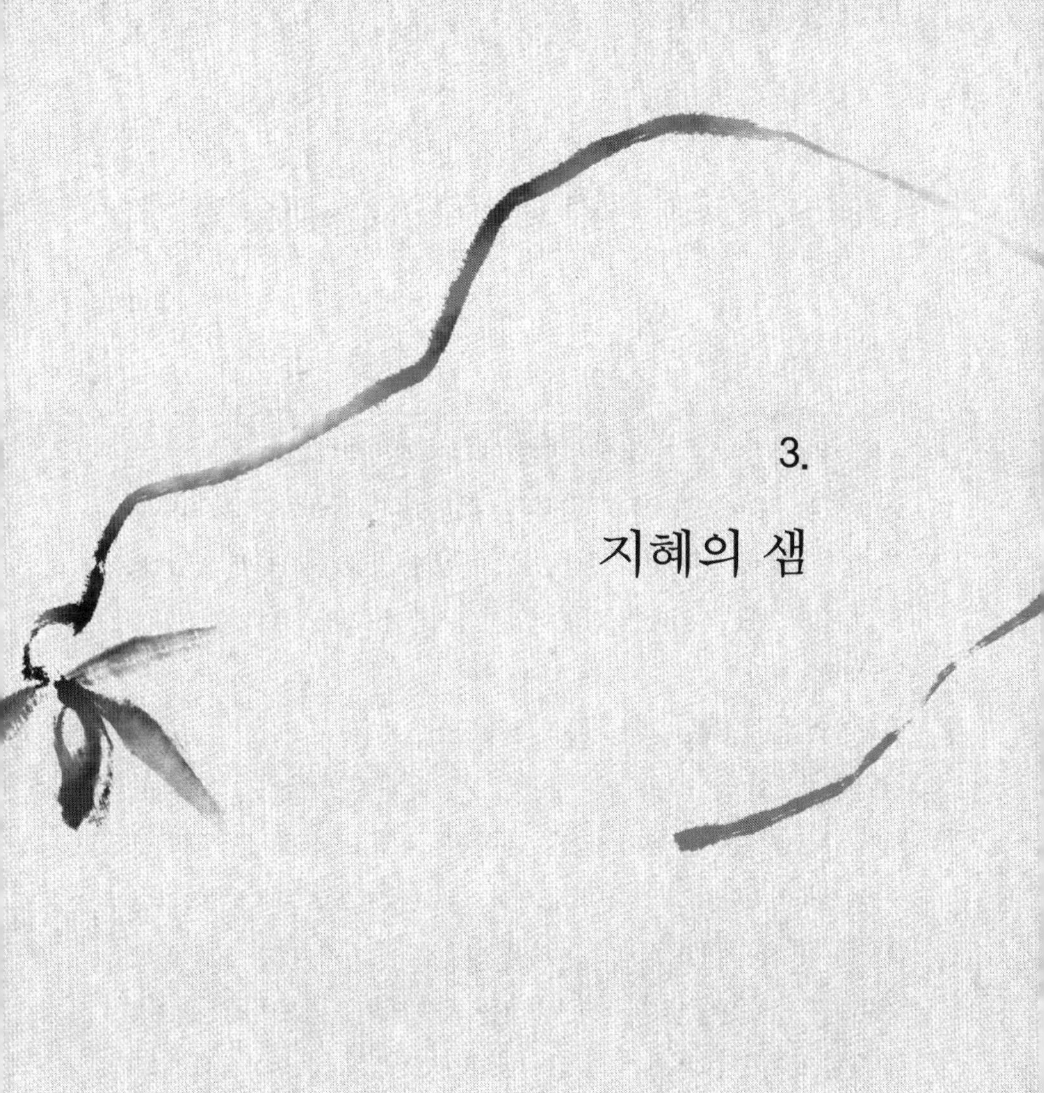

3.

지혜의 샘

11월의 연주회

10월의 마지막 밤이 노랫말처럼 아쉽게 가버렸다. 불타오르던 단풍이 한물 간 늦가을 서울 밤거리는 화려했다. 예술의 전당 저녁 8시 연주회를 감상하러 지인과 친구와 함께 지정된 좌석에 앉았다. TV에서 보아왔던 익숙한 장면이었지만, 직접 오케스트라 연주회에 참석하는 것만으로도 즐거웠다. 일상에 늘 쫓기다보니 예술은 항상 뒷전이었다. 음악은 영혼을 자극하는 힘이 있다.

무대 가까이에서 바로 연주자들의 손놀림과 눈빛까지도 감지되고 보니 더한층 실감이 났다. 그날 연주곡은 브람스(1833-1897)의 협주곡 전곡이었다. 그의 나이 48세에 작곡한 것으로 원숙한 경지에 다다른 곡이라 한다. 한 곡 한 곡을 연출해 낼 때마다 그 열연에 박수갈채가 쏟아졌다. 각기 다른 소리를 가진 악기들이 하나의 하모니를 목적으로 연주해 가는 과정이 아름답다. 그의 음악이 현재의 나에게도 감동을 주는 것을 보니 새삼 예술이라는 의미가 무겁게 다가온다. 시대와 공간을 초월하여 브람스 당시의 사람들도 나와 같은 감정을 느꼈을까? 그들의 감상이 나와 똑같지는 않았으리라. 사람은 항상 현재를 사는 것이니까.

백혜선 피아노의 협연 무대 역시 멋진 연주였다. 섬세하고 열정을 겸비한, 한국을 대표하는 세계적인 피아니스트로 각광을 받고 있다. 우아한 몸짓과 선율, 세련된 기교로 청중을 사로잡았다. 박수가 터져 나올 때마다 환한 미소로 손을 들어 답례를 여러 번 했다.

내가 어렸을 때에는 피아노 소리를 들어보지 못했다. 시골 초등학교 때 처음으로 풍금 소리를 들었을 때는 무한 감동이었다. 고등학교 가서야 피아노 소리를 들었지만 정말 내게는 꿈만 같은 피아노였다. 하얗고 가지런한 피아노 건반에서 고운 음률이 흘러나온다는 것이 신기했다. 그동안 온갖 소리에 무디어진 나의 감성이 오늘 연주를 들음으로써 새로운 활기를 찾은 기분이었다.

타악기 연주자는 음표 하나를 연주하기 위해 30분이나 1시간 동안 묵묵히 기다린다. 그들이 어떤 자리에 있든 자신이 맡은 기능이 전체 하모니에 기여한다는 것, 그것만으로도 충분히 아름다운 존재다. 우리의 인생사도 이와 별반 다르지 않을 것이다. 나와 다르다고 해서 상대방을 무시하거나 배척하게 된다면, 결코 아름다움은 이룰 수 없다.

지휘봉을 든 금노상은 마치 신들린 사람처럼 음악의 마력을 풀어내고 있었다. 각 악기의 소리를 다 들을 수 있어야 지휘자의 역할을 해낼 수 있기에 오케스트라의 지휘자는 찬란한 존재라 한다. 지휘자의 몫은 각 연주자의 개성을 살려 나가되 조율을 통해 하나의 곡을 완성한다. 지휘자의 지휘봉이 번개 치듯 휘몰아 가면, 연주는 절정에 도달한다. 연주가 끝난 뒤에도 그칠 줄 모르는 기립박수에 그는 커튼콜을 몇 번이나 반복했다. 우리 모두에게 보내는 박수라고 생각하고 싶다.

음악회가 끝난 후 우리는 공연 열기에 휩싸여 그냥 집으로 돌아가기 아쉬워 인근 카페에 들어갔다. 맥주 한 잔을 시켰지만, 마실 생각은 않고 아직도 그 감흥에 젖어 있었다. 옛날에는 궁중 왕과 귀족들만 음악회를 즐겼다고 하는데, 나는 오늘 이런 호사를 누렸으니 그 아니 기쁠까. 마음에 여유가 없어서, 돈 버는 데 몰두하느라고, 이런 행복의 자원을 누리지 못한다면 너무나 아깝고 소중한 것을 잃어버린다는 생각이 들었다. 다양한 문화를 즐긴다는 것은 부자보다 더 부자로 살 수 있는 비법이라 하지 않던가.

'아름답게 살기, 아름답게 사라지기' 이것이 오늘 연주회에서 얻은 인생교훈이다.

니체는 모든 예술 중에서 음악이 가장 중요하다. 음악은 야성, 충동, 광기를 통해 모든 완고함과 편견을 깨고 관객을 하나로 모으는 힘이 있기 때문이라고 했다. 덧붙일 말이 없다.

하늘엔 가을이 지나가고 내 가슴엔 예술의 고운 음률이 파동을 친다.

소나기 문학관 탐방

숙문회 주관으로 소나기 마을로 문학기행을 떠났다. 20여 명의 회원들이 미니 버스에 올랐다. 회장님의 간단한 인사와 일정 소개를 들으며 푸짐한 선물도 받았다. 강은 유유히 가슴을 풀어 헤치고 인간과 역사를 품고 흘렀다. 어떠한 가뭄에도 결코 흐름을 멈추지 않겠다는 도도한 물결이었다. 길은 꼬불꼬불하고 강기슭 마을은 향수를 불러일으키기에 족했다.

소나기 문학관은 양평군 서종면에 있다. 20세기 한국문학을 대표하는 작가 황순원의 대표작 〈소나기〉를 한눈에 볼 수 있는 문학관이다. 건물은 3층 규모인데 소나기에 나오는 수숫단을 형상화한 원추형이다. 소나기 속에 나오는 소녀가 양평읍으로 이사 간다는 말의 인연으로 양평군과 경희대학이 자원하여 세웠다. 작가의 예술을 사랑하고 흠모하는 마음으로 세워졌다니 더더욱 의미가 있다.

운동장에는 수숫단 움막이 세워져 있고 인공분수대에서는 소나기가 쏟아졌다. 어른 아이 할 것 없이 소나기를 맞으며 소설 속 주인공이 되어 즐거워하는 모습이 인상적이었다. "황순원의 문학정신은 순수, 절제, 국어 사랑으로 요약된다. 세 곳의 전시실에 황순원 전집 12권을 비롯한 많은 책들이 전시되어 있다. 작가는 학창시절 문예부장을 지낸 사모님과 연애결혼을 하였다. 전쟁의 어려움 속에서도 수많은 작품과 원고 등을 빠짐없이 간직했다가 그 유물이 이렇게 전시되어 후배들에게 귀감이 된 것도 사모님의 내조의 큰 공이라고 한다. 작가는 일제 말 언론의 통제가 심했던 상황에서도 우리말을 지키려는 비상한 노력을 했다. 영문학을 전공했음에도 고등학교 국어교사를 자청했고 경희대 국문학교수로 23년간 재직하면서 수많은 문인들을 배출했다. 그의 작품은 '순수성과 완결성의 미학'으로 한국문학사의 위대한 봉우리를 차지했다는 평을 받고 있다. 이번 문학관 탐방을 통하여 한 작가가 남겨준 정신적 유산은 한 개인의 영광뿐만 아니라, 한국적 감성을 세계에 알릴 수 있는 훌륭한 자산이 될 것으로 확신한다.

조금 전 관람했던 소년 소녀가 공부한 남폿불 영상실에서 나는 오래전 나의 '소나기 공개수업' 장면을 떠올렸다.

학교 행사 중 외부에 공개되는 것은 그리 많지 않았다. 제일 신경쓰이는 것은 교육청 주관으로 실시되는 관내 연구수업이다. 교육청 회의에 갔다 오신 교감선생님 말씀은 국어교사들의 가슴을 철렁 내려앉게 했다. 6월에 우리 학교가 국어과 공개수업을 하게 된다고 하셨다. 누가 수업을 담당하느냐가 초미의 관심사였다. 비켜가기를 바랐지만 그 무거운 짐이 나에게 돌아왔다. 1주일 전 손님맞이 준비로 전교 대청소 실시. 학년별로 시상을 하는데 최우수 학급은 금빛 상패를 받게 된다. 상을 받은 학급 담임선생님은 그 반 학생 전원에게 아이스크림을 사주는 관례가 있었다. 학생들은 이 아이스크림에 더 관심이 있는 것 같았다. 그 행운을 얻으려 기를 쓰고 열심이었다.

반에서 힘깨나 쓰는 친구들은 다 동원되어 체육복으로 갈아입고 장화까지 신었다. 수업시간에 주눅이 들었던 아이들은 물을 만난 물고기 같이 싱싱하게 설쳐댔다. 긴 호스를 들고 소방관을 방불케 하는 몸짓으로 교실 바닥에 물을 뿌려댔다. 하이타이를 풀고 솔로 박박 문질렀다. 달라붙은 껌 딱지를 떼느라 이마엔 구슬땀이 흘렀다.

나는 수정에 수정을 거듭하면서 학습지도안에 매달렸고 학생들과 호흡을 맞춰 가면서 몇 번이고 예행연습을 했다. 이틀 전에는 총 리허설. 국어교사 6명이 참석하여 수업 전반을 점검하기도 했다. 컴퓨터도 인터넷도 없던 시절. 시청각 교재라야 막대에 매달린 괘도 두어 장이 고작이었다. 내가 고등학교 다닐 때와 수업현장은 별로 달라진 게 없었다. 분필 한 자루에 교과서 한 권으로 청산유수 묘기백출을 해내야 하는 국어교사들이었다.

드디어 결전의 날이 왔다. 수업시작 종이 울리고 교실 안은 긴장으로 팽팽했다. 곧 교육청 장학사 두 분, 각 학교 교감 선생님, 연구부장님, 국어담당 교사 등, 근 30여 명이나 참관했다. 평가항목이 빼곡히 적힌 종이를 들고 나를 응시하고 있었다. 갑자기 눈앞이 캄캄해지고 떨리는 심장은 멈출 줄 몰랐다. 청심환 한 알 먹고 올 걸.

뒤늦은 후회를 하면서 다리에 힘을 주었다.

본시 수업은 황순원 단편소설 〈소나기〉 4번째 시간, 마지막 시간으로 단원의 마무리였다. 학습 주안점은 학생들이 단편 〈소나기〉를 읽고 얼마나 문학적으로 접근했는가를 알아보는 것이었다. 칠판 왼쪽 괘도에는 원두막이 나오고 참외 수박이 덩굴째 뒹굴고 시냇가엔 소년 소녀가 물장난하고 있는 전원적 풍경이었다. 나는 심호흡을 하면서 교실 전체를 둘러보았다. 분위기 조성을 위해 녹음기를 틀었다. 〈소나기〉의 한 장면이 은은하게 흘러나왔다. 비로소 나는 수업 진행에 자신감이 생겼다. 교실 안은 조용했다. 조별발표 시간이었다. 1조 대표 순희가 파란 매직으로 큼지막하게 쓴 카드를 들고 나왔다.

"소설의 마지막 장면 여러분 아시죠?" "소년이 입던 옷을 그대로 입혀서 묻어 달라고……." "그 장면에 공감하는 사람은?" 수연이가 말했다. "너무 애틋하다. 죽어서라도 함께 있고 싶어 하는 소녀의 마음에 가슴이 찡하다." 어디선가 누가 큰 소리로 "너 연애 박사로구나! 그런 걸 다 알고." 온 교실이 웃음바다가 되었다. 하하 호호. 참관 선생님들도 허허 웃어댔다. 다음은 숙제로 낸 〈소나기〉 후편 발표, 애영이가 제일 먼저 손을 들었다. 낭랑한 목소리로 읽어내려 갔다.

소녀는 잠시 까무러쳤다가 다시 살아났다. 양가의 부모는 기뻐서 어쩔 줄 몰라 했다. 아이들이 20세가 되면 결혼시켜 주기로 약속을 했다.(모두 박수) 세월은 빨랐다. 드디어 결혼식 날 담임선생님과 우리 반 전체가 다 초대되었다. 원두막을 배경으로 한 야외 예식장, 신부의 눈부신 은빛 드레스, 신랑의 멋진 연미복, 딴 따다단 행복의 웨딩마치가 오월의 푸른 하늘 아래 울려 퍼졌다. 노래를 잘 부르는 가영이가 축가를 불렀다. '난 너를 사랑해~ ~.'

"애영이는 참 상상력이 풍부하네요. 여러분들은 어떻게 생각해요?" 학생들은 대체로 밝은 표정으로 머리를 끄덕였다. 드디어 공개수업의 끝 종이 울렸다.

우연

추석이 며칠 남지 않았던 어느 날 중학교 동기들과 올림픽 공원 소마미술관을 찾았다. '서양미술사의 꽃'이라고 하는 누드화 122점을 관람하기 위해서다. 이번 전시회에서 가장 주목을 끈 것은 조각의 신으로 불리는 프랑스 조각가 로댕의 작품 〈키스〉였다. 두 연인이 다정하게 입맞춤하는 조각으로 최고의 걸작이란 찬사를 받고 있다. 모르는 두 사람이 만나서 사랑하게 되는 것은 우연일까 아니면 운명일까. 어떻게 작가는 두 사람의 감정을 대리석 조각상에 이렇게 강렬하게 담아 낼 수 있었을까? 인간의 감정이 왕성한 생명력으로 표출된 이 작품은 새로운 조각의 길을 열었다고 평가 받는다.

밖으로 나오니 올림픽 공원 야트막한 기슭엔 콩잎이 파스텔 톤의 가을 색을 띠고 있었다. 그날도 누드화를 보고 각자의 관람 소감을 나누었다. 한 친구는 영국 국립미술관 '테이트 명작전'이란 타이틀에 끌렸고, 서양미술사를 조금 더 이해하는 데 도움이 되었다고 했다. 미니스커트의 길이까지 단속했던 시대를 살았던 우리들인데, 친구의 소감과는 달리 나만 유독 이 시대에 뒤진 사고인가. 손자뻘 되는 중고등학생들 틈에 끼어 함께 관람하기에는 참 민망스러웠다.

바람 한 자락이 주위를 맴돌다 가 버리고 잔잔한 호수엔 물오리들이 한가롭다. 그때 한 친구가 나의 글쓰기에 대해서 물어봤다. 나는 얼마 전에 썼던 수필 한 편을 건넸다. 잠시 내 글을 읽어보던 그 친구가 "나 혼자만 볼 것이 아니라 네가 낭독해. 우리 모두가 듣게."라고 했다. 나는 쑥스러웠지만 글 속의 나로 돌아가 차분히 읽어 내려갔다. 낭독이 끝난 후 친구들의 논평이 있기도 전에 옆 벤치에 앉아 쉬고 있던 한 여인이 불쑥 말을 걸어왔다. "참! 잘 썼네요. 미사여구도 없고 쉬운 말만 썼는데도 감동이 오네요." 나는 뜻밖의 찬사에 어리둥절하여 그녀에게 다가갔다. 우선 고맙다는 인사를 했다. 그녀는 연이어 "작품 속의 학교가 어디에요? 교장선생님은 실재 인물이에요?" 하고 물었다. 나는 학교와 당시 교장선생님의 존함까지 알려주자 그녀는 자리에서 벌떡 일어나서 내 손을 잡았다. "아유! 나는 그 학교 6회 졸업생인데요, 1회라고요? 대선배시네요." 했다. 나는 덥석 그의 어깨를 안았다. 얼굴도 모르고 지냈던 선후배인 우리가 그냥 지나칠 수도 있었는데 생각지도 못한 장소에서 이렇게 우연히 만나다니…….

인간은 어떠한 시간과 공간에 우연히 던져진 존재라는 것이다. 어느 수필가는 우리 모두는 밤 하늘에 떠 있는 별이라고 말한다. 인생은 만남에서 시작된다. 제일 먼저 부모와의 만남을 시작으로 우리 인생의 여정을 시작하게 된다. 그 안에서 이루어지는 이런저런 만남은 모두 소중하다. 영화나 소설 같은 로맨스는 아니더라도 누군가와의 두근거리는 만남, 어느 날 무심히 집어든 책 속에서 발견된, 영혼을 울리는 한 토막의 글, 어스름 산책길에서 보이던 타는 저녁노을, 그리고 서로를 그리워하는 하늘의 별들, 어딘가에서 날 위해 기도하고 있는 분들 우리는 이렇게 작은 인연들로 인생은 아름다운 존재가 되기도 한다. 이것 자체가 축복이다. 더 이상 어디에 도달하기 위한 몸부림이 아니어도 좋다.

또 우리는 길을 가다 문득 내 어깨를 두드리는 옛 친구를 만날 수도 있고 지하철역 계단에서 추억의 갈피 속에 묻어 둔 한 사람을 스쳐갈 수도 있다. 그 뜻하지 않은 만남들이 모여 우리의 삶을 구성하는 것이다. 우연이란 것이 어떤 원리로 우리에게 다가오는지는 모르겠지만, 후배의 사심 없는 그 한마디가 어떠한 평론가의 멋진 평보다 나를 기쁘게 했다. 욕망이 들끓는 세상에서 그 작은 격려는 보석보다 아름다웠다.

함께 있던 친구들도 마치 한 편의 드라마를 본 것 같다며 신기해 했다. 날줄과 씨줄이 만나 한 폭의 비단을 엮어 내듯 우리의 삶도 만남을 통해 아름다운 결실을 만들어 내는 것이 아닐까. 우리의 짧은 생애가 빛날 수 있는 것은 아름다운 인연을 많이 맺으며 누군가에게 따스한 사람이 되어 주는 것이다. 그리운 사람이 되어 주는 것이다.

독서

조선 명문가 교육법에는 자녀나 손자들을 무릎에 앉히고 책을 읽어 주며 어릴 때부터 공부의 틀을 잡아 주었다고 한다. 우리 선조들은 책을 얼마나 중하게 여겼는지 모른다. 책 읽다가 하품도, 기지개도 하지 말라고 했다. 또 책으로 그릇을 덮지도 못하게 했다. 책을 읽다가 어머니가 심부름을 시키면 "나 공부해요, 나 못 가요." 이런 핑계도 대지 말라고 했다. 조선시대 최고의 책벌레, 이덕무의 책 사랑에 대한 이야기를 접했다. 그분은 종일 방안에 앉아 책 읽기만 몰두했다. 눈병이 나도 실눈을 뜨고 책을 읽었다고 한다. 누이를 잃고도 그 아픔을 책을 읽음으로써 견뎌냈다고 한다.

나는 초등학교 입학 전엔 아무 책도 읽은 기억이 없다. 아니 농촌에는 아예 읽을 책이 없었다. 그런데 아버지 방엔 많은 한서가 있었다. 아버지께서는 틈만 나면 책을 읽으셨고 때로는 눈을 감고 무엇을 깊이 생각하시곤 했다.

다산의 증언첩贈言帖에는 깊은 교육철학의 의미가 내포되어 있다.

1802년 유배지 강진에서 사의재四宜齋란 서당을 처음 연 뒤 상항에 따른 '맞춤형 교육'으로 제자를 가르쳤다고 한다. 오늘날 교육에서도 맞춤형 교육이란 단어가 화두로 떠오르는 것을 보면 대단한 혜안이 아닐 수 없다. 황상이란 제자가 스승에게 "저처럼 아둔하고 꽉 막힌 사람도 공부를 할 수 있을까요?"라고 묻자 다음과 같은 답을 내렸다고 한다. "외우는 데 민첩하면 소홀해지고, 글짓기에 날래면 들뜨기 쉽고, 깨달음이 재빠르면 거칠어지는 폐단이 있다."며 "너는 그런 병통이 없으니 부지런히 공부하라."는 답이었다. 결국 아무 재주가 없는 사람이 오히려 공부하는 데는 적격이라는 깊은 뜻이 담겨 있지 않은가? 참으로 음미해 볼 만한 대목이다. '전 인류의 지혜와 발견과 노작의 결산인 책' 마땅히 생의 반려자로 모실 일이다.

요즘처럼 즐길 거리가 넘치고 글자판만 두드리면 요술방망이가 튀어나온다는 스마트폰시대, 이런 때 책에 몰두한다는 것은 갯벌에서 진주를 캐기보다 더 어려운 것이 사실이다. 그러나 책을 읽어 새로운 지식과 지혜, 4차원 세계까지 내다보는 소중한 자산을 키워 나갈 수 있다면 얼마나 큰 보배일까.

어느 일간지에서 '개에게 책을 읽어 주는 아이'란 생뚱맞은 기사에 눈이 갔다. 미국 뉴저지 주 어느 도서관에서 착안한 프로그램이었다. 아이들은 이 행사에 참여하려고 기를 썼다. 눈을 반짝이며 큰 목소리로 개가 알아들을 수 있도록 책을 잘 읽어 주려고 애를 쓴다는 기사였다. 사실은 이 프로를 통해 아이들의 독서 신장을 위한 숨은 지혜가 들어 있음에랴. 개에게 책을 읽어줌으로써 독서습관을 기르게 되고 언어이해력이 높아지며 어휘력도 풍부해진다고 한다. 나아가 뇌의 발달을 촉진시킨다고 하니 이거야말로 일석사조인 셈이다. 우리나라에도 이런 프로그램이 있으면 좋겠다.

나는 미국에서 1년 남짓 체류한 적이 있었다. 늘 시간에 쫓겨 허덕였던 나는 하루가 통째로 비어 있는 공허한 시간을 감당할 수 없었다. 외로움에 지친 나는 견디다 못해 동네 도서관을 찾았다. 많은 책들이 잘 정돈되어 있었지만 나의 짧은 영어로는 읽을 만한 책이 없었다. 할 수 없이 아이들이 보는 동화책을 몇 권 훑어 볼 수밖에 없었고 나중에는 세계적인 미술, 조각품을 소개한 두꺼운 화보 책을 넘겨보기도 했다. 하지만 그것만으로는 성이 차지 않았다. 지적 배고픔도 이렇게 간절하다는 것을 처음 깨달았다.

이번에는 한국에서 가져온 성경책을 읽어 가기로 했다. 주일날 목사님의 설교를 들을 때마다 성경 내용을 종잡을 수 없어 힘들었다. 언어를 통해 생각을 나누고 생각을 통해 존재를 확인하는 우리 인간들에게 의사소통을 할 수 없는 미국생활은 마치 무인도에 표류한 로빈슨 크루소 같았다. 그때 성경은 내게 세상을 향한 유일한 창이었다. 내 영혼의 갈증을 풀어주는 다시없는 탈출구였다.

귀국 후 교회에서 목사님 지도 아래 제자대학 과정을 공부하면서 여러 권의 기독교 서적을 읽고 영적 도전을 받았다. 이제 더욱 성경에 대한 갈증이 증폭되었다. 신학생들이 공부하는 책들을 구입해서 교재 연구하듯 열심히 읽고 또 읽었다. 어느 정도 공부하고 나니 성경 내용의 맥이 잡히는 듯했다. 내친 김에 세계사 책을 사다가 성경과 어떻게 연계가 되는지를 알아보면서 성경공부에 무한 매력을 느꼈다. 그 다음 해 우리 교회에 처음으로 성경 공부반을 열었다. 성도들과 공부를 해 나가는 동안 나도 모르게 내 삶이 조금씩 바뀌는 것을 느꼈다. 일상에서 가볍게 시시덕거리고 남의 험담에 끼어들어 재미있어 했던 나를 돌아보는 시간이었다.

카프카는 "책은 마음속 얼어붙은 바다를 깨는 도끼다."라고 했다. 성경은 상처 입은 마음을 어루만지는 따뜻한 손길이다. 자아가 강한 내가 예수님의 사랑으로 변화되었으면 한다. "인생 헤엄칠 때 의지할 수 있는 밧줄"이 필요하다. 그 밧줄은 바로 신앙이요, 그 중심에 성경이 있다. 내가 살아갈 소망을 던져준 성경은 내 인생의 필독서다.

자녀에게 무엇을 가르칠 것인가

놀라운 속도로 변해가는 디지털시대다. 넘치는 정보와 지식으로 인해 기존의 가치와 의미가 새로워지는 시대, 진실을 담고 있는 소리와 알맹이 없는 꽹과리 소리 사이의 구별이 쉽지 않다. 이러한 시대에 자식을 올바르게 키우기는 매우 어렵다. 더구나 청소년기는 스스로의 운명을 결정짓는 매우 중요한 시기다. 그들을 어떻게 키워내야 하느냐가 모든 부모의 관심사다.

다산 정약용은 인간으로도 훌륭했지만 관리와 학자로서 뛰어난 인물이었다. 그보다 더 나의 관심을 끈 것은 그분이 자녀교육에 세심한 신경을 기울였다는 점이다. 고달픈 유배생활 가운데서도 틈틈이 아들에게 학문의 끈을 놓지 말라는 당부를 하셨다. 손해를 보더라도 바르고 정당하게 살 것을 강조하셨다.

나의 선친께서도 삼강오륜의 유교사상을 가정교육의 근간으로 삼으셨다. 충효정신을 강조하셨는데, 자기 본분에 충실하고 책임을 다하는 것이 충이요, 부모에게 근심을 끼치지 않는 것이 효의 으뜸이라고 하셨다. 사랑방 서가에는 기름 먹인 노란 표지의 두꺼운 한서가 가득했다. 달 밝은 밤 아버지의 글 읊는 소리가 창호지 문을 넘어 마당가로 퍼질 때 그 청아한 목소리가 참 듣기 좋았다. 늘 가르침으로 일관되었던 아버지의 자식 사랑이었다.

내 귀여운 손자는 중학교 2학년이다. 어미는 아들 때문에 한 걱정을 한다. 공부에 전념하지 않고 친구 집에 놀다가 돌아와선 엉뚱한 이야기만 한다는 것이다. 내용인 즉 손자의 친구는 "난 공부 열심히 안 해도 돼. 할아버지가 내 이름으로 상가를 사 놓았거든." 하면서 자랑을 하더라는 것이다. 요즘 아이들은 워낙 영악해서 벌써 중2 정도면 재물에 관심이 있는 모양이다. 그때 손자의 표정은 어떠했을까? 잠시 부러워했을까? 아니면 바른 판단을 했을까? 이런 말을 듣는 내 마음은 조금은 실망스럽고 착잡했다. 손자에게 물려줄 상가가 없어서일까?

어미와 나는 아이들 교육문제로 많은 이야기를 나누었다. 청소년기는 혼란의 굴곡을 겪는 방황의 시기다. 아이들은 독립된 인격체로 대접을 받고 싶어 하지만 어른들은 어린이 취급을 함으로써 충돌하기도 한다. 이러한 아이들을 어떻게 훌륭하게 키울 것인가에 대한 논의를 했는데, 많은 공감을 했다. 세월의 격차야 어쩔 수 없겠지만 자식을 사랑하는 마음은 다 같은 것이 아니겠는가!

자신감을 잃고 있을 때에는 용기를 북돋아 주어야 한다. 꿈을 이루기 위해서 지금 당장 해야 할 일에 소홀히 하지 않도록 격려해야 한다. 땀 흘린 노력은 배신하지 않는다. 남에게 의존하는 나약한 인간이 되지 않도록 스스로 노력하라. 유람선을 기다리지 말고 스스로 뗏목을 만들어 고기 잡으러 떠나라고 하지 않던가. 가끔은 자연을 바라볼 수 있는 마음의 여유를 갖도록 하라. 시를 읽으며 바람이 전하는 말에 귀를 기울여 보라. 또 운동을 통하여 심신을 단련해야 한다. 특별히 이 몇 가지의 공통된 의견을 나는 손자에게 전하고 싶다. 자식을 키우는 일은 농사를 짓는 것과 비슷하다. 자식을 영재로 키우려고 심한 고생을 시키는 것은 볏모를 잡아 빼서 벼를 빨리 자라게 하려는 것과 같다고 한다. 또 우리 선조들은 "채소밭에 넝쿨을 무성하게 번지게 해서는 안 된다. 넝쿨은 없애기가 어렵다." 했다. 자식도 제때에 따끔하게 잘 가르쳐야 한다는 교훈이다.

자식을 키우는 방법은 시대마다 다를 수 있겠지만, 그 기본 정신은 같을 것이다. 가장 중요한 것은 부모가 자식을 사랑의 눈길로 보살핀다면 아이는 이기적이지 않고 공동체의 가치를 염려할 줄 아는 바람직한 인격체로 자랄 것이다. 그리고 자식이 부모 가슴에 빛나는 훈장이라 하지만, 부모 또한 자식의 자랑일 수 있도록 모범을 보여야 한다.

며느리가 좋은 엄마로서 아들을 사랑으로 잘 길러 낼 것이라 믿는다. 내 손자는 지식보다는 지혜로운 아이로, 기억력보다는 판단력을 기르며, 사랑의 의미를 이해하는 아이로 자라나기를 바란다. 며느리와 이런 대화를 나누는 것만도 오늘은 충분히 행복한 날이다. 나의 손자가 온 가족의 사랑과 관심 속에서 구김살 없이 자라 훌륭한 인재가 되었으면 한다.

정지용 문학관을 찾아서

11월도 저물어가는 계절이었지만, 가을의 충만감은 도처에 남아 있었다. 숙소 뒤로 가을 산맥은 맑은 강줄기를 돌아 화려한 단풍의 향연을 펼치고 있었다. 밤 12시가 넘었는데도 왁자지껄 법석이던 일행을 뒤로하고, 불을 끄자 찾아온 보름달이 창에 가득했다. 고향은 우리를 하나로 묶어 준다. 어느 곳에 살다 왔던지 하나의 둥지를 만들어 준다. 그 둥지 안에 머물면 잠들었던 추억이 하나씩 되살아난다. 거친 손마디 골진 주름살 그 속에도 고향 물이 배어 있다. 무수한 세월을 건너뛰었지만, 동기간들은 아름다운 추억 하나씩을 간직하며 살아온 것 같다. 정도 하나요 마음도 하나다.

이튿날 정지용 문학관을 찾았다. 그의 생가는 농촌의 여느 집처럼 방 두 칸, 마루, 부엌 일자 초가삼간이었다. 바로 그 앞에 정지용 문학관이 있다. 정지용 모습의 밀랍인형이 벤치에 앉아 맑고 깊은 눈매로 우리를 반겼다. 전시실은 꽤 넓었다. 그곳에는 정지용의 삶과 문학 그리고 그가 살았던 시대적 상황을 자세히 정리해 놓았다. 특히 《백록담》, 《지용시선》, 《문학독본》, 《산문》 등 140여 편의 시와 산문집 원본을 우리는 만날 수 있었다. 1910년대부터 1950년대까지 현대시가 어떻게 변화하고 발전했는가를 한눈에 제시, 그 흐름 속에서 정지용 시인이 차지하는 비중을 확인할 수 있었다. 문학전시실에 가면 정지용의 문학을 주제에 따라 접할 수 있도록 지용연보와 지용의 삶과 문학, 지용문학지도, 시 · 산문집 초간본 전시 등 다양한 공간을 마련했다.

정지용은 작가 지망생들에게 "겸손하고 경건한 걸음을 걷기 시작해라. 유유히 흘러가는 그대의 청춘은 다분히 그대에게 시간을 주느니라." 그 시간 동안에 "부지런하라, 탐구하라, 성찰하라, 발화하라."는 독특한 당부까지 빼놓지 않았다.

나는 고등학교 때 〈향수〉를 외우느라 무척 애를 썼다. 문학소녀들은 누구나 그 시를 통째로 암송하기만 해도 어깨가 으쓱했던 시절이 있었다. 그만큼 국민 애송시였다. 정말 그 문학관 주변에는 넓은 벌판, 황소 울음, 실개천이 눈에 잡힐 듯했다.

친척 중에는 나이 지긋한 오빠, 언니, 올케들이 있었다. 마지막 코너 앞에서 그분들은 발길을 뗄 수가 없었다. 6 · 25란 민족 대참사로 시인의 모습은 오리무중이다. 전쟁의 아픈 상흔이 아직까지 가슴에 화석으로 남아 있는데, 저녁연기같이 사라진 그분의 모습이 너무 황망하여 우리 일행의 발걸음은 무거웠다.

나는 그 후 《정지용전집》을 읽었다. 1930~1940년 암울했던 일제 식민지시대에 시인은 《정지용시집(1935)》, 《백록담(1941)》을 펴냈다. 특히 내 마음을 끌었던 것은 시인의 맑은 감성이었다. 식민지 시절의 암울함 속에서 어쩌면 그렇게 투명하고 담백한 시어들을 다듬어 낼 수 있었을까. 감성과 지성의 절묘한 하모니와 시의 이미지를 중시하는 회화적 기법 또한 뛰어나다고 한다. 정지용은 개인의 정서가 과잉 방출되는 현상을 경계했다. 흔히 그를 가리켜 언어의 연금술사, 감각의 달인이라고 극찬을 하기도 하지만 그 뒤에 가려져 있는 시인의 숱한 노력과 완벽에 대한 고집도 살펴보아야 할 것이다. 이양하 교수는 "온 세계 문단을 향하여 우리도 마침내 시인을 가졌노라."고 정지용시인을 자랑스러워했다. 1939년 《문장》 지를 통해 청록파 시인들을 배출한 점도 높이 평가 받고 있다.

정지용의 다양한 시세계를 잘 알지는 못하지만 우리 모두가 공감할 수 있는 고향이라는 주제로 한 시대의 감수성을 대표했던 시인을 만난 자리는 긴 여운을 남겼다. 암흑기였던 일제 강점기에 이토록 순수한 언어로 상처받은 동포의 가슴을 달래주었던 그의 시는 현대시의 새로운 지평을 열었다.

고향의 친척들과 함께 문학관 관람을 한 것은 '차마 꿈엔들 잊힐리' 없는 좋은 추억이다.

행복한 삶을 이끄는 긍정의 말

말 같지 않은 말들이 넘쳐나는 세상이다. 사람의 마음을 강타하는 말을 하느라 온통 정신이 없는 시대이다. 모두가 자신이 옳다고 소리 지르지만, 그렇다면 왜 이 세상에는 이토록 많은 부정이 존재하는 것일까? 옛 선인들은 말을 많이 하지 말고 일을 많이 벌이지 말라고 했다. 그러나 어쩌랴, 교실 수업의 대부분은 말로 채워져 있는 것을! 나의 말을 통해 나의 인격과 학생들의 인격이 서로 감응하는 것이 수업이다. 교사는 학생의 영혼에 단비를 내리는 사람이다. 직업의식만으로는 감당해낼 수 없다. 열정과 애정을 쏟는 사명감이 필요하다. 학생들을 가르친다는 것은 어렵고 고된 일이지만 보람 또한 크다. 나의 교단시절에 이따금씩 박혀있는 웃음을 자아내는 일화들은 상쾌한 사이다 맛이다.

햇살처럼 밝았던 그들의 얼굴이 지금도 추억 속에 빛나고 있다. 떠들썩했던 수업시간, 엉클어진 책걸상과 학급당 70여 명에 가까운 북새통의 교실 풍경이 주마등처럼 스쳐간다. 수세식 화장실이 없던

1970년대 초, 코를 막고 드나들던 학교 화장실. 지금은 우리나라 어디를 가든지 깨끗한 화장실 문화가 거의 세계적인 수준이지만 그 당시의 화장실은 아주 열악했었다.

학생회장 선거 날이었다. 각 후보의 소견발표가 있었다. 그 당시 화장실 개선 문제는 시급한 일이었다. 오죽하면 학생회장 후보가 화장실 문제를 제기했겠는가. 먼저 미美반의 이가영 후보가 "내가 학생회장에 당선되면, 우리 학교 화장실 문제를 획기적으로 개선하겠습니다. 각 화장실에 향기 총을 여러 자루 비치해 두고 퐁퐁 쏴대겠습니다." 모두 까르륵 웃었다. 조금 뜸을 들이더니 이번엔 "화장실에 앉아 열심히 낙하운동을 하는데, 첨벙 떨어지는 순간 반사적으로 튀어 오르는 (똥)물 세례에 꽃다운 방댕이가 다 멍든다."고 웃겨대는 바람에 학생들이 강당 마룻바닥을 치며 웃느라 정견발표가 잠시 중단되었다. 툭 던진 그 한마디, 깔깔 웃음소리가 지금도 내 귀에 광고음악처럼 들려온다. 가영이의 기발한 재치와 유머 감각이 분위기를 반전시켰다. 결국 가영이가 당선되었다. 때와 장소에 맞는 말의 폭발력이란!

우리 반 명희는 5표 차로 떨어졌다. 담임인 내 마음은 무거웠다. 실망하고 있을 명희의 얼굴이 떠올라 그의 집으로 전화를 했다. 위로의 말을 건네기도 전에 "선생님, 저는 그렇게 많은 학생들이 저를 신뢰하고 믿어 주는 것에 놀랐어요. 이렇게 많은 표가 나올 줄 정말 몰랐어요." 하는 밝은 목소리가 전선줄을 타고 흘러왔다. 나는 아무 말을 못했다. 다만 콧등이 시큰하고 목이 메었다. 눈물이 핑 돌았다.

나는 근소한 차이로 떨어진 걸 마음 아파하는데 정작 본인은 긍정적으로 받아들이고 있었다. 어른인 나의 생각이 어린 명희만도 못 하구나. 명희가 대견하여 업어 주고 싶었다. 명희는 반장으로서 늘 밝고 열심이고 긍정적인 학생이었기에 그런 반응이 어쩌면 당연한 것이었는지도 모른다. 같은 상황을 어떻게 받아들이느냐에 따라서 인생의 행불행이 달려 있음을 새삼 깨닫게 되었다.

말은 사람의 생각을 담는 그릇이다. 인간은 자신의 말을 통해 자기를 표현하고 타인을 이해하며 서로 공감하고 반응한다. 긍정적인 말은 지치기 쉬운 현대인의 삶에 활력을 준다. 말은 파동이다. 나의 말은 물결처럼 사방으로 퍼져나가 주변 사람에게로 전해진다. 좋은 말을 하면 그 말의 맑은 기운이 남을 즐겁게도 해 주지만, 그보다 본인의 인격을 한층 더 높은 차원으로 이끌어준다. 말도 거울을 닦듯이 늘 갈고 닦아야 한다. 좋은 말을 하는 것도 덕을 쌓는 일일 것이다. 좋은 생각을 하고 좋은 말들을 서로 나눌 수 있도록 꾸준히 노력한다면 아리스토텔레스의 이상적 인간상에 조금이라도 가까워질 수 있을 것이다. 오늘 두 학생의 말은 참으로 듣기 좋았다. 때와 장소에 맞는 말과 긍정적인 말의 위력을 새삼 느꼈다. 말의 중요성은 백번 강조해도 지나치지 않다.

경우에 합당한 말은 아로새긴 은쟁반에 금 사과니라.(잠언 25:11)

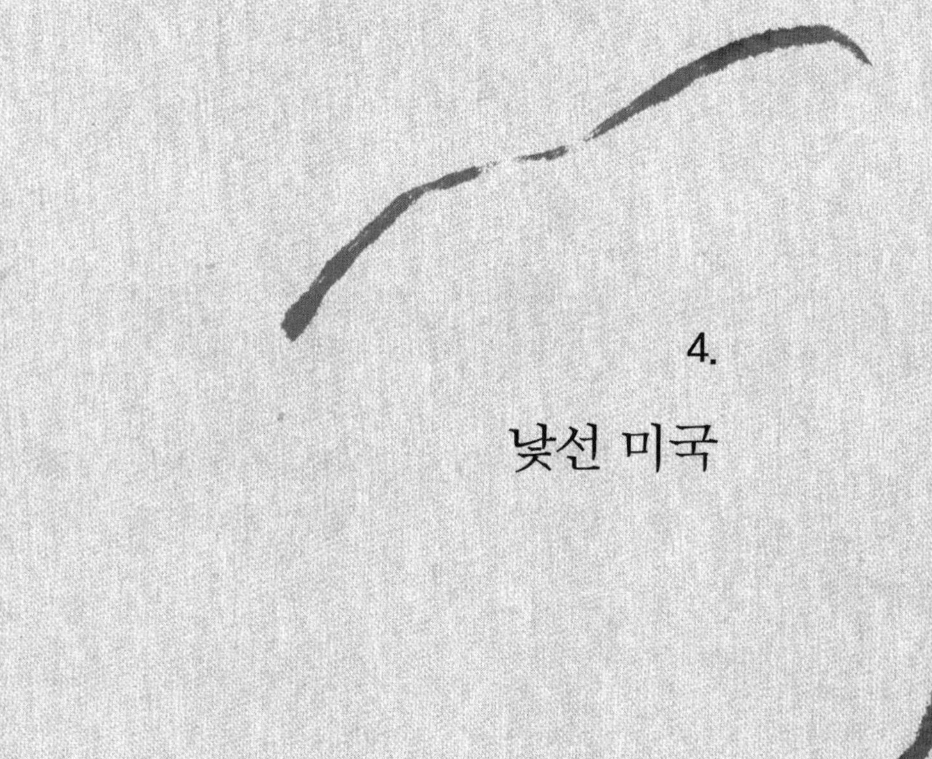

4.

낯선 미국

미국문화와 나

미지의 세계를 향한다. 솜털구름으로 뒤덮인 허공에서 10여 시간 비행 끝에 아메리카 신대륙에 도달했던 콜럼버스의 꿈을 안고, 샌프란시스코 공항에 내렸다. 비행기 고도를 낮춘다는 안내방송에 가슴이 설렌다. 차츰 낮게 내려앉으며 심한 요동을 친다. 저 멀리 먼동이 터온다. 드디어 신천지의 눈부신 아침이 오고 있다. 사진으로만 본 마천루가 겹겹이 보이고 붉은 태양이 솟아오른다. 비행기 차창 밖으로 한 줄기 환한 햇살이 쫙~ 퍼져온다. 태평양 바다가 눈에 들어오는 순간 한없는 감격이 밀려온다. 처음 밟아 보는 미국 땅이다. 낯선 대륙과 만난다. 키가 크고 코가 높은 이국인들이 공항에 가득하다. 긴 줄을 서서 입국심사를 기다리는 사람들 틈에 낀 우리들은 생각밖에 무사통과다. 연구교수란 남편의 비자 덕이다.

새크라멘토로 가는 UA기로 갈아탄다. 잠자리 날개 같은 프로펠러가 뱅글뱅글 돌아가는 소형 경비행기다. 승객은 50명 남짓하다. 낯설다. 약간 불안하다. 한 시간 넘게 프로펠러 소음에 파묻혔다. 반듯

반듯한 누런 들판이 끝없이 이어졌다. 나중에 알고 보니 여름철 강렬한 태양에 잔디와 풀이 말라서 누렇게 변한 것이라 한다.

그날 밤, 계약된 아파트에 도착하고 보니 침대가 없어서 곤란한 일이 생겼다. 지중해성 기후로 밤낮의 기온차가 심하여 밤에는 방바닥이 냉골이다. 차가운 방바닥에 가져온 얇은 이불을 깔고 간신히 잠을 청했다.

천지가 고요한 바다 속 같다. 눈을 떠 보니 낯선 땅에 와 있다. 갑자기 외로움이 엄습해 온다. 외로움이 짙어질수록 감성은 안온해진다. 태풍 속의 고요라고나 할까. 격랑 속을 헤매다가 어느 포구에 와 닿은 나그네의 나른한 안도감이다. 붕붕하는 소리에 놀라 창문을 열어 본다. 정원에는 크고 작은 나무들이 막 쏟아져 오는 아침 햇살에 황금빛으로 눈부시다, 아! 신천지, 태초의 아침이 이러했을까. 쏴아 맑은 공기가 사이다 맛이다. 멕시칸들이 어깨에 모터를 달고 붕붕 소리를 내며 낙엽을 쓸어 모으느라 분주하다. 구불구불한 긴 호스에서 바람이 나와 낙엽을 쓸고 있다. 답답하다. 우리나라 댑싸리 빗자루로 쓱쓱 쓸었으면 속이 시원할 것 같다. 이른 아침 고향집 마당을 싸악 싹 쓸면 빗자루 무늬가 아롱지던 그 상쾌한 아침이 떠오른다. 능률면이나 시간상으로나 단연코 우리나라 빗자루가 백번 낫다.

그 이튿날 궁여지책으로 교환교수 회장님이신 오 교수님과 남편이 젖 먹던 힘까지 쏟으며 푸른 비닐에 바람을 불어넣느라고 애를 쓴다. 드디어 방바닥 가득히 푸른색 간이 에어 백 침대가 완성되었다. 방바닥의 찬 기운은 막을 수 있었지만, 문제는 이쪽에서 돌아누우면

저쪽이 출렁출렁, 저쪽에서 움직이면 이쪽이 벌렁벌렁, 밤새 울렁거리는 배를 탄 기분이었다. 한강 위에 바람 맞은 돛대 모양이다. 힘겹게 만든 간이침대였지만, 잠버릇이 예민한 우리가 어찌 잠을 잘 수가 있겠는가. 다행히 나중에 침대 있는 아파트로 이사를 가게 되어 한 밤 침대 서핑은 마무리되었다. 지금 생각해도 웃음이 절로 난다.

대낮 주택가에는 사람의 그림자를 만나기 힘들다. 마치 공주가 잠들어 있는 숲속처럼 아주 조용하다. 뒤꼍은 앞마당보다 넓어 꽃도 만발해 있고 채소도 가꾼다. 집집마다 창틀 밖에 색색의 꽃바구니를 매달고 있어 보기만 해도 마음이 즐겁다. 무료할 때마다 동네를 한 바퀴 돌고 나면 새 기운이 난다. 잠시 후 우리 아파트에 들어선다. 젊은 백인 여성이 첨벙 수영을 즐기더니 비스듬한 긴 등받이 의자에 벌렁 누워 일광욕이다. 흰 피부 팔등신의 긴 다리는 매력적일 수도 있지만, 여러 사람이 지나다니는 아파트에서 정말 민망스럽다. 털북숭이 검은 아저씨도 아들을 데리고 물속에서 시끄럽게 떠들어 댄다. 이곳은 아파트든 단독이든 거의 수영장이 있다. 한여름 뜨거운 열기를 식히기 위해서다.

길 건너에 넓은 공원이 있다. 오늘은 나지막하고 앙증맞게 생긴 붉은색 차가 잔디를 깎고 있다. 자그마한 제비꽃 몇 송이를, 조심조심 비켜간다. 양쪽 날개를 땅에 착 붙이고 요리조리 나무 사이를 비집고 다니면서 잘도 깎는다. 앳된 소년의 이발 머리같이 가지런하고 단정하다. 그런데 아까부터 공원 입구 벤치에 고등학생쯤으로 보이는 남녀가 서로 껴안고 볼을 비비며 입맞춤을 하고 있다. '아이쿠!'

기겁을 하고 얼른 다른 곳으로 갔다. 그 넓은 공원을 한 바퀴 다 돌고 원점으로 돌아왔다. 여태껏 그러고 있다. 아니 더욱더 격렬한 것 같다. 쉽게 끝날 것 같지 않다. 아슴한 달빛도 아니고 한 대낮에 그것도 공공장소에서. 아무리 문화의 차이라 하더라도 참 당황스럽다. 나의 편협한 사고일까? 아득한 거리만큼이나 한국과 다른 미국의 문화를 어떻게 받아들여야 할까?

어느 날 오후, TV생중계 장면이다. 지붕 위의 개를 구출하느라 911구조대원들이 맹활약을 하고 있다. 나중엔 헬기까지 떴다. 어찌된 사연인지는 알 수 없다. 개 한 마리의 생명도 저렇게 중시하는 미국인들 참 흐뭇했다. 그런데 요즘 충격적인 미국 총기사건 보도를 들으면서 그때 그 개 구출작전이 오버랩 되어 또 한 번 어리둥절하다. 또 난제 중 난제인 총기 소유 문제를 어떻게 보아야 하는지 심란하다. 미국이란 나라가 지닌 이러한 극명한 상대성을 보면서 진정한 자유와 휴머니티가 무엇인가 하는 생각이 든다. 매우 아이러니하다.

'낯설다'라는 말에는 다소의 거부감이 들어있다. 새로운 것에 길들여지기는 쉽지 않다. 나를 깨고 아집을 버리고 새로운 환경에 적응해 가느냐 아니면 완고한 고집쟁이로 살아가느냐의 갈림길에 서 있다. 한동안 노을 지는 거실 한쪽에 쭈그리고 앉아 생소한 미국문화를 생각해 본다. 낯선 땅에서 보는 새로운 문물에 대해 기존의 나를 고집하는 것은 자연스러운 반응일 것이다. 그러나 쉽지 않은 일에 도전하는 것, 그리고 그 도전의 기회가 주어졌을 때 피하지 않는 것이 우리의 삶을 보다 풍요롭게 만들지 않을까. 비록 그것이 일말의 이질감을 동반하더라도. 남다른 열정과 도전 정신이 숨어 있다는 미국에서, 내가 이 색다른 문화를 열린 마음으로 감싸 안아야 하리라.

그녀와 이구아나

농촌에서는 자연스럽게 짐승들과 한 집에서 생활했다. 소, 염소, 개, 닭 들을 키우면서 한 식구처럼 지냈다. 특별히 사랑한다기보다는 늘 친숙하게 살아왔다. 그래서 애완동물에 집착하며 그들을 특별대접하는 것이 영 어색했다. 그런데 내가 미국에서 만났던 S씨는 이런 나의 사고를 바꿔주었고 지금도 아파트 곳곳에서 애완동물을 껴안고 다니는 사람들을 달리 보는 계기를 만들어 주었다.

그녀는 미용 아티스트(artist)다. 우리나라 미용실 운영체제와는 좀 다르다. 큰 규모의 공동구역 안에 자기만의 공간을 확보하고 개인 비지니스를 하고 있다. 머리 모양뿐만 아니라 의상 화장까지 도맡아 해준다. 미장원이 쉬는 날이면 우리와 함께 가까운 곳에서 자연도 즐기고 쇼핑도 했다. 그날도 그 집 근처를 지나다가 자연스럽게 그 댁을 방문하게 되었다.

S씨는 이구아나를 키우고 있다. 아파트 안에 들어서자 좀 특이한 냄새가 감지되었다. 거실에서 차와 과일을 나눈 후 우리를 가운

데 방으로 안내했다. 마치 무슨 보물단지라도 숨겨 둔 듯 그녀의 태도는 자못 진지했다. 방안으로 들어가려는 순간 그곳은 방이 아니라 작은 공원을 옮겨 놓은 듯했다. 방안 가득 구름다리가 놓여 있고 그 아래는 통나무로 만든 도랑에 물이 졸졸 흐르고 있다. 서너 그루의 열대식물들이 넓은 잎을 너울거린다. 자잘한 돌과 모래가 축축하게 물기를 머금고 있고 풀숲에서는 이구아나가 눈을 깜박깜박하면서 우리를 쳐다보고 있다. 외국 여행 시 우리 속에서만 보던 이구아나를 이렇게 방안에서 보게 되니 너무나 생경스럽다. 몸통은 꽤 크고 파르스름하다. 등 쪽은 아주 단단한 껍질로 둘러싸여 있고 몸의 등 쪽 후두부에서 꼬리에 이르는 등선에는 공룡을 연상케 하는 뾰족한 장식 비늘이 돋아 있다. 허여스름한 작은 발이 불쌍했다. 그의 고향은 어딜까. 어느 곳의 우림 속에서 살지 못하고 이렇게 좁은 데서 얼마나 갑갑할까?

거실로 나온 우리는 당황스러웠다. 뒤따라 나온 그녀의 어깨에는 방금 본 이구아나가 얹혀 있었다. 등을 토닥토닥 두드리며 “밥 잘 먹었니?” 하면서 어르는 모습이 꼭 아기를 달래는 엄마와 같았다. 그 광경을 바라보는 우리의 마음은 너무나 막막했다. 딱히 할 말이 떠오르지 않았다. 그녀의 절대적 고독 앞에서 누가 무슨 말을 할 수 있단 말인가! 사람은 누군가와 정을 나누며 살아가는데 그것이 꼭 사람이어야만 한다는 고정관념이 깨지는 순간이었다. 또 마루 귀퉁이를 따라 작은 것이 하나 더 기어 다니고 있다. 화장실엔 변기통을 따로 마련해 주었고 말을 잘 들어서 신통하다고 자랑을 했다. 성질이 온순하고 새싹 과일 꽃 등의 식물을 잘 먹는다고 하면서 과일 바구니를 들어 보였다.

그녀는 우리의 느낌을 감지했는지 자기의 인생사를 이야기하기 시작했다. 어렸을 때 꿈은 교사가 되고 싶었는데 그 꿈을 이루지 못하고 농촌으로 시집가서 농사일에 서툴러 시부모님 눈에 차지 않았다. 서로 갈등이 깊어지던 차에 우연한 기회로 미국에 오게 되었는데, 자유분방한 이곳 생활에 매력을 느껴 정착하게 되었다 한다. 기다리다 못해 남편이 미국으로 왔지만 3년이 채 못 되어 고향으로 돌아갔다. 그 뒤 쓸쓸하고 기나긴 별거 생활이 계속 되고 있다는 것이다. 그분은 미국에 오게 된 것이 하늘에서 두레박이 내려온 행운이었다고 했다.

인간은 절대고독을 안고 산다는데 그녀의 고독한 삶을 직면하고 보니 그 말이 실감이 난다. 중앙아메리카나 태평양 열대 섬 어딘가에 살고 있어야 할 것 같은 이구아나가 그녀의 집 한 구석에 자리 잡고 만리타국에 와 있는 그녀의 고독을 달래주고 있었다. 그들에게는 서로의 고독을 치유해 주는 그 무엇이 존재하고 있음을 깨달았다. 어느 날 그녀는 눈물을 흘리며 기르던 애완견이 죽어서 무덤을 만들어 주고 왔다고 했다. 주위로부터 소외당하거나 한계에 부딪혀 탈출구를 찾으려는 수단으로 동물을 기른다는 생각에 동조해 왔던 나는, 며칠 후 애완견 무덤에 다시 가본다는 말을 들으면서 그녀의 삶 속에서 그 애완견이 차지했던 비중과 동물과 더불어 살아가는 것이 무엇인가를 어렴풋이나마 짐작이 갔다.

개가 인간과 함께 살기 시작했던 것도 서로간의 필요성 때문이었으리라. 삶을 지속하기 위해서는 물질적 필요성을 넘어 심리적인 동반자가 필요하다. 우리나라도 평균 수명이 80세를 넘어 섰고 혼자 살아가야 할 기간이 점점 길어지고 있다. 이러한 추세임에도 자식을 곁에 둘 상황도 못 되고 외로움을 달래줄 그 무엇이 필요할 때다. 젊은이들도 과도한 스트레스를 느끼는 현대병을 치료하는 한 방편으로 애완동물을 키우고 있다. 요즘에는 '애완동물'이라는 말 대신에 한 걸음 더 나아가 '반려동물'이라는 표현을 쓴다고 한다. 그 '반려'라는 말을 되새기는 순간 이구아나를 안고 행복해 하던 그녀의 모습이 떠오른다. 지금 그녀는 어떻게 살고 있는지? 오늘 따라 그녀가 그리워진다.

기조 경은 혜영 윤정에게

해외여행을 떠나는 목적은 사람마다 다르겠지만 대부분 각 나라의 역사와 전통 그리고 그들만의 독특한 문화와 삶을 구경하고 싶어서가 아니겠니? 엄마가 1년 가까이 미국에서 살아 본다는 것이 매우 좋은 기회라 생각한다. 더구나 오랜 교직생활을 마감하고 홀가분한 기분으로 태평양의 푸른 물결과 거센 파도를 바라보고 있노라면 가슴이 후련해진다.

미국에서 가장 부러운 것 중의 하나는 주방 싱크대에 설치된 음식물 분쇄기다. 스위치만 누르면 음식물 찌꺼기가 금방 갈려 내려간다. 일반 하수도로 내려가지 않게 분류식 하수관이 설치되어 있다. 얼마나 편리한지 우리나라에도 이런 시설이 있었으면 하는 마음이 간절했다. 또 새크라멘토시(캘리포니아 주도)는 수도세를 내지 않는데, 그 이유는 시 개척 당시에 어느 부호 독지가가 수도시설 전 비용을 부담하여 시에 헌납하였기 때문이다. 이렇게 개인의 소중한 재산을 사회에 환원하는 기부문화의 정착 정신을 보고 놀라지 않을 수 없었다.

집 가까이 산책로를 거닐 때 푸른 하늘 저 멀리 떠가는 하얀 구름을 바라보면 아득히 서울 한강이 떠오른다. 어디선가 〈스와니 강물〉을 누군가가 허밍으로 부르고 있다. '포스터'의 선율은 우리에게도 익숙하지만, 그에게는 끝없는 향수를 자아내는 듯싶었다.

주일 날 한인교회에 출석했다. 키 큰 이방인들 틈에 끼어 주눅 들고 만지는 기계마다 고장을 내고 말 한마디 속 시원하게 통하지 못하고 지내다가 교회에서 우리 동포를 만나니 살 것만 같았다. 오후에 새 신자 환영 모임이 있었다. 여러 프로그램이 한창 진행되는 순간 갑자기 내 앞에 마이크를 들이댔다. 한마디 하라는 것이었다. 어떨 결에 "동포 여러분, 우리는 조국을 멀리 떠나 이곳에 와 있습니다. 그러나 마음은 늘 조국을 생각하면서 승리하는 삶을 살아야겠습니다. 동포 여러분." 장내는 갑자기 폭소가 쏟아졌다. 애국지사 도산 안창호 선생의 열렬한 연설문 흉내(?)를 내고 말았으니. 원!

연이어 유초등부 발표 시간에 나는 마음이 아팠다. 우리 아이들이 우리말을 못하고 영어로 찬양하고, 동화 연극도 모두 영어 일색이었다. "왜, 우리 어린이들이 우리말을 못하나요?"하고 불만스럽게 말을 했다. 우리 내외가 한 평생 국어를 가르치며 사명감으로 살아왔는데 무언가 모르는 충격으로 가슴이 멍했다. 그들은 이민사회 실정을 모르는 소리라고 반박했다. 하루 17시간 중노동에 아이들과 얼굴 대할 시간도 없는데 대화할 시간이 있겠느냐고? 어차피 미국에 살 아이들인데 학교에 가면 영어 따라 하기도 벅차고 우리말도 어려운데 언제 두 가지 말과 글을 배울 수 있겠냐고 항변했다. 언어는 혼을 담는 그릇이라, 몸은 한국인인데 우리말을 못한다면 자기가 누구인지를 모르고 그렇게 되면 불행하게 되지 않겠는가. 교포사회가 넓은 안목으로 인식을 새롭게 해야 한다고 생각했다.

아프리카, 남미, 아시아, 유럽 등 세계 인종 전시장인 미합중국! 그런데도 대낮에 주택가에선 사람을 만나기가 가물에 콩 나기다. 어쩌다 길에서 만나는 사람들은 습관처럼 '하이'(Hi!)하고 웃으며 인사하지만 지나면 그뿐, 나는 영원한 이방인이다. 차를 타고 지나가다 보면 'very hungry'라고 쓴 팻말을 들고 1인 시위를 하는 한 노인이 서 있다. 그의 조국은 어디인가, 처자는 있는가? 공연한 걱정에 마음이 안쓰럽다. 개 백화점에는 먹이가 산더미같이 쌓였는데 저 사람은 배가 고프다니 어쩐지 어리둥절하고 낯선 풍경이다.

지난 주말에는 난처한 일이 있었다. 캘리포니아 주립대학 새크라멘토 캠퍼스에서 주차한 우리 차를 찾지 못해 애를 먹었다. 7번 주차장을 확인하고 대학 건물로 들어갔었다. 볼일을 다 보고 밖으로 나오니 운동장이 너무 넓어 방향을 종잡을 수가 없었다. 겨울철 오후 4시 조금 넘은 시간인데 울창한 숲으로 인해 사방은 어둑어둑했다. 땀을 흘리며 찾아 다녔지만 도저히 찾을 수가 없었다. 안내원을 찾았지만, 큼직한 도표만 보여 줄뿐, 우리의 딱한 사정은 아랑곳하지 않았다. 어떻게 하나? 무인도에 나뒹굴어진 외로운 신세였다. 이따금씩 지나가는 대학생들도 그저 손사래만 칠 뿐이었다. 이제는 포기하고 망연자실해 있는데 저기 한쪽 모서리 삼각형 땅에 우리 차가 외롭게 주인을 기다리고 있는 게 아닌가! 너의 아버지와 나는 차를 붙들고 한참이나 정신없이 서 있었다. 무언가 모를 서러움 같은 것이 갑자기 밀려왔다.

그런데 미국에서 맞은 크리스마스는 매우 특별했고 재미있었다. 이브 날 U.C.L.A 교수님 댁으로 초청을 받았다. 그 가정은 일찍 이민 와서 성공한 가정으로 두 분은 수원농대 캠퍼스 커플인데 남편 되시는 분은 우리가 다니는 교회의 장로님이시고 사모님은 성가대 지휘자였다. 그 댁에 들어서자 넓은 거실 한쪽 작은 흙 공간에 여러 가지 나무를 심어 놓은 것이 눈에 들어왔다. 가느다란 나뭇가지가 막대를 감고 유리 천장을 뚫고 나갔다. 지붕은 태양광으로 거실은 밝고 환했다. 실가지들이 하늘거리며 올라가는 모양이 참 신기했다.

그날 저녁 메뉴는 장장 7시간 넘게 오븐에 구워낸 칠면조 고기였다. 더욱 우리가 놀란 것은 교수님이 앞치마를 두르고 피노키오 고깔모자를 쓰고 구운 칠면조를 통째로 내놓고 날렵한 솜씨로 칼을 살짝 치켜들고 살점을 빚어내는 것이었다. 모두들 능란한 그분의 검무(?)에 넋을 잃고 바라보았다. 권위주의에 익숙한 한국 교수님들은 좀 난처한 표정이었다. 우리들은 사모님을 향하여 "아유, 사모님은 행복하시겠어요."라고 한마디씩 했다. 처음으로 먹어본 칠면조 고기였지만, 거부감 없이 맛이 있었다.

사랑하는 자녀들아, 미국에 와서 보니 안일하게 갇혀 있을 때가 아니라는 생각이 들었다. 세계는 무한 도전시대다. 틈틈이 책을 읽고 인생의 위대한 스승을 만나기 바란다. 부디 큰 꿈을 가지고 도전하라.

○○○○년 ○○일, 미국에서 엄마 아빠가

미국 운전면허증

남편이 한국에서 발급받아 온 국제운전면허증은 인정되지 않았다. 다시 미국 캘리포니아 면허증을 취득해야만 한다. 필기시험은 한국어로 보게 되어 다행이었다. 실기시험을 볼 때 시험장의 자동차나 자기 차를 사용해도 무방하다. 다만 자기 차를 사용할 때는 반드시 보험 영수증을 지참해야 한다. 필기시험 35문항 중 7개 이상 틀리면 불합격이다. 실기 시험 3번 떨어지면 다시 필기시험부터 치러야 한다. 타국에서 까다로운 실기시험에 합격하기란 여간 어려운 일이 아니다.

남편은 실기 시험에 두 번째 떨어졌다. 우리나라와는 여러모로 다른 점이 많다. 우리나라는 수험자가 자동차를 혼자 운전하여 각 코스를 통과하고 합격 여부는 나중에 결정되지만, 이곳은 시험관이 동석한다. 그것도 흑인 여자 경찰관이 권총을 차고 바로 옆 좌석에서 채점표를 들고 손수 각 항목마다 채점을 한다. 조금만 서툴면 뭐라고 쏴 부친다. 주눅이 들어 잘하던 것도 실수하기가 십상이다. 집에 돌아온 남편은 자기가 떨어진 원인이 마치 그 경찰관에게 있기라도 하듯이 투덜거렸다. 그의 고자세 위압적인 분위기에 몹시 기분이 상한 모양이다. 실기시험 당일은 일종의 전의마저 느껴진다. 면허취득은 생존의 문제다. 대중교통이 전무하다시피 한 이곳은 자기 차 없이는 발이 묶여 오갈 수 없다. 또 지하철은 범죄 발생률이 빈번하고 시설도 열악하다는 말에 이용할 엄두도 못 냈다. 그러기에 면허증이 더욱 절실히 필요했다.

시험 때 지켜야 할 규칙이 우리 방 벽에 붙어 있다. 규칙에는 출발 전 차 점검, 반 시동 걸기, 왼쪽 오른쪽 창문 열기, 시그널 넣기, 스톱선 30센티 지점에서 정지하고 대기할 것, 차선 변경 때는 목을 확 돌려 확인하기, 방향 바꿀 때는 오른쪽 조수석에 손을 얹고 몸을 완전히 뒤로 돌리기 등이다. 그중에서도 목이나 몸을 뒤로 확 돌리는 항목이 제일 어렵다. 체형 상 미국인보다 키가 작고 목이 짧은 동양인들에게는 정말 따라 하기 힘든 부분이다. 남편은 한국 운전습관이 굳어져 있어 고치기가 힘든 모양이다. 제일 무서운 것은 긴급차량 출동 대처방안이다. 또 school zone에 들어가기 전 학교 버스가 떴다 하면 모든 차량은 속도 제한 25마일이다. 또 학교 버스가 정차한 지점에는 일반차량의 추월이 금지된다. 미국이 어린이 천국이라는 말이 실감난다. 어린이 보호에는 철두철미하다. 이것만은 우리가 본받아야 할 점이다.

어느 날 오후 아파트 안에서 동양인을 만났다. 가까이 마주치자 단번에 서로가 한국인이라는 것을 알아차렸다. 통성명을 해 보니 친정이 전북 임실이고, 갓 결혼하여 미국에 온 유학생 부부다. 너무나 반가워 어쩔 줄 몰랐다. 그것도 우리 방에서 마주 보는 동에 살고 있다고 한다. 이런저런 이야기 끝에 우리 사정을 털어 놓게 되었다. 그 분의 남편이 몇 번 연습시켜 줄 듯한 말을 했다. 두 부부는 큰 건물 두 층을 청소하랴 공부하랴 바쁜 일정임에도 우리에게 그런 배려를 해 준다고 하니 미안했지만 속으론 몹시 기뻤다. 시험이 1 주일 앞으로 다가오기에 그저 고마울 뿐이었다. 새벽같이 그분이 왔다. 한 바퀴 돌고 오더니 남편의 취약점을 알았다고 하면서 다음 번 약속을 하고 돌아갔다.

그 유학생은 잠깐씩 틈을 내어 두어 번 더 연습을 시켜 주었다. 세 번째 시험일이다. 가슴이 떨린다. 남편도 긴장을 감출 수 없는 표정이다. 그 유학생 부부를 생각해서라도 꼭 합격해야 한다. 기다리는 동안 내내 기도를 드렸다. 얼마 동안의 초조한 시간이 지났다. 남편은 드디어 합격증을 들고 함박웃음을 띠고 돌아왔다. 뛸 듯 기뻤다. 춤이라도 추고 싶었다. 유학생은 현지 도로 사정에 밝고 채점자의 관점도 잘 파악하고 있어 합격에 큰 도움이 되었다. 어쩌면 인생은 끝없는 도전과 시행착오의 연속인지도 모른다. 노력 끝에 얻은 열매는 그래서 더욱 값진 것이다. 그날 저녁은 오랜만에 발을 뻗고 깊은 잠에 빠질 것 같았다.

토요일 오후 유학생 부부를 초대했다. 운전면허를 딸 수 있도록 애쓴 유학생 부부에게 조그마한 마음이라도 베풀고 싶었다. 면허증을 받고 나니 많은 숙제를 끝마친 초등학생처럼 기쁘고 홀가분했다.

한국 마트에 가서 이것저것을 사와 정성껏 저녁을 준비했다. 소고기국과 풍성한 야채, 한국에서 갖고 온 북어에 양념을 발라 굽기도 하고 묵은 취나물을 삶아 볶기도 했다. 화기애애한 가운데 식사를 맛있게 했다. 마치 오랜 친분을 쌓은 사람들처럼 시간 가는 줄 몰랐다. 그들의 부모님은 농촌에 살고 계셨기에 우리를 보는 순간 고향의 부모를 생각했다고 한다. 지금 공학도의 길을 걷고 있는데, 공부를 마치고 한국에 돌아가서 모교의 강단에 서고 싶다고 했다. 여러 가지 면에서 우리와 공감되는 부분이 많아서 좋았다. 사람은 어디를 가든지 혼자서는 살 수 없다. 만리타국에서 여러 분들의 도움을 받고 보니 감사할 뿐이다. 그분들의 앞날이 환하게 트이기를 기도한다.

2016년 서랍 속 묵은 노트에서 그 유학생 부모님의 전화번호를 발견했다. 망설임도 없이 다이얼을 돌렸다. 그 부모님은 아들의 미국 전화번호를 알려 주었다. 미국에서 먼저 전화가 왔다. 서로 감격에 겨워 긴 통화를 했다. 15여 년의 간격을 뛰어넘어 그 어려웠던 순간들이 물밀듯 몰려왔다. 그분은 미국 네바다주주립대 의과대학 교수로 재직 중이며 당뇨 연구에 뚜렷한 업적을 쌓아, 세계적인 학술지에 수많은 논문을 발표하여 한국을 빛내고 있다.

미국생활 그 낯선 문화

새크라멘토의 아파트는 사방이 철책으로 둘러 싸여 있다. 정문은 긴 롤러(roller)식이다. 낮에도 닫혀 있을 때가 많고 밤 7시면 어김없이 잠겨 버린다. 정문 앞에서 리모콘을 누르면 문이 열린다. 우리는 아직 차를 구입하지 못했기에 먼저 온 사모님께서 우리를 데려다 주셨다. 오른쪽 계단을 가리키며 좀 미심쩍어 하시기에 "걱정 마세요." 큰소리를 치고 정문 앞에 다다랐다. 예상외의 일이 벌어졌다. 막상 리모콘을 눌러도 문이 열리질 않았다. 아무리 눌러도 문은 꼼짝도 안 했다. 인적이란 간 곳 없고 개미 한 마리도 얼씬거리지 않는 밤 10시, 무서우리만큼 질주하는 자동차의 행렬뿐 이곳의 밤거리는 적막에 휩싸인다.

12월도 저무는 캘리포니아. 이곳은 밤낮의 기온차가 매우 심하다. 낮에는 전형적인 한국의 가을 날씨보다 더 맑고 푸르고 눈부신 태양으로 감탄을 자아내지만 밤이면 뼛속으로 스며드는 찬 기운에 몸이 오싹오싹할 정도다. 몸은 떨리고 시간은 사정없이 흘러간다. 머릿속이 하얗다. 주머니엔 어느 분 전화 번호 하나 없고 공중전화가 있다 한들 사용하는 방법을 어찌 알랴. 담을 넘어 가자니 경비가 도둑이라고 무조건 총을 쏜다고 하니 발만 동동 구른다. 창백한 두 얼굴이 희미한 불빛에 반사되어 비칠 뿐이다. 무슨 방도가 없을까? “오, 하나님. 하나님.” 허공을 치며 이러기를 몇 십 분이 흘러갔다.

어디선가 자동차 한 대가 정문을 향하여 들어오고 있다. 나도 모르게 오른쪽 손을 번쩍 들고 황급히 ‘Help me’를 외쳤다. 미국인 남자가 창문을 내리며 우리를 힐끗 보는가 하는데 그렇게 굳게 닫혔던 문이 스르르 열리는 게 아닌가! “빨리 들어가요.” 남편의 벼락 치는 소리에도 나는 멍하니 몽롱한 상태였다. 내동댕이쳐지듯 간신히 선을 넘고 나니 철문은 다시 굳게 잠겼다. 리모콘은 차 안에서만 작동되고 걸어서 갈 때에는 방 열쇠로 계단 쪽 문을 열고 들어가야 한다는 것을 나중에 알게 되었다. 아까 사모님의 미심쩍어 하시던 것이 바로 이것이었구나. 자정이 넘어서도 인파로 북적이던 서울의 밤 풍경이 떠올랐다. 타향살이가 정말 이토록 막막할 줄은 꿈에도 몰랐다.

미국, 참으로 낯선 문화권이다. 눈만 뜨면 영어의 홍수 속에서 허우적거린다. 만지는 기계마다 서툴다. 영어를 할 줄 모르는 이방인의 삶은 황량한 들판에서 어려운 환경을 이겨내야만 하는 외로운 나무다. 이웃 104호에 사는 헐버트 할아버지는 독일계 미국인인데 혼자서 외롭게 살고 있었다. 크리스마스 땐 멀리 있는 딸이 온다고 자랑을 했는데 며칠이 가도 아무도 찾아오는 기색이 없다. 그분은 나의 회화실력에 조금은 실망하고 아쉬워하는 눈치다. 중학교는 나왔느냐고 물어 보는데 무어라고 대답해야 할지 황당했다. 그분의 눈에 내가 그렇게 보인 것이 매우 부끄러웠다. 좀 더 영어 공부를 하고 왔더라면 하는 절박감을 느꼈다. 한 사회의 일원이 되어 살아가는 데 언어의 소통이 얼마나 중요한 것인가를 새삼 절감했다.

언어에는 그 언어를 사용하는 사람들의 사고가 반영되어 있다. 한국어를 사용하는 우리에게는 영어는 완전히 다른 사고의 틀이다. 한국 사람들이 그 많은 노력을 영어에 투자해도 별로 효과를 보지 못하는 것은 너무 문법과 읽기에만 치중해서가 아니라 그 나라 사람들의 사고방식을 익히고자 하는 노력이 없었기 때문이다. 너무 기능적인 면들만을 강조하는 한국에서의 영어교육은 그 방법론적 한계를 가질 수밖에 없다는 것을 여기 미국 땅에서 절실히 느꼈다.

거리에 나서면 낯선 간판들 우람한 체구의 서양 사람들 속에서 동양의 조그만 나라인 한국어를 들어줄 사람을 만난다는 것은 거의 기대할 수 없는 일이지만 때로는 기적 같은 일도 일어나기에 기적이라는 단어가 존재하는 것이 아닐까. 며칠 전 동네를 산책하다가 키가 작은 할머니 한 분과 마주쳤다. 보자마자 한국 사람이라는 것을 알 수 있었다. 국적을 물어보지도 않고 바로 한국말로 인사를 건넸다. 그분 역시 덥석 내 손을 잡으며 반가워했다. 이런저런 이야기 끝에 자기 집으로 가자고 했다. 거실은 미국식 가구로 꾸며 놓았지만 반찬은 시원한 물김치와 맛깔스런 조개젓과 구운 김이었다. 한국 밥상 그대로였다. 음식도 맛있었지만, 그보다 더 우리말로 실컷 떠들고 나니 속이 시원했다. 집에 돌아오니 목이 다 쉴 지경이었다. 한국인의 눈빛이나 꾹 다문 입술은 화난 사람처럼 보인다고 하지만 나는 왜 그렇게 그 얼굴이 그리울까.

미국이 좋다고 찾아 왔다가 번번이 혼쫄이 나고 주눅이 든다. 의사소통이 안 되고 말할 상대가 없다는 것은 실로 창살 없는 감옥이다. 그 답답하고 무료함을 경험해 보지 않고는 알 수 없다. 지금쯤 흰 눈이라도 펑펑 쏟아지고 있을 한국의 낯익은 골목. 어린이들의 깔깔대는 웃음소리에 세상은 한층 행복해지고 떠들썩하게 될 것인데, 아쉬움을 달래려 TV를 켜면 더 고독한 외딴 섬이 덩그러니 다가온다. 어쩌다 가물에 콩 나듯이 몇 마디 알아들을까 말까 한 나의 짧은 영어 실력이 참 한심스럽다. '아는 얼굴이나 목소리 하나만 있어도 이 하늘이 이렇게까지 우울하지는 않을지도 모른다.'는 생각을 했다던 전혜린 작가의 독일 체류기가 절망적인 고국까지의 거리만큼 아득하게 다가온다.

… 나를 만나 오랜만에 한국 웃음을 웃어 보았다는 여인 …

(피천득)

스탠포드 대학 탐방기

한창 여름인 대학 진입로는 야자수가 길게 이어진 멋진 드라이브 코스였다. 넓고 넓은 캠퍼스와 유서 깊은 건물들, 웅장한 도서관에서 만난 수많은 책들은 나의 가슴을 뛰게 했다. 학교 중앙에 위치한 후버타워에 올랐다. 미국 31대 대통령 허버트 후버를 기념하여 지어진 이름이다. 타워 14층에서 멀리 태평양 바다가 아스라이 보였다. 캠퍼스의 넓이가 3300만 제곱미터라니 짐작도 가지 않는 어마어마한 넓이였다. 좀 과장하면 여의도 넓이 만하다고 옆에서 누가 귀띔했다. 안내자가 왼쪽 끝 남단에 대학 골프장이 있다고 손가락으로 가리켰으나 나는 끝내 찾지 못했다. 하긴 타이거 우즈와 미셸 위가 이 대학 출신이니 그럴 만도 했다. 캠퍼스 이곳저곳에 자연과 조화롭게 서 있는 건물 하나하나가 멋스럽다. 둥근 기둥들이 늘어선 중세 유럽풍의 건축물이 눈에 띄었다. 누르스름한 벽돌에 붉은 기와가 아주 인상적이었다.

중앙 광장을 둘러싼 삼각형 건물도 매우 특이했다. 세 곳에 둥근

아치형 출입문이 나 있다. 마치 큰 성 안에 또 작은 성이 있는 것 같다. 그 건물에 긴 회랑이 있고 그 끝으로 가면 대학교회가 있다. 교회 외벽은 선지자들 모습으로 장식되어 있어 나의 눈길을 끌었다. 아치문 안으로 들어가니 더욱 넓은 잔디밭이 펼쳐져 있고 잘 다듬은 정원수가 갓 피어난 꽃무리들과 한 폭의 그림을 그리고 있다. 이곳은 모든 학교 운동장이 싱싱한 잔디로 뒤덮여 있어 럭비도 축구도 즐기면서 신나게 뒹굴고 달리는 학생들이 부러웠다. 우리나라 곳곳에는 "잔디밭에 들어가지 마세요."라는 표지판에 익숙했던 나로서는 미국의 이 모든 것이 낯선 부러움이었다.

1891년 10월 1일 르랜드와 제인 스탠포드 (Leland and Jane Stanford) 부부는 연단에 올라섰다. "이제 새로이 설립되는 이 대학에 저희 재산 모두를 헌납하는 기쁨을 가질 수 있게 되었다."라는 스탠포드 씨의 연설로 스탠포드 대학은 시작되었다 한다. 그는 캘리포니아 주 지사 상원의원을 지낸 목장을 경영했던 거부였다. 1884년 이태리로 가족 여행을 떠났는데, 불행하게도 그곳에서 15세 아들을 장티프스로 잃고 말았다. 대학 교회도 아들을 애도하는 마음으로 지었다고 한다. 그 아픔을 달래면서 1주일 만에 대학을 설립할 결심을 하고 6년간 준비 작업 끝에 1891년 이 대학을 개교했다. 남성 중심의 교육을 했던 동부의 대학들과는 달리 스탠포드 대학은 시작부터 남녀 모두의 교육을 표방했다. 오늘날 세계 최고의 명문사립대학으로 평가 받고 있는 이곳에서 종교와 인종의 차별 없이 세계 각국의 학생들이 인류 공동의 가치를 위해 열심히 공부하고 있다.

메모리얼 코트(Memorial court) 한편에 로댕의 작품 〈깔레의 시민〉이 있다. 6명의 까만 조각상이 늘어서 있다. 그 역사를 더듬어 보면 영국과 프랑스 100년 전쟁 당시 프랑스가 대패하여 영국 왕 에드워드 3세가 프랑스 깔레 시민을 다 죽이겠다고 했다. 이에 시민이 항거하자 대표로 6명만 뽑아 보내면 이들만 죽이고 나머지 시민을 살려 주겠다고 했다. 이때 용감한 여섯 사람이 목숨을 내놓았다. 그러나 온 영국 시민이 이에 반대하자 왕은 이 여섯 사람마저 살려 주었다. 이 조각상은 다름 아닌 프랑스의 영웅들이었다. 시민들은 6명의 용사들을 영웅으로 조각해 주기를 원했지만 로댕은 죽음 앞에서 고뇌하는 인간의 모습을 그렸다. 천재 로댕의 가슴속에는 무엇이 불타고 있었을까? 설명을 들으면서 유관순 독립투사가 떠올라 내 마음은 더욱 숙연해졌다. 수많은 독립투사들의 가슴 한구석에 어찌 슬픔과 회한이 없었으랴. 영웅적인 행위에만 찬사를 보낼 것이 아니라 인간적인 갈등에 대해 공감할 때 더욱 가슴 깊이 그분들을 이해할 수 있을 것이다. 우리나라의 대학 캠퍼스에도 이와 같은 훌륭한 기념물들이 많이 전시되었으면 한다.

10층 건물 전체가 도서관이다. 도서관 출입은 매우 엄격했다. 출입증이 없으면 못 들어간다고 해서 긴장했지만 우리 일행은 무사히 통과하게 되어 다행이었다. 위층은 대부분 도서열람실이었다. 수많은 젊은이들이 책과 씨름하고 있었다. 숨 가쁘게 돌아가는 그들의 어깨에 인류의 미래가 달려 있다고 생각하니 가슴이 뭉클했다. 모든 지식의 보고인 도서관. 한 층 한 층 아래로 내려갈수록 검붉은 표지의 두꺼운 책들이 서가를 가득 채웠다. 수많은 책들을 보면서 나의 빈약한 독서를 생각하며 부끄러웠다. 이 많은 책들을 누가 다 썼을까? 머리가 희끗희끗한 노석학들의 눈물겨운 노고에 가슴이 벅찼다.

밖으로 나오니 긴 여름 해가 어느덧 기울고 많은 학생들도 자리를 뜨고 있다. 명문의 스탠포드 대학 캠퍼스에서 만난 젊은이들은 동양의 나그네들을 친절하게 대해 주었다. 함께 사진도 찍으면서 우리에게 관심을 보였다. 세계 각국의 젊은 인재들이 세계 최고 명문 대학의 멋진 캠퍼스에서 부푼 꿈을 향하여 달려가고 있었다. 이 대학을 통하여 인류에 공헌할 많은 인재들이 배출될 것을 기대하면서 아쉬운 발길을 돌렸다.

5.

사색의 창

광교산 기슭에서

용인 수지로 이사 온 지 어언 20년이 다 되어간다. 서울에서 경기도로 옮겨간다는 게 선뜻 마음이 내키지 않았다. 아파트에 살아보고 싶었던 열망은 서울에서 끝내 이루지 못하고 이곳 수지 제1지구에 난생처음으로 아파트 당첨이라는 영광(?)을 얻게 되었다. 강산이 두 번 변한다는 세월을 살다보니 이제는 이곳에 정이 푹 들었다. 회색의 도시도 아니고 그렇다고 깊숙한 산촌도 아니다. 광교산 자락이 값없이 주는 풍치와 맑은 공기는 더없이 매력적이다.

능선이 아스라이 펼쳐진 신봉동 산자락. 연둣빛 뾰족한 잎들이 나무마다 단장을 하느라 아우성이다. 봄이면 올망졸망 꽃 잔치가 풍성하다. 손톱만 한 작은 꽃들, 오종종한 제비꽃이 야트막한 등산길에 수줍은 얼굴을 배시시 내민다. 벚나무 꽃잎들이 봄바람에 휘날릴 때면 일시에 꽃보라가 터지듯, 수천의 나비떼가 훨훨 나는 듯 속살거린다. 이맘때면 고향 집 앵두나무에도 방실 앵두꽃이 피고 앙증맞은 모과 꽃도 한창 필 테지.

아파트 담장을 벗어나 5분도 채 못 되는 곳에 등산로가 있다. 허리가 아프거나 다리가 시원찮은 노인 분들도 쉽게 오를 수 있는 나지막한 산등성이. 그곳에 가면 넓은 소나무 군락지가 있다. 쭉쭉 뻗어 하늘 높이 올라간 소나무의 미끈미끈한 몸매가 한창 물오른 청년들같이 건장하다. 숲은 나무들의 동네다. 숲길은 자주 걸어도 늘 처음처럼 새롭기만 하다. 내가 늘 이용하는 운동기구에 비스듬히 누워본다. 두 발을 걸고 머리는 아래로 팔을 쭉 뻗어본다. 직립보행을 거스르는 역발상이다. 소나무 꼭대기 푸른 솔잎들은 바람이 불 때마다 일렁일렁 흔들린다. 그 사이로 눈물겹도록 푸른 하늘이 곱게 펼쳐져 있다. 소나무 가지에 걸린 흰 구름도 잠시 동안의 인연을 훌훌 떨쳐버리고 조각배 되어 어디론가 두둥실 떠간다. 솔바람에 묻어나는 송진 냄새가 좋다.

비행기 한 대가 가느다란 꼬리를 길게 남기며 우주 공간에 한 점이 되어 흘러가고 있다. 어디를 갔다가 저리 바삐 달아나는가. 서로 질긴 운명의 끈을 붙들고 정다운 만남, 서러운 이별이 뒤엉킨 공항의 사연이 궁금하다. 멀리 뉴질랜드 막내딸 가족이라도 타고 오는가? 공연한 그리움이 물밀듯 겹쳐온다.

조그마한 봄새 두 마리. 손에 넣어도 한 줌도 안 되는 가냘픈 몸, 꼬리는 길고 힘 있어 보인다. 무어라고 흉내도 낼 수 없는 찟찟 뱃종뱃종 까르르 까르륵 재잘거린다. 저건 분명 환희의 노래다. 앙증맞은 봄날의 작은 새, 귀여운 새다. “오늘 너희들 집에까지 무사히 돌아가렴. 못된 짐승이 너희를 넘볼까 두렵구나.” 나는 혼자 중얼거려 본다. 까악까악 경쾌한 까치 소리가 산의 정적을 깬다. 뻐꾸기 구슬픈 소리 산 넘어가고 서러운 산울림에 가슴 졸이던 사춘기 소녀는 어디로 갔나. 아! 이 끝 모를 자유가 나를 황홀케 한다. 멀건 대낮에 그것도 무주공산에 이렇게 호젓한 시간을 즐길 수 있으니 이런 호사가 어디 있으랴. 저 무한대로 뻥 뚫린 우주 공간에 누워 숲속 다람쥐와 친구가 되다니. 다람쥐 한 마리가 꼬리를 세우고 나를 힐끗 돌아보고 오솔길로 달아났다. 산비탈 내리달아 실개천 굽이에 청순한 시골 처녀 같은 산 벚꽃이 예쁘다. 분홍빛 꽃잎이 물 위에 둥둥 수를 놓는다. 옹달샘 맑은 물에 산새도 찾아와 목을 적신다.

소곤소곤 숲속 이야기가 정겹다. 여기서 30분쯤 더 올라가면 야생더덕도 향기를 솔솔 풍겨 주리라. 자연에 안기면 왜 이리 편할까? 뿔났던 마음도 순해진다. 마음의 맑은 샘이 흘러 기분이 좋다. 숲속 마을은 느리고 조용하다. 지는 꽃에 바람을 탓하며 보냈던 젊은 날의 모습에 실소가 나온다. 젊었을 때는 무엇이 나를 그렇게 끓어오르게 했던가. 이 순간은 누구를 만나도 감싸 안고 사랑하고 용서할 것만 같다. '나무는 달과 함께 웃고, 바람의 상처에도 아파하지 않고, 새의 속삭임에도 아랑곳하지 않는다.'는 나무를 본받고 싶다.

산자락을 내려오는데 송홧가루가 먼저 와 노랗게 흙을 물들인다. 산발치 텃밭에서 흙 묻은 푸성귀를 살뜰하게 챙겨 주는 교회 권사님, 그 따뜻한 정이 살갑다. 그분의 마음은 사랑의 샘이 되어 금방 연분홍 꽃물로 나를 적신다. 늘 주어도 준 것 같지 않다는 그 말씀은 내 마음 밭에 심고 싶은 아름다운 꽃씨다. 이것이 진정 베푸는 자의 마음일진대.

생명을 가진 모든 존재들의 합창 소리가 우렁차다.

군자란

올 겨울 강원도 폭설은 또 한 번 자연의 위력을 과시했다. 봄이 오는가 하더니 또 엊그제 소나무 가지가 버겁게 눈꽃이 내려앉았다. 앙상한 알몸으로 찬바람에 떨고 있는 나무들을 보니, 봄은 아직 멀었나 보다. 수은주가 변덕을 부리며 꽃샘추위를 불러왔다. 봄을 기다리다 못해 겨울 끝자락이 꼬리를 감추기도 전에 우리 집 베란다엔 봄의 전령사인 군자란이 화사하게 피어오르고 있다.

며칠 전까지만 하여도 작고 파르스름한 꽃망울들이 튼실한 꽃대에 올망졸망 귀엽게 매달려 있었다. 봄을 재촉하는 비가 추적추적 내리는 침울한 오후, 외출했다 집에 돌아오니 베란다에선 놀랍게도 여러 송이 군자란이 황금색 화관을 쓰고 어여쁜 신부가 되어 나를 반겼다. 겨우내 움츠렸던 거실 안은 일시에 화사한 꽃등으로 봄기운이 넘쳤다. 막 축제에 나가려고 단장한 처녀들의 들뜨고 예쁜 모습 같았다.

“여보, 이 꽃들 좀 봐요.” 나는 남편을 불렀다. 곧 합창이라도 부르고 싶은 심정이었다. 금세 우리 집은 꽃향기로 가득했다. 하나의 굵은 꽃대에 깔때기 모양의 작은 꽃이 촘촘히 매달려 큰 한 송이를 이루고 있었다. 이것들이 일시에 다 피어오르면, 여러 개의 꽃부채들이 너울너울 춤을 추리라. 꽃 속에 감춰진 가녀린 꽃술들은 송송 수염을 달고, 그 가장자리엔 아주 작은 노란 진주알이 금박처럼 박혀 있었다.

"꽃잎 하나 벌어질 때마다 전 우주가 숨을 죽이며 파르르 떤다."고 어느 시인은 말했다. 정말 그렇다. 이 풍성한 황홀함을 안겨 주기 위하여 군자란은 얼마나 뼈아픈 인고의 세월을 견뎌 왔을까. 이 추운 겨울 우리는 차가운 베란다에 그들만 남겨두고 잊을 만하면 물 한 바가지씩 준 것밖에는 한 일이 없었다. 그런데도 게으른 주인을 탓하지 않고 아무도 모르게 이렇게 우아한 꽃을 피워 내다니, 심한 몸살도 그 산고의 아픔도 몰라주고 그저 그 아름다움에 좋아라고 손뼉만 쳤으니, 아직도 봄앓이에 꽃을 피워내지 못하고 있는 몇 그루에 미안할 뿐이었다.

내 고향 초가집 추녀에서 뚝뚝 떨어지던 낙숫물 소리를 들으며 담벼락 양지바른 곳에서 조신하게 자라고 있던 군자란이 나에게 온 것은 내가 새내기 교사가 되어 모교에 첫 발령을 받고 막 자취 살림을 차리는 날이었다. 정신없는 가운데 이 군자란은 한쪽 귀퉁이가 바스라진 화분에 담겨 이삿짐 속에 딸려 왔었다. 엄마는 왜 이 난을 이삿짐 속에다 넣어 보냈을까? 고향을 잊지 말라는 의미가 담겨 있었던 것일까?

그때부터의 인연이니 참 오랜 세월을 이 군자란과 함께 살아왔다. 봄마다 새싹을 틔워 자꾸만 불어나는 식구에, 아이들이 소꿉놀이를 하던 단독주택의 조그만 꽃밭이 비좁아지기도 했다. 이제 아파트의 좁은 화분에 갇혀, 꿈을 잃은 듯 몇 해 동안 꽃다운 꽃을 피우지 못하고 있어 내 마음 한 구석이 서운하기도 했다.

작년에 대식구들이 복작이는 모습을 보다 못해 분갈이하려고 대대적인 공사(?)를 벌였다. 화분을 뒤집어 놓고 보니 흙은 간 데 없고, 아기 손가락 굵기만 한 하얀 뿌리들이 서로 꽁꽁 엉겨 붙어 있었다. 살아남기 위한 몸부림이었으리라. 스스로의 삶의 방식과 지혜를 터득한 군자란이 대견스러웠다. 이제 큰 화분에 안겨 생명의 환희로 한껏 풍성한 꽃들을 피워냈으리라.

부싯돌 불빛 같은 짧은 생인데 앳된 처녀 적부터 나와 함께 살아온 군자란, 어느덧 반백년이 흘러갔구나. 남들은 난초 중에 제일 못난 것이 군자란이라 하지만, 나는 남다른 애착을 느낀다. 긴 겨울 인고의 시간 끝에 피어난 꽃들은 물질적 소유를 뛰어넘는 차원이 다른 기쁨이었다. 내 희끗한 머리칼과 주름진 얼굴을 어찌 한낱 식물이라 해서 무심할 수 있겠는가. 여위어 가는 내 영혼에 아름다운 꽃봉오리로 다가와 나를 위로해 주는 따스한 마음결이 고맙다. 봄마다 수줍게 꽃을 피워 자신의 존재를 알리는 봄 편지 같은 군자란, 나도 거친 세상 파도를 넘어 끝까지 아름답게 피어나고 싶다.

남 신경 쓰지 마라

'미움 받을 용기'라니? 모두에게 사랑받을 필요는 없다고 주장하는, 너무나 생경한 주장에 관심을 가지고 이 책을 구입했다. 복잡한 심리학을 대화체로 쉽게 풀어 쓴 박진감 넘치는 번역서다. 오스트리아 심리학자 알프레드 아들러(Adler 1870~1937)의 이 저서는 2014년 말 우리나라 독서시장을 강타했다. '긍정'을 주장하는 수많은 외침들에 식상한 우리가 어쩌면 반항적으로 이 책에 끌린 것은 아닐까. 느닷없는 '아들러 열풍'은 무엇 때문일까? 오늘날 우리들의 삶이 그만큼 열등감에 힘들어 하고 있다는 사실이라고 한다. '남 신경 쓰지 마라'는 정말 통쾌하기까지 한 이 행복 메시지는 나에게도 많은 울림을 주었다. 당신은 행복해지고 싶은가? 그렇다면 지금까지 가지고 있던 태도를 버려야 한다고 이 책은 주장한다. 인간은 누구나 열등감이 있기에 세상 사람들로부터 좋은 평가만 받으려 애쓴다. 그러나 있는 그대로 욕도 비난도 받으며 용기 있게 살라는 부탁이다. '하루 중 어떤 사람, 어떤 상황에 대해 가장 많이 생각하는가?'라는 설문에 나를 부정적으로 생각하는 사람에 대해서 많이 생각한다는 결과가 나왔다. 이는 남을 의식하고 산다는 반증이다. 이것은 삶을 갉아먹는 대단히 소모적인 습관이다.

나는 다른 사람에게 미움 받는 것이 두려웠었다. 특히 부모님께, 선생님께, 친구들에게 늘 인정받고 싶어 했다. 나는 사춘기를 지나 대학 졸업할 때까지 남을 의식하며 살았던 것 같다. 농촌의 보수적 부모님들은 딸자식은 중학교도 안 보냈다. 여자가 공부한다는 핑계로 돌아다니면 바람을 탄다는 당시 어른들의 주장은 어려운 경제적 여건과 더불어 상당한 설득력이 있었다. 엄마는 학교에서 돌아온 내가 겨우 저녁밥을 먹고 한숨 돌릴라 하면 "요새 계집애들 바람났다는 소문이 들리더라. 남자 조심해라." 하곤 하셨다.

대학 다닐 때도 서울로 가는 버스를 타러 산굽이를 돌 때면 "너 서울 가서 남자들 만나지 마래이. 그런 소문나면 다리 부러진다." 엄마는 신신 당부하셨다. 이런 환경 탓인지 나는 주위를 많이 의식하며 살았다. 나쁜 소문 안 내고 부모님께 불효하지 않으려고 항상 조심하는 편이었다.

어릴 때 새 옷을 입으면 엄마에게 혼날까 봐 친구들과 물장구도 못 치고 흙덩이를 만지지도 못하고 얌전하게 앉아 있었던 기억은 누구에게나 있을 것이다. 그때 하고 싶은 대로 흙장난을 했더라면 나의 인생은 얼마나 달라졌을까. 덴마크의 육아교육은 옷 더럽히며 맨발로 뛰놀며 아이답게 클 수 있도록 했다. 이런 배려는 곧 행복한 시민을 만들기 위한 교육정책이다.

내가 원한다고 생각해 왔던 것이 사실은 내가 원한 게 아니라 세상의 강요였음을 깨닫게 된다. 우리 부모님들의 한결같은 소원, 좋은 대학 졸업하고 좋은 직장 다녀야 남들에게 업신여김을 당하지 않는다는 강박관념에 우리는 매달려 살고 있다. 내가 어릴 때 엄마로부터 잔소리로만 듣던 그 모든 말씀이 가히 잠언에 가까운 충고로 나를 지배하고 있었다. 이제 타인의 시선을 의식하지 않고 내가 나를 위하여 내 인생을 오롯이 살 수는 없을까. 노인들은 흔히 '왜, 진짜 내 삶을 살지 못했을까?', 항상 행복을 나중으로 미루고 살아오다가 노을 지는 나이에 와서 후회를 한다. 이러한 것도 모두 미움 받는 것을 두려워했기 때문이다. 칭찬 받고 싶다면 타인의 기준에 맞춰 행동할 수밖에 없지 않은가. 자신의 자유에 브레이크를 걸 수밖에. 자유롭지 않은 행복은 거짓이다. 그래서 미움 받을 용기가 있는 자가 행복하게 살 수 있는 기본 조건을 갖춘다는 것이다.

유대인 교리 중 이런 말이 있다. 열 명의 친구가 있다면 두 친구는 당신을 지지하는 벗이 된다. 그중 한 사람은 당신을 비판하고 싫어한다. 남은 일곱은 이도저도 아닌 사람들이다. 나도 이 말에 힘입어 나를 아껴주는 사람에게 집중하고 나에게 상처 주는 사람에게 끌려다니지 말아야겠다.

남 신경 쓰면서 살기에는 너무나 아까운 인생이다. 억지로 철들 필요는 없다. '나는 나로 살기로 했다.'는 책 제목이 요즘 서점가에서 인기를 끌고 있다.

내 머리 염색할 때

'이게 뭐야. 왜 벌써 왔지?' 어느 날 거울에 비친 흰 머리카락. 낯선 사람이 대문 앞에 불쑥 나타난 듯 당황스러웠다. 처음엔 큰딸에게 좀 뽑으라고 했지만 그것도 몇 번, 나중에는 남편까지 동원했으나 퉁을 맞기 일쑤였다. 얼마 전 옆자리 동료가 던졌던 말. "아유, 흰 머리가 많네요." 나는 버럭 화를 낼 뻔했다.

동료의 그 말이 서운하고 얄밉기까지 했지만, 그때가 50대 중반을 넘었을 무렵이니 뭐 그리 억울할 것도 없는 나이였다. 그런데도 왜 그렇게 예민하게 반응했을까. 그 후 염색약을 사서 집에서 궁상을 떨었다. 자고 나니 귀가 화끈거리고 벌겋게 달아올랐다. 피부과에서 염색 부작용이라 했다. 참 난감했다. 백발, 기분이 우울했다. 누군가의 책에서 '흰 얼굴은 검어지는데 검은 머리는 희어진다.' 했으니 가는 세월을 누가 막겠는가.

어릴 적 친구들 중에는 염색 안 하고 하얀 머리카락이 잘 어울리는 친구도 더러 있다. "나 어떠니?" "어, 괜찮은데." 말은 이렇게 하면서도 나 자신은 그렇지 못했다. 나이가 들어가면서 외모가 변해가는 것은 서글픈 일이다. 플라톤도 늙으면 허수아비가 된다고 아무리 높은 학식과 지혜도 젊음만은 못하다고 하지 않던가.

현대는 시각이 다른 모든 감각보다 중요한 듯하다. 내면의 소리나 향기에는 신경 쓰지 않고 겉모습에 취하는 세상이다. 나도 현대인이라 흰머리에 이렇게 신경이 쓰이는 걸까? 남의 시선을 의식해서만 아니라 나 스스로가 먼저 짜증이 난다. 인생의 절정기를 지나가버린 세월의 흔적으로 모래시계처럼 쌓인 퇴적물, 그것이 백발이란 말인가. 세월의 무게가 무겁게 내려앉은 내 머리카락과 깊어가는 주름살을 조금이라도 감추고 싶은 것은 나만의 노욕일까?

요즘은 친환경 염색약이 쏟아져 나오고 있다. 염색 전문점이 우리 아파트 가까이에 생겼다. 반가웠다. 과거에는 검은 머리 일색이었으나 지금은 어두운 고동색, 흰머리만 살짝 가리는 밝은 갈색이 유행이다. 나는 염색약을 개발한 이에게 감사한다. 염색을 하고 나면 한결 삶의 활력이 솟는다. 친구도 만나고 싶고, 바쁘다는 핑계로 소원했던 직장 동료들도 생각난다. '너 스스로 네 팬이 되라'는 어느 수필가의 말처럼 내가 나를 응원해 주지 않는데, 누가 나를 응원해 주겠는가? 광고의 한 구절처럼 머리 색깔만 바꿨을 뿐인데 긍정적으로 변한 내 기분이 묘하다. 마음이 그대의 유일한 친구이자 적이라 했던가. 세상만사 마음먹기에 달렸다. 춤추던 젊은 시절은 갔지만, 이제 머리 염색을 통해 조금이나마 옛날의 기분을 느낄 수 있다면, 이 또한 즐거운 일이 아닐까. 누군가의 말같이 '노인처럼 인생을 사랑하

는 사람은 없다.'

이제는 눈만 뜨면 마주 대하는 남편에게 권하기까지 한다. 남편의 흰머리를 바라보면 세월의 무상함을 느낀다. 화사한 봄이 오면 남편도 염색을 하면 좋겠다. 어쩌다 내 정수리에 부분 염색을 하다가 염색약이 남을 때가 있다. 버리기 아까워 조금 발라 보려면 손사래를 치고 도망을 간다. "그대로 놔두라고, 왜 굳이 자연에 반기를 드느냐." 그러면 나는 또 한마디 한다. "왜 굳이 노티를 내느냐고?" 이렇게 티격태격 마음이 엇나가기도 한다. 하기야 옛 어른들은 백발이 권위의 상징이었다. 동네에서 노인을 대하면 저절로 고개가 숙여지고 그 앞으로 감히 지나가지 못했던 때도 있었지만 지금은 그때와 너무나 다른 세상이지 않은가.

며칠 전 형제 모임에 나갔다. 여동생이 나를 보자 대뜸 한마디 했다. "언니는 밥은 굶어도 머리 손질은 하고 다녀요." 내가 다니는 미장원 원장님도 손님을 대할 때마다 지론을 편다. "옷은 잘 안 입어도 머리는 예쁘게 하고 다녀야 해요." "봐요, 들어올 때보다 10년은 젊게 보이네요." 심한 과장이 싫지만은 않았다. 모두들 자기 직업의식의 창으로 세상을 보고 있지만 주변 사람들의 이러한 말들은 내 염색 주장에 힘을 실어준다고나 할까?

어느 나이고 다 살만 하다고 하지만, 더디 가던 세월이 이젠 너무 빨리 간다. '환갑이면 뭘 입어도 예쁠 때지.'라고 읊었던 노시인의 심정이 내 심정이다. 나는 서른아홉을 넘기면서 젊음이 다 가버린다고 얼마나 아쉬워했던가! 그런데 지금은 환갑이 꽃 청춘이라고 하니 그 나이가 부럽기만 하다. 인생은 한 번뿐, 나는 70대. 원하는 대로 살아가지 않기엔 너무나 짧은 인생이다. 검어지는 머리칼만큼 더 많이 세상과 소통할 수 있다면, 잠시 감춘 백발이 뭐 그리 흉이 될까? 언젠가는 염색하고 싶은 생각도 사라지겠지. 그날이 오기 전까지는 염색이 주는 활력으로 인생을 낭비하지 않고 더 기쁘게 살고 싶다.

매미의 여름

사상 유래 없는 폭염이 전국을 들썩인다. 한밤중 꿈속인 듯 매미소리가 들린다. 가만히 귀 기울여보니 뒷산 자락 나무 숲에서 들리는 소리다. 넓은 마당 붉은 벽돌, 담쟁이 울을 치고 제법 그럴듯한 산장에서나 들을 법한 소리다. 단독 주택도 아닌 아파트에서 모두가 잠든 고요한 밤중에 매미소리를 들을 수 있다는 것은 설렘이요 기쁨이다.

장마철이 지나고 무더위가 찾아오면 뜨거운 해는 중천에서 이글거린다. 매미 떼는 태양의 횡포에 맞서기라도 하듯 치열하게 울어댄다. 그도 그럴 것이 가장 뜨거운 여름 한 철 이레밖에 못 사는 짧은 시간에 자신을 불태워 짝을 찾는다니. 매미 울음소리는 여름날 청량제라고 했던가. 더위에 늘어졌던 나는 파도처럼 밀려오는 매미 소리에 다시금 나를 다잡는다. 동물계의 시인들은 다 수컷이란다. 그들의 사랑의 세레나데를 난 즐겨 들으련다. 암컷 역시 수컷의 울음만으로 찬란한 절정의 순간을 맞이할 수는 없는 것 아닌가. 캄캄한 동굴 속에서 10년을 준비하며 꿈꾼 세월을 어떻게 잊을 수가 있겠는가.

어린 시절 동구 밖 느티나무 평상 위에서 낮잠을 즐기던 노인들이 부채를 탁탁 치며 말매미 소리에 통 낮잠을 잘 수 없다고 불평하던 모습이 한가롭다. 동생과 나는 매미채를 들고 감나무 위로 살살 올라갔지만 매미는커녕 풍뎅이 한 마리도 잡을 수 없었다. 우리는 감나무에 다리를 걸쳐 놓고 푸른 하늘 겹겹이 일어나는 구름을 바라보았다. 나도 저 구름처럼 하늘에 떠 보고 싶었다. 하늘은 꿈과 상상력을 마음껏 펼칠 수 있는 공간이었다. 외가 외에는 갈 곳이 없던 유년 시절, 기차 타고 보던 들판보다 더 신기한 것들을 보고 싶었던 것이다.

문득 구름은 깊은 봉우리가 되어 그 속에 하얀 노인이 신선처럼 떠 있기도 했다. 갑자기 변덕스런 먹구름이 일어나고 세찬 바람이 뾰얗게 뒤설랬다. 파죽지세로 몰아치는 빗줄기가 한바탕 시원하게 쏟아졌다. 탈수증에 걸린 나무들이 춤을 추고 논두렁의 개구리들은 목청을 돋우어 여기 저기서 경쟁하듯 교향곡을 뿜어낸다. 매미는 숨을 죽이고 동네 아이들은 웃통을 벗어 던지고 노박이로 비를 맞으며 시끌벅적 처마 밑으로 모여들었다.

매미가 울어 대던 날, 장독대 옆 불타는 칸나와 닭 벼슬을 닮은 맨드라미가 탐스럽다. 석류꽃은 빨간 보석으로 터질 가을날을 기다리고 있다. 여름 꽃들은 강렬해서 좋다. 그 옆에 봉선화, 어느 시인은 "봉선화는 아름다운 애인의 귀처럼 생기고."라고 표현했듯이 볼수록 은은하고 귀엽다. 동네 처녀들은 꽃분홍 봉선화를 절구에 곱게 찧어 열 손톱을 헝겊에 묶어 놓고 밤새 마음을 졸이며 '꼭두서니로 물들 고운 꿈'을 꾸며 여름밤을 지새운다. 누가 그 순박한 꿈을 깰 수 있을까. 매미 수컷에게도 봉선화의 꿈이 있는 것일까.

칸나 잎에 후두둑 빗소리가 들리는 어스름 저녁, 우리 집에서는 햇밀가루 손칼국수로 동네잔치를 열었다. 잔솔가지가 타들어가는 향긋한 냄새는 지금도 잊을 수 없다. 몇 대를 내려온 상처투성인 널찍한 안반에 밀가루와 콩가루를 섞어 반죽한 큰 덩어리를 홍두깨로 밀어 칼국수를 만들었다. 칼국수에 애호박만 넣고도 그렇게 깊은 국물 맛을 내는 엄마의 솜씨를 누구도 따를 수가 없었다. 엄마의 칼국수 써는 도마 소리가 지금 들려오는 매미 소리에 와 닿는다. 매미 유충은 땅속 나무뿌리에서 수액을 빨아 먹고 살아간다고 한다. 개미가 달콤한 꿀로 매미 유충을 유혹해서 납치해 가곤 하는데 강력한 꿀의 유혹을 뿌리치긴 어려운가 보다. 나도 고향 친구들과 서울 경기 인근의 안동국시집을 먼 길도 마다하지 않고 찾아다닌다. 애호박을 넣은 엄마의 칼국수 유혹 때문이겠지.

여름날도 어스름 노을로 변했다. 아직도 숲에서는 매미 소리가 요란하다. 노을 속의 낙동강 지류 경천대 뱃놀이, 기암절벽에 외로운 소나무, 살랑대는 강물, 모든 것은 흘러가지만 사람도 매미도 순간의 기쁨을 위해 살아가는 것이 아닐까.

가진 것 없어도 욕심 없이 행복하게 사는 농촌 사람들, 새벽부터 농작물이 보이지 않을 때까지 흙에 묻혀 일만 하는 농촌 사람들, 머리 위에 총총한 별무리들을 쳐다볼 겨를도 없이 매미 소리를 들으며 그대로 잠에 곯아떨어진다. 한밤의 적막을 깨고 울어대는 저 매미가 나를 꿈속인 듯 고향으로 데려갔다.

선물

인류학의 고전 중 마르셀 마우스의 《선물》이란 책을 보면 원시사회에서도 상호 결속력을 다지기 위해 선물을 주고받는 행위를 중요시했다고 한다. 우리나라도 설날에 왕이 신하들에게 그림을 선물했다. 이것을 '세화'라고 한다.

선물의 다양한 목적 중 하나는 기쁨을 위한 것이다. 받을 때도 기쁘겠지만 줄 때가 더 기쁠 수가 있다. 무엇을 줄까? 어떤 물건이 좋을까? 받는 사람의 기대의 크기를 다 가늠해 볼 수는 없지만 그래도 상상해 보는 것만도 즐거운 일이다. 받아서 기뻐할 상대의 표정을 생각만 해도 입가에 저절로 웃음이 번진다. 《행복의 기원》이란 책에서 한 번의 큰 기쁨을 누리기보다는 작은 기쁨을 여러 번 느끼는 게 더 낫다고 했다. 나도 작은 선물이라도 여러 번 해서 누군가를 행복하게 해 주고 싶다.

1950년대는 추석 선물로 짚으로 엮은 계란 한 줄씩을 나누기도 했다. 1960년대는 설탕과 미원, 그 후에는 양말, 치약, 비누 등도 선물의 한몫을 차지했다. 지금 생각하면 소박하기 그지없다. 현재 우리의 기대 수준은 어디까지 올라가 있을까. 이번 추석에 설탕 한 봉지를 달랑 선물로 받았다면 나도 좀 황당했을 것이다.

선물은 좀 사치스러워도 괜찮다는 의견이 많다. 소설에서처럼 진주 목걸이나 다이아몬드 반지를 선물로 받았다고 화를 낼 사람이 있을까? 그러나 선물의 정수는 아무래도 그 속에 담긴 마음일 것이다. 가을 날 '툭' 하고 떨어지는 낙엽 한 장을 긴 연서와 함께 사랑하는 사람에게 보낸다면 얼마나 감동적일까. 허나 어떤 선물인들 꽃만큼 좋으랴. 결혼을 약속한 신랑감으로부터 연지 빛 장미 꽃바구니를 받고 기뻐했던 막내딸 모습이 기억난다.

1970년대 스승의 날, 교무실 군데군데 붉은 카네이션이 꽂혀 있었다. 나남 없이 남편에게 꽃 한 송이를 선물로 받기가 어려울 만큼 우리 세대는 먹고 살기에 바빴다. 그러니 더욱 제자가 꽂아 준 그 꽃은 나를 한참 기쁘게 했다.

초등학교 4학년 때 담임이셨던 여선생님께서 내가 중2 때 결혼을 하셨다. 까만 자루에 빨간 꽃이 박힌 중간 크기의 손거울을 선생님께 선물로 드렸다. 그 거울에 비친 선생님의 환한 웃음은 이제 막 벙그는 한 송이 목련꽃 같았다. 지금도 목련꽃 계절이 돌아오면 불현듯 선생님이 보고 싶다. 세월이 흘러 내가 신혼살림을 차렸을 때 그 선생님께서 우리 집을 방문하셨다. 선머슴 같은 내가 어떻게 살림을 하나, 무슨 그릇을 쓰나 무척 궁금하셨던 것 같다. 그때 주신 선물은 유리 그릇 한 세트와 분홍색의 은은한 쟁반 두 개였다. 너무나 소중하여 써 보지도 않고 찬장 속에 넣어 두고 가보인 양 간수했었다. 내가 50대 후반쯤 선생님은 나에게 또 방한용 큰 사각 모직 스카프를 사 주셨다. 그것은 추위를 막아 줄 뿐만 아니라 내 인생 곳곳에서 외롭고 어려운 일이 생길 때마다 나를 감싸주는 선생님의 따뜻한 체온이었다. 그 체온은 내 곁에 있는데 선생님은 어디로 훌훌 떠나셨는지 그립기만 하다.

또 얼마 전에는 카자흐스탄에 한국어 교수로 가 있는 남편의 제자가 우리 내외에게 겨울 모자를 선물했다. 겨울이 되면 써야지 하고 잘 간직했었다. 찬바람이 윙윙 부는 어느 날, 남편이 그 모자를 찾았다. 거울을 보더니 '하하' 웃으며 고개를 절레절레 흔들었다. 하얀 털이 촘촘히 박힌 긴 원뿔형 모자였다. 보기는 근사한데 도저히 소화해낼 수 없는 생김새였다. 나도 내 것을 쓰고 거울을 보니 정말 웃음밖에 안 나왔다. 서로 쳐다보며 박장대소를 했다. 카자흐스탄이라는 말이 주는 거리만큼 어색했다. 그래도 우리는 행복했다. 그 제자의 마음이 벌써 우리를 따뜻하게 했으니 더 바랄 것이 무엇이랴.

이 모든 선물보다 더욱 내 마음을 아릿하게 하는 추억이 있다. 뜻밖에 대학에서 1학년 때 장학금을 받게 되어 나는 아버지께 두루마기를 해 드리고 싶었다. 아버지의 잦은 출입으로 옥양목 흰 두루마기를 손질하느라 애쓰시는 엄마 생각이 났다. 엄마는 빨간 숯불이 담긴 재래식 다리미로 이슬에 젖은 옷들을, 긴 시간 다림질을 하셨다. 오늘날과는 달리 재래식 다림질은 반드시 마주 앉아 옷을 잡아주는 조수가 있어야 한다. 엄마는 조수로 지루해하는 나에게 별처럼 아득한 옛 이야기를 들려주며 내 잠을 쫓아 주셨다.

이런 절실함을 안고 나는 친구와 함께 남대문 포목상으로 달려갔다. 친구로부터 전후 상황을 들은 주인 아저씨는 신이 나서 내가 마치 자기의 친딸이나 되는 것처럼 "아이구, 효녀 났네." 하면서 반색을 했다. 그분은 여러 가지 옷감을 자기 몸에 두르고 쇼맨십을 연출하며 우리 보고 고르라고 했다. 고상한 연회색 옷감이 마침내 선택되었다. 그날 밤 나는 뜻밖에 딸의 선물을 받고 기뻐하실 아버지를 상상하니 잠이 오지 않았다. 멋진 세루 두루마기에 중절모자를 쓰시고 앞산을 넘나들 아버지의 중후한 모습을 상상만 해도 가슴이 쿵쾅거렸다.

인간은 행복을 추구한다. 이기적이기도 하지만 이타적이기도 한 우리는, 사회 속에서 다양한 상호작용을 통해 우리의 행복을 도모한다. 누군가를 생각하며 선물을 준비하는 마음, 그것 또한 얼마나 값지고 아름다운 것인가. '선물은 신들을 달래고 폭군마저 설득시킨다.' 하지 않던가. 이렇게 인생을 풍요롭게 하고 행복하게 하는 마술 같은 선물을 부지런히 주고받아야겠다.

창덕궁에 매화가 피었어요

봄꽃이 떨어질까 걱정할 정도의 비가 간밤에 내렸다. 빗소리에 잠이 깨어 뒤척이다가 맞이한 아침. 꽃이 많이 상하지 않아 다행이었다. 올봄에는 광양만 매화를 보러 가야지. 벌써 몇 해째 같은 소리다. 때를 맞추어 꽃구경하기가 이렇게 어려운가. 아쉬움을 접어 두었는데, 옛 동료들로부터 봄꽃놀이 소식이 왔다.

"창덕궁에 매화가 피었어요." 문자를 보는 순간 한걸음에 달려갔다. 전철을 몇 번 갈아타고 도착해 보니 그들은 벌써 와서 나를 기다리고 있었다. 동료들 얼굴도 환했다. 사연 많던 그 아득한 시절이 어제인 듯 그리웠다. 서로 인사를 나누며 인정전으로 들어갔다. 푸른 하늘을 배경으로 고색창연한 건축물은 여느 때보다도 위엄 있게 보였다. 계단에 새겨진 봉황은 금방이라도 날아오를 듯 봄 햇살에 반짝이었다. 조선의 임금들이 13만여 평의 경복궁을 두고 이 창덕궁으로 이어를 한 이유가 살포시 이해될 만큼 아름다웠다.

인정전은 여러 궁궐 건물들 중 가장 원형보전이 잘되어 있다고 한다. 오봉도가 어좌 뒤에 푸르청청 둘러 쳐 있다. 삼라만상이 그 위엄 앞에 고개를 숙인 왕조시대를 떠올렸다. 1907년 창덕궁에 처음으로 전등을 설치했다고 한다. 넓은 홀은 휑한데 천장에 수많은 전구들이 촘촘히 매달려 있었다. 연노란 너울 속에 반쯤 얼굴을 내밀고 있는 전구들은 퇴색해버린 옛날의 영광을 말해 주는 듯했다. 전등불이 천장에 매달려 흔들흔들한다고 해서 '건달불'이라고 불렀다 하니 옛 선조들의 유머가 유쾌하고 재미있었다.

궁궐 뒤뜰은 언제나처럼 고즈넉하고 평온했다. 굳게 닫힌 철문 뒤로 연둣빛 새잎들이 튕겨내는 햇살이 눈부셨다. 후원은 굴곡 많은 역사의 내밀한 그 무엇을 품고 있는 듯 도시의 시끌벅적함을 아랑곳하지 않고, 뒤뜰 꽃담에는 아늑한 봄빛이 가득했다. 차분한 오솔길의 느낌을 가진 창덕궁 후원은 왕의 정원이다. 격한 정사로 지친 왕들이 편히 쉴 수 있는 안식의 공간이었으리라. 실록을 보면 1487년에는 왕이 직접 농사를 지었다는 기록이 있다. 벼이삭을 거두어 신하들에게 주면서 '햇살 한 송이, 나락 한 송이'라 가르치며 하늘의 고마움을 전했다 한다.

뒤뜰을 빠져나오는데 이제 막 꽃망울이 터진 연분홍 매화가 그림처럼 서 있었다. 광양만에 가지 않고도 서울에서 본 매화가 어찌나 반갑던지. 가녀린 가지 하나를 손끝으로 만져 보았다. 오랜 기다림 끝에 만난 연인의 손길처럼 짜릿했다. 그 옛날 수많은 시인 묵객들의 사랑을 받아온 매화, 그 맑은 향기가 나의 발걸음을 붙잡아 아쉬워 몇 번이나 뒤돌아보았다.

넓은 마당으로 나갔다. 상춘객들마다 그 표정에 저마다의 봄을 안고 모여 있었다. 그곳에는 아름으로 벌어진 서너 그루 청매화의 파르스름한 색감이 마치 아침 안개 속에서 갓 피어나는 꽃처럼 아련했다. 그 둘레에 흐드러진 분홍 앵두꽃이 절묘했다. 그 화사한 꽃그늘 아래 젊은이들이 코를 맞대고 포옹을 하고 있었다. 꽃의 향연, 봄꿈에 취했을까 그들의 야한 청춘이 밉지 않았다.

“우리도 저런 시절이 있었나요?” 옆 동료의 말에 나는 흘끗 그들의 모습을 다시 훔쳐보았다. 창덕궁 담 너머에서 달짝지근한 봄 냄새가 흘러내렸다. 그 사이로 꽃 같은 시절이 가물거렸다.

1960년대, 봄만 되면 장안이 들썩였던 창경원 밤 벚꽃 놀이. 화려한 조명을 받으며 불타오르던 풍만한 겹벚꽃의 모습. 마당발 친구 S의 주선으로 공사생들과 우리과 친구들이 밤 벚꽃 놀이 미팅을 했었다. 누구와 짝이 되느냐에 관심이 쏠렸다. 모두 번호표를 들고 잠시 긴장했다. 나의 짝은 동생같이 귀엽게 생겼다. 나중에 알고 보니 선배 생도 한 명 대신 갑자기 나왔다고 한다. 나는 조금 실망이 되었다. 좋은 사람 만나 멋진 연애라도 해볼까 하던 봄꿈은 사라졌다. 그러나 생도는 나의 그런 마음을 알 리 없었다. 우리는 자연스럽게 달빛 속 꽃그늘 사이를 거닐었다. 어느새 춘당지 연못, 능수버들이 늘어진 의자에 앉았다. 그는 생도의 내무반 이야기를 재미있게 했다. 모든 소지품에 이름을 손으로 박아 넣어야 하는데 ‘ㅇ’자가 많은 자기 이름이 원망스러웠다고, 손가락이 바늘에 찔려 피가 났다며 엄살을 떨었다. '박태기 꽃빛깔' 같은 처녀의 떨림은 없었지만 짧은 봄밤이 아쉬웠던 젊은 날의 추억이었다.

궁 밖으로 나와 까페 '마고'를 찾아 들어갔다. 밖에서 본 '은덕문화원', 그 대문이 풍기는 중후한 무게만큼이나 멋진 곳이었다. 그곳에는 그리 넓지 않은 흙 마당을 둘러싸고 한옥 세 채가 오붓하게 이마를 맞대고 있었다. 도심 속에서 만난 흙 마당과 한옥. 고향 집에 온 듯 마음이 포근해지고 안온했다. 동료들과 함께 보낸 교단생활은 발바닥에 불이 날 정도로 힘들었지만 그 시절을 이야기하는 지금은 추녀 끝에서 청아하게 울려오는 풍경소리 마냥 아름답고 의미 있는 세월이었다.

차 한 잔, 손에 들고 돌계단을 오르니 아까 본 창덕궁의 지붕이 눈 아래 깔리고 그 사이로 초록빛 수목들이 시야에 쏟아져 들어왔다. 부서지는 봄빛, 세월을 치고 가는 시원한 바람, 좋은 사람들, 넘치는 봄날이었다.

후배와 가을 산장에서

아침 일찍 전화가 왔다. 여고 4년 후배인 희야의 귀에 익은 목소리였다. 10월 3일 총동문회 참석여부를 물었다. 자기 산장에서 하루 묵어가라며 나의 동기인 인정이도 온다는 말을 했다. 인정이와 같이 서둘러 문경행 버스를 타고 터미널에 도착하니 후배가 기다리고 있었다.

여름이 밀려나고 어느새 초가을 들판은 벌써 노르스름했다. 곧 황금물결을 따라 잡으려는 듯 바람을 업고 요동을 쳤다. 산장 오르막, 문경국도에서 차로 한 20분쯤 올라갔다. 차를 모는 후배의 어깨에 힘이 들어갔다. 차바퀴에서는 연신 자잘한 돌멩이들이 튕겨 나갔다. 후배의 산장에 도착하니 해가 거의 질 무렵이었다. 지붕 꼭대기에 낙조가 머물고 그 끝자락에 노란 새털구름이 흩날렸다. 어둑어둑한 산그늘이 마을을 덮을 해 질 녘이 나는 하루 중에서 제일 좋았다. 밀레의 그림이 연상되는 인적이 드문 한적한 이곳, 그 어디메서 한 점 종소리가 날 듯도 했다.

열병식을 하듯 도열해 있던 감나무들이 제일 먼저 우리를 반겨주었다. 붉게 물들어가는 하늘을 배경으로 감나무마다 점점이 가로등 마냥 등불이 내걸렸다. 사방이 붉게 물들어가는 산장은 벌써 한창 가을이었다. 서늘한 바람, 아롱진 단풍, 붉은 감 이것들은 얼마나 절실한 가을의 표지인가. 후배는 다음날 아침 일찍 출발해야 한다고 하면서 낫이 달린 장대를 들고 고개를 뒤로 힘껏 젖혀 가장 햇볕을 잘 머금은 고운 감나무 가지를 꺾어 우리에게 주었다. 그 가지와 함께 후배의 따뜻한 정이 내 마음에 스며들었다. 때 마침 이는 바람, 아주 기분 좋은 잔잔한 리듬, 시적 운율이랄까. 마음이 흔들리는 건지 설레는 건지 모르겠다.

앞서 가던 후배가 재촉했다. 달려가 보니 파레트에서 금방 찍어낸 파스텔 물감 같은 선홍색 홍시가 여기저기 풀숲에 널브러져 있다. 여름날의 정열을 한 몸에 담아 애처롭게 떨어져버린 존재. 이 서럽게 고운 빛깔을 빚기 위하여 감나무는 태양을 얼마나 자주 유혹했을까? 동행한 친구도 나름의 감흥을 쏟아냈다.

아치형 대문 안쪽의 울타리 언저리에 꽈리 넝쿨이 오밀조밀 정답다. 꽈리를 보고 연인을 지켜주는 '꼬마 파수군의 초롱불'이라고 했다던 박완서의 심미안이 부럽다. 거실로 들어갔다. 하얀 쟁반에 홍시 너덧 개를 얹으니 한 폭의 정물화다. 찻잔에 감도는 그윽한 국향에 분주하고 모난 마음이 누그러졌다. 아까 감 딸 때 소녀같이 들떴던 후배의 모습과는 달리 어두운 표정으로 입을 열었다.

후배 부부 둘이서 산장을 짓느라고 무던 애를 썼다고 했다. 손수 황토를 개어 벽과 천장을 바르고 문짝도 달았다. 밤이면 다락방에 누워 젖은 은하수가 출렁이고 별이 총총한 밤하늘을 보고 싶어 했다. 남편이 먼저 가고 댓돌 위의 흰 고무신 한 켤레만 외롭다고. 후배의 이야기가 흑백사진 같은 그리움을 내비쳤다. '가을은 눈부신 쓸쓸함이다!'

나는 끝내 아무 말도 못하고 후배의 손을 잡고 밖으로 나왔다. 산 속의 저녁은 싸늘했다. 들마루에 앉아 밤하늘을 바라보았다. 무한대의 우주, 여름내 흘러간 그 긴 은하수, 하늘가의 작은 별들은 왜 또 저토록 처연한 빛깔인가! 깊은 골짜기에 젖어든 달빛만 홀로 교교했다.

열이레 무심한 달빛이 어두워져 가는 마음을 달래주듯 우리를 감쌌다. 후배의 마음도 한결 평온을 되찾은 것 같았다. 빗금을 치며 흘러내리는 별똥별, 후배는 유성이 떨어진 곳에서 눈을 떼지 못했다. 가슴 속 깊은 데서 커다란 별이 꿈틀거릴지도 모를 일이었다. 함께 한 친구도 소식 없는 남동생을 그리워하며 하염없이 그곳을 바라보고 있었다. 별똥별은 우리 모두의 근원적인 고독과 그리움을 안고 채워지지 못한 빈 가슴으로 떨어져 내렸다.

잠자리에 누우니 창호지 문이 달빛에 환했다. 찰나와 영원을 안고 간간이 불어오는 대나무 바람 소리, 어렴풋한 산맥들과 '별들이 서로 눈짓하는' 깊은 밤이다. 아득한 골짜기에 밤은 점점 깊어갔다. 설핏 잠결에 이디시 산짐승 우는 소리가 들렸다. 밤을 잊은 서러움은 사람만이 아닌가보다. 가을 풀벌레들의 향연, 그 가냘프고 영롱한 음률이 애써 붙잡은 잠결의 끝자락으로 비집고 들어온다. 이래저래 가을은 우리를 쉽게 잠들지 못하게 했다.

6.

가족 이야기

별난 떡볶이

나무들은 아름다운 가을빛으로 물들고 사람들은 저무는 가을이 아쉽다고 아우성이다. 이제 11월, 올해 달력은 온전히 한 장이 남아 있다. 그래서 이달은 아직 행복해도 되는 달이 아닐까. 지나간 시간을 뒤돌아볼 것도, 남은 한 달에 목맬 것도 없다. 11월은 날짜를 세지 말고 좀 느긋하게 여유를 가지고 나만의 오붓한 시간을 즐기고 싶다. 실팍한 은행 잔고처럼.

그런데 그게 아니었다. 《시계문학》 제6집 《순간》 출판기념회에서 자기 작품을 낭독하는 순서가 있어 신경이 쓰였다. 요 며칠 전부터 몸살감기로 힘들었다. 목소리가 말이 아니었다. 원래도 낭랑한 목소리와는 거리가 먼 나였지만, 목이 뜨끔하고 콧물까지 나왔다. 배즙, 모과즙으로 목을 달래고 귤을 수없이 먹으면서 만반의 준비를 했다.

오늘 같은 날은 따끈한 국물이 제일이다. 냉동실에서 소고기 두어 토막을 꺼내 무, 대파, 다시마를 넣고 푹 끓인다. 낭독할 〈남도의 가을〉을 한번 읽어 볼 양이다. 지난해 가을 친구들과 백양사로 남쪽 바다로 놀러 갔던 기행문이다. 그 친구들의 얼굴이 하나하나 떠올랐다. 입가에는 나도 모르게 미소가 번졌다. 아차! 솥뚜껑을 열어 본다. 국물이 너무 졸았다. 엊그제 사다 놓은 떡국 떡이 생각났다. '그래, 떡국으로 먹자. 언제 반찬을 만들랴.' 또 두어 단락 읽어 내려갔다. '아뿔싸, 떡 철음이 다 풀어졌고 국물은 자작자작 졸아들었다. 이를 어쩌나? 순간 기발한(?) 아이디어가 떠올랐다. 얼른 뒤꼍에 가서 고추장 한 숟갈을 떠왔다. 대파와 마늘을 좀 더 넣고 다시 한 번 끓인다. 예쁜 접시에 소담스럽게 담아냈다. 드디어 떡볶이 완성. 빨간 사과 하나 동그마니 놓여 있다.

아침 식사로는 매운 떡볶이가 마음에 걸리긴 했다. 문제는 남편의 반응이다. 살짝 곁눈질을 해 본다. 의외로 남편은 "어, 맛이 괜찮은데." 한다. 나도 "그렇지요." 얼른 맞장구를 쳤다. 하긴 소고기가 들어갔고, 격에는 맞지 않지만 무가 시원한 맛을 더해 주었을 것이다. 다행이었다. 그런데 또 한 가지 우스운 일은 남편은 아침이 부실했는지 식빵 한 조각을 떡볶이 국물에 찍어 먹는다. 이젠 폭소다. 하하하 호호호. 둘이 다 소리 내어 한바탕 웃었다. 애들이 분가한 뒤 손자들 재롱도 없어 웃을 일이 없었는데, 모처럼 아침 식탁에 웃음꽃이 만발했다. 평생 음식 솜씨 없는 아내와 사느라 고생한 남편에게 미안했다. 때로는 속도 많이 상했으리라. 언젠가는 음식에 주눅 들어 기가 죽어 있는 엄마를 보고 "엄마는 음식 솜씨는 없어도 잘하는 것 한 가지 있잖아요?" 그게 뭘까? 어쨌든 큰딸 덕에 위기를 모면하기도 했었다. 오늘 몇 번의 변신을 거듭한 끝에 참으로 '별난 떡볶이'

가 만들어졌다.

우리는 계획을 세우고 그것이 좋은 결과를 맺을 수 있도록 최선을 다해야 한다. 그런데 소고기국을 끓이다가 딴 곳에 신경을 쓰는 순간 난데없는 떡볶이가 되고 말았다. 웃음이 났다. 한 줄 농담과 깔깔거리는 웃음같이 좋은 음악은 없다 하지 않나. 오늘 우리 내외가 이렇게 마음껏 웃을 수 있는 것만도 큰 기쁨이다.

좋은 사람과 어울려 맛있는 식사를 하는 게 더없는 행복이라고 한다. 그런데 요즘처럼 '먹방'이란 프로가 TV 전체를 도배질 하고 있으니, 못 먹고 자란 우리 세대에겐 좀 낯설기도 하다. 없는 음식 솜씨를 억지로 내지 말고 자연 그대로의 담백한 맛을 살리면 되지 않을까. 현대인의 질병은 과잉 영양 섭취가 원인이라고들 한다. 넘치는 먹거리들 중에서 사랑의 양념으로 조리한 것들은 많지 않다.

지금 우리에게 필요한 것은 서로 사랑의 눈길로 마주 보는 것이다. 억겁의 세월을 기다리다 만난 사람이 부부라 한다. 부부는 오랜 세월을 두고 동고동락하며 생명보다 더 질기고 굵은 동아줄 같은 것이라고 하지 않던가. '실패는 성공에 이르는 경로가 아니라 실패 그 자체로 포용할 때 인간은 행복을 발견한다.' 실수로 만든 떡볶이가 오늘 하루를 행복하게 해준 것은 실패를 받아들인 나의 마음이다.

산바라지

'뱃속에 10개월, 양 팔에 3년, 한평생 가슴 속에' 누군가가 자식에 대한 표현을 참 절실하게 한 것 같다. 탯줄이 잘리는 순간 하나의 독립된 존재라 하지만 어머니와 자식의 관계는 영원하다. 한 아기가 새 생명으로 태어날 때 산모인 엄마도 다시 태어나는 것 같다.

뉴질랜드에 사는 막내딸 산월을 앞두고 그 먼 나라로 날아갔다. 산일이 가까운 어느 새벽 설핏 잠이 들었는데 딸의 목소리가 들렸다. "엄마, 아무래도 병원에 가봐야겠어요." 통증이 점점 심해지는 모양이었다. 깊은 잠에 빠져 있는 사위를 깨워 미리 싸놓은 짐을 들고 급히 차에 올랐다.

아직도 어둠이 깔린 낯선 땅 희미한 가로등만 졸고 있었다. 30분 만에 도착한 병원, 2명의 간호사가 자리를 지키고 있었다. 수속을 끝내고 분만실로 안내를 받았다. 사위의 통역을 들어 보니 의사는 큰 일이 있을 때나 들어오고 모든 분만 과정은 식구들 위주로 이루어진다는 것이었다. 나의 선입견으로는 도저히 납득이 안 되고 또

한 당황스럽고 불안했다. 날이 희뿌옇게 밝아오자 평소 보건소에서 딸을 돌보던 70이 넘은 한국 할머니 간호사가 상기된 얼굴로 나타났다. 이민자가 대부분인 이 나라에서는 각 나라마다 그 나라 간호사들이 출산을 돕는다고 한다. 특히 이곳에는 한국 간호사가 매우 귀해서 70이 넘어도 쉴 수가 없다고 한다. 그분은 이 일을 한평생 해왔다면서 자부심이 대단했다. 우선 말이 통하니 살 것만 같았다. 그분은 나를 안심시켰다. "내가 임신 초기부터 지금까지 잘 지켜보았는데 순산할 거예요." 했다. 다만 사위와 같이 분만을 지켜봐야 한다는 것이 좀 부담이 되었다.

딸은 점점 고통스러워했다. 아랫배를 움켜쥐고 어쩔 줄 몰라 했다. 딸의 모습을 보면서 아이를 셋이나 낳은 나였지만, 마음은 진정되지 않고 안절부절못했다. 딸은 고통을 참느라 애를 썼다. 할머니 간호사는 그래도 침착했다. 젊은 시절부터 지금껏 1000여 명의 아기들을 내 손으로 받아냈다면서 만반의 준비를 차근차근하고 있었다. 정 늦으면 촉진제라도 놓겠다고 하면서 걱정 말라고 했다. 나의 경험에 비춰 보면 큰 바위에 개미 새끼 한 마리가 끼어 있는 것 같은 중압감을 이기지 못했다. 하나님께 간절히 기도를 드렸다. 간호사는 딸에게는 호흡 조절법을 가르치며 진두지휘를 했다. 사위와 나에게는 딸의 손을 잡고 윗몸 일으키기를 시켰다. 끝 무렵에는 축구공을 차듯 딸이 우리의 옆구리를 차 댔다. 몸이 휘청했지만 상관이 없었다. 아기만 무사히 태어난다면 이 세상 아무것도 두려울 게 없었다. 입원한 지 5시간 만에 드디어 우렁찬 아기의 울음소리가 들렸다. 잘

생긴 사내였다. 바다가 '해를 울컥 낳듯' 그렇게 첫 아기가 탄생했다. 긴 산고 가운데도 병원 간호사는 두어 번 상황을 둘러볼 뿐, 의사는 끝내 오지 않았다.

극심한 산통으로 기력이 딸리는 산모를 금방 샤워를 하게 하고 2층 입원실로 안내했다. 산모에게 달랑 우유 한 잔, 토스트 한 조각이 전부였다. 이곳 키위들은 3일이면 퇴원하여 아기를 바구니에 담아 들고 거뜬한 몸으로 거리를 활보한다. 체질상 우리와 너무나 다르다. 8월, 우리나라 기후와 정반대인 그곳은 썰렁한 기온이다. 얇은 이불이 산모를 한기 나게 했다. 산모가 병원에 있는 동안도 보호자는 집으로 와서 자야 했다. 낯선 병실에 산모와 아기만 남겨놓고. 3일을 채우지 못하고 이틀밤을 지낸 후 집으로 왔다. 소고기를 듬뿍 넣고 미역국을 한 솥 끓였다. 몸을 따뜻하게 단속했다. 손자는 하루가 다르게 귀염성 있는 모습으로 우리를 기쁘게 해 주었다.

한국 간호사는 매일 출근하다시피 산모를 찾아왔다. 재미있는 것은 한국 재래식 저울로 아기 체중을 달아 보았다. 젖 먹는 양, 수면의 질, 변 상태를 일일이 카드에 적었다. 2주 후부터는 정부에서 파견하는 전문 간호사가 이틀에 한 번씩 방문한다. 아기의 발달과정을 산모와 상담하며 온갖 데이터를 놓고 비교분석한다. 키 몸무게가 정상적인지, 발가벗겨 피부상태가 어떤지 세밀하게 관찰한다. 어린 생명을 성심껏 보살피는 그들을 보면서 그 나라의 정책 기조가 훌륭하다는 것을 깨달았다. 그들의 생명존중 사상이 새삼 돋보였다. 도둑이 없어 대문도 없는 나라, 아기의 분유와 기저귀 값은 나라에서 다

대준다. 이런 것이 선진국이구나 싶었다.

한국의 대부분 남편들은 직장에서 일하고 퇴근 후에나 유리창 밖에서 자기 핏줄과 상면한다. 나는 이번 경험을 통해 뉴질랜드 방식이 낫다는 것을 알았다. 아내가 얼마나 심한 산고 끝에 새 생명이 탄생되는지를 분만의 전 과정에 동참한 남편은 절감했으리라.

외출 후 돌아온 사위는 큰 꽃다발을 아내에게 선사했다. "고마워, 수고했어요." 하며 긴 포옹을 했다. 새 생명을 안은 엄마의 표정은 처마에 내다건 등불처럼이나 환하고 밝았다. 우리는 모두 행복한 미소를 지으며 사진을 찍었다.

여러 가지로 한국과 다른 문화였다. 철없던 딸이 엄마가 되어 머나먼 이국 땅에서 아기를 잘 키우고 행복한 가정을 이루기를 기원한다.

서울로 이사 온 장독

내가 마흔이 되던 해, 시부모님께서 서울 우리 집으로 오시게 되었다. 남편이 고향에 갈 때마다 가까운 친척들이 왜 부모님 안 모시고 가느냐고 성화였다. "공부시켜 놓으니 너희만 잘 살려고 그려?" 난감했던 남편은 더 이상 미룰 수 없다면서 부모님 상경을 밀어붙였다. 나의 마음은 착잡했다. 그동안 몇 년간 쉬었던 직장에 다시 나가게 되어 아직 적응이 안 된 상태였다. 우리 식구 5명에 시부모님 시동생 8식구 대가족이었다. 주부로 며느리로 직장인으로 너무나 과중한 부담이었다. 더구나 남편은 학위 공부에 매달려 정신이 없었고 처음으로 장만한 집은 협소했다. 그렇다고 대놓고 반대할 입장도 못 되었다.

드디어 이사 날이 다가왔다. 시부모님이 이사 오시던 날, 나는 대문을 들어서다 깜짝 놀랐다. "이게 다 무어야? 웬 독들이 이렇게 많지?" 좁은 단독 주택 마당에 가득 들어찬 독을 보는 순간 가슴이 콱 막혔다. 가장 큰 독을 들여다보았다. 거기엔 닳고 닳은 나무 됫박,

세월의 더께가 달라붙은 부엌살림들이 뒤엉켜 있었다. 또 박스에는 크기가 다른 투박한 접시들과 그릇이 가득했다. 어머님은 마뜩잖아 하는 며느리의 마음을 읽었던지 "에이구, 팔고 가라는 걸 헐값이라 그냥 왔더니 천덕꾸러기네 천덕꾸러기야." 하시며 무척 서운한 표정이셨다. 다시 생각하니 어머님과 고락을 함께했던 피붙이 같은 독들이 아닌가. 고향을 두고 아들 찾아온 노부모님의 모습과 제자리를 잃은 독들이 함께 쓸쓸해 보였다. 작은 독 하나만 수돗가에 남겨 놓고 다른 건 다 옥상으로 옮겼다. 그날 밤 어머님의 밭은 기침 소리에 잠이 깬 나는 다시 잠이 오지 않았다. 옥상 위에 있는 독들의 무게가 내 마음을 내리눌렀다.

시부모님을 따라온 집안 행사가 1년에 10여 차례나 되었다. 남편 생일은 그 속에 끼지도 못했다. 조부님 기일이 돌아왔다. 자가용이 없던 때라 며칠씩 제물을 사다 나르느라 팔이 아프고 허리가 휘었다. 그러고 나면 꼭 몸살이 나곤 했다. 일도 일이려니와 학교에서 조퇴할 일이 제일 부담이 되었다. 조퇴를 하게 되면 다른 선생님들 시간표가 다 변경되기 때문이다. 그보다 더 마음 쓰이는 것은 이사장님 눈을 피하기 어렵다는 사실이었다. 학교가 산기슭에 있어서 경사진 통학로가 매우 길었다. 그날도 허겁지겁 내려오는데 중간쯤에서 이사장님과 딱 마주쳤다. 가슴이 막 뛰었다. "어, 김 선생, 무슨 일 있슈?". "네 좀 일이 있어서요." 내 목소리는 모기소리만 했다. 나의 잦은 조퇴는 불성실로 보일 수밖에 없을 터. 직장에 대한 성실과 며느리의 의무에 대한 성실 사이에서 해결책을 찾지 못한 나는 그

날 유독 속이 상했다. 그렇게 마음 졸이며 집에 도착하니 집안 어른들이 몇 분 와 계셨다. 좀 더 일찍 못 오나 하는 곱지 않은 시선을 등 뒤로 느끼며 얼른 부엌으로 들어갔다. 벌써 동서가 산적을 꿰어 놓고 탕국을 끓이고 있었다. 다행히 동서는 음식 솜씨도 좋고 손도 맵짜서 우리 집 대소사가 동서 덕에 그런 대로 잘 넘어갔다. 지금까지도 고맙고 미안할 뿐이다.

남편은 6남매 중 맏아들로 어려운 농촌 살림에 혼자 대학을 나왔다. 그만큼 식구들의 기대 또한 컸다. 그 기대를 저버리지 못하는 남편과 이상적인 꿈에 살던 나는 자주 의견 충돌이 있었다. 그때마다 나는 외톨이라는 심정이었고 가족 안에서 섬이 된 기분이었다. 나는 맏며느리로서 부담감과 대가족의 부대낌에서 헤어나지 못했다. 직장과 가정을 양 어깨에 메고 뜀박질하듯 살아온 나의 버겁던 세월, 어쩌면 저 옥상의 장독 신세가 바로 내가 아닐까. 수많은 세월에 걸쳐 주어진 소임을 묵묵히 다해왔지만, 지금 서울 변두리 어느 집의 옥상에서 속이 빈 채로 하늘만 바라보고 있는 저 독들이 무심치 않다.

잔칫날을 앞두고 방안으로 모셔온 술독, 깊은 밤 아무도 모르게 진한 향기를 솔솔 피워내며 긴 발효의 시간을 보글보글 끓여 내던, 그 술독의 꿈은 어디로 갔을까. 바람이 빈 독 위를 스쳐갈 때 '우웅' 하는 소리를 내면 주변의 독들도 따라 울렸다. 그 빈 공간의 턱없는 아픔은 한낱 바람이 되어 허공에 흩어지고 마는 것인가.

'아무도 돌아나간 적이 없는 긴긴 동굴' 같은 삶의 담벼락과 마주

친 나의 자화상, 꺾일 듯 다시 일어서는 갈대의 세월은 어느 바다로 흘러갔는가.

아들 구하기
(6 · 29 선언을 돌아보며)

1987년 6 · 10 항쟁을 정점으로 민주화의 열기는 점점 더 거세어 갔다. 각 대학의 데모대가 종로로 모여 들었고 저지하는 세력에 맞서 계속 명동성당까지 떠밀려갔다. 전운이 감도는 캄캄한 밤. 명동성당 담장 위에는 무장경찰관들의 총부리가 희미한 불빛에 섬뜩하다. 그 속에 있는 아들을 구해내야 한다. 구출 대작전. "여성은 약하나 어머니는 강하다."

대한민국 상공에는 먹구름이 뒤덮였다. 금방이라도 뇌성벽력이 내리칠 상황이다. 연일 데모 소식으로 세상은 출렁인다. "오늘은 할아버지 생신이다. 저녁 식사에 꼭 참석하도록 해라." 그런데 아들이 불참했다. 자정이 넘어가도 전화 한 통이 없다. 기다리다 못해 대문 밖을 나서 본다. 인적마저 끊어진 골목. 돌아오지 않는 아들의 발자국 소리를 기다리며 애간장이 탄다. 그 이튿날 밤까지도 연락이 없다. 백방으로 수소문하여 얻은 소식은 간담이 서늘했다. 엊저녁 뉴스에 비친 명동성당 풍경이 눈앞을 스쳐간다. 그 속에 아들이 갇혀 있다고 한다.

아들 방 책장을 뒤진다. 무슨 불량 서클에라도 가입하지는 않았는지? 반국가단체에 적을 두지나 않았는지 가슴이 뛰고 다리는 후들거렸다. 어떤 책이 어떤 책인지 도무지 분간이 가지 않는다. 날이 새면 곧 무슨 신분증을 내밀며 수색 팀이 들이닥칠 것만 같다. 신간 서적이나 조금만 낯선 제목만 보이면 덮어놓고 자루에 집어넣었다. 몇 권은 아예 불태워 버렸다. 데모하면 안 된다고 신신 당부를 했건만 혼자서 비겁하게 빠져나올 수는 없었나 보다.

이른 새벽 전화 벨 소리가 요란했다. 아들의 목소리다. 목소리라도 들으니 살 것만 같다. 오늘 주일 낮 명동성당 예배시간에 맞추어 데리러 오라는 것이었다. 학부모 동반 시에는 내보내겠다고 하는가 보다. 남편과 부랴부랴 성당으로 향했다. 거리마다 데모대가 성난 파도처럼 넘실거렸다. 넥타이 부대까지 동원되었고 구호는 분기충천했다. 기대했던 것과는 달리 성당 출입문은 굳게 닫혀 있었다. 어떻게 하나? 기다리는 수밖에 없었다. 드디어 밤 10시. 한군데가 출입이 허용되었다. 그런데 길에는 사복 경찰관들이 쫙 깔려 있다는 소문이 돌았다.

상황을 예의 주시하고 있다. 우리 앞에 50대쯤으로 보이는 한 남성이 걸어가고 있다. 마치 그 사람의 동행인인 것처럼 바짝 뒤따라갔다. 막 입구에 다다르니 경찰관들이 뒤쫓아 오면서 연신 호루라기를 불어 댔다. "출입 금지! 출입 금지!" 고함소리가 들린다. 있는 힘을 다해 경계선 안으로 뛰어들어갔다. 정신을 차리고 휘둘러 본 명동성당 그 담장 위에는 수많은 무장경찰관들이 마당을 향하여 총부리를 겨누고 있다. 희미한 불빛에 비친 총부리에 나는 온몸이 떨렸다. 자식을 구해내야 한다는 사명감이 없었더라면 아마 까무러졌을 것이다.

성당 마당 군데군데 텐트가 쳐져 있다. 조그만 의료소도 보인다. 안내원은 우리를 보자마자 몇 가지 인적사항을 적어 어디론가 황급히 달려갔다. 우리는 어느 텐트 속으로 안내되었다. 1분, 2분……. '일각이 여삼추'란 말을 실감했다. 기다리던 아들이 친구와 함께 들어왔다. 아들의 얼굴과 팔뚝에는 페인트칠을 한 것같이 흰 약이 덕지덕지 붙어 있었다. 눈물이 나오려는 걸 억지로 참았다. 최루탄 가스가 맨살에 달라붙어 화농현상을 일으킨 것이었다.

안내원들은 우리를 내보내기 위해서 애를 썼다. 큰 짐차가 나가는데 그 짐짝 뒤에 숨어서 나가는 방법을 제시했다. 어떻게 해야 할지 판단이 서지 않았다. 그러나 그것마저 여의치 않은 모양이었다. 황급한 순간. 우리 앞으로 자가용 한 대가 미끄러져 들어오고 있는 게 아닌가! 누군지는 알 수 없으나 어서 타라는 손 신호를 보냈다. 뒷좌석에 아들과 친구, 양옆에 우리 두 내외가 꽉 끼어 탔다. 눈앞이 아찔했다.

부르릉 부르릉 시동이 걸리자 차가 움직였다. 입구 가까이 갔을 때 아까 본 사복 경찰관들이 우르르 달려와서 내 팔을 세차게 잡아당겼다. 억센 팔뚝이 아들과 친구를 끌어내리려고 안간힘을 썼다. 우리는 결사대처럼 서로 엉겨 완강히 버티었다. 그때 어디선가 "당신들 왜 약속을 지키지 않는 거요?" 하며 거세게 항의하는 목소리가 들렸다. 한참 실랑이가 벌어졌다. 그 긴박한 순간 우리가 탄 차는 전 속력을 다해 질주했다. 항의한 분은 나중에 알고 보니 성당 신부님이셨다. 사복 경찰들이 뒤쫓아 올 것만 같아 무서워 뒤돌아볼 수도 없었다. 온몸이 얼어붙는 것 같았다. 차는 그들을 숨 가쁘게 따돌리고 서울을 벗어나고 있었다. 분당 어느 지점까지 우리를 데려다 주었다. 얼마나 가슴이 떨리던지 고맙다는 말 한마디도 나오지 않았다. 무섭고 긴긴 밤. 하나님은 내 편이 되어 주셨다. 우리는 아들을 구해냈다.

그 뒤 며칠 후 대학마다 거리마다 성난 함성은 환호성으로 바뀌었다. 거리에는 호외가 넘쳤고 드디어 6·29선언이 터져 나왔다. 대통령 직선제가 시행된다는 기사가 대문짝만 하게 실렸다. 시민들은 평온을 되찾고 모두들 일상으로 돌아갔다. 6·29선언을 이끌어 낸 6·10시민항쟁은 민주주의의 승리요 쾌거였다. 역사는 전진 발전한다. 더 좋은 시대가 자손들 앞에 펼쳐지기를 염원한다.

아버지

세상을 떠들썩하게 했던 영화 〈국제시장〉, 차가운 겨울 바다에 빠져 얼어 죽은 피난민들의 모습이 모든 관객을 울렸다. 숨 막힐 정도로 급박하게 묘사된 흥남철수 작전은 참으로 처절했다. 곳곳에서 머리 희끗한 노병들이 연신 눈물을 닦아 내고 있었다. 늘그막의 아들 덕수가 액자 속 아버지를 바라보며 "아부지예."를 부르고 또 부르며 북받치는 울음을 토해냈다. 그 순간 나도 모르게 영화 속 주인공이 되어 아버지를 목 놓아 부르며 한없는 눈물이 뺨을 타고 흘러내렸다. 눈물범벅 속에 가슴 깊이 간직했던 돌아가신 아버지의 한 생애가 떠올랐다.

나의 선친께서는 농촌에 살면서도 농사에 전념하기보다 늘 한학에 열중하셨고 바깥출입이 잦으셨다. 농사일에 바쁜 어머니는 그러한 아버지를 마뜩잖아 하셨지만, 나는 책을 좋아하시는 아버지가 존경스러웠다. 가끔 조용한 시간이면 때로는 폭포 소리로, 때로는 낮은 물 흐름으로 가락을 뽑으시는 아버지의 모습이 멋있어 보였다. 아마도 소식의 〈적벽부〉의 어느 한 부분을 읊으신 것 같다.

아버지는 우리 형제들을 불러 놓고 인간의 모든 행동규범에 대한 말씀을 자주 해 주셨다. 세상 살아가는 이치와 도리를 늘 말씀하셨는데, 그중 "생일은 부모 구로일劬勞日이다."라는 말씀, 즉 생일은 부모님이 나를 낳느라 고생한 날이지 축하만 받을 일이 아니라 하셨다. 철이 들면 자기 생일에 축하를 받기 전, 먼저 부모님께 감사할 줄 알아야 한다고 가르치셨다.

내가 고등학교 다닐 때 한문 시간이 되면 아버지께 미리 배운 내용을 신나게 발표를 했다. 또 내가 교직에 있을 때 국어시간 외에 1주일에 한 시간씩 한문을 가르쳤다. 보충수업까지 하루 6시간이 넘는 과중한 부담이었지만, 한문시간이 그렇게 재미있을 수가 없었다.

가난했던 농촌 '보릿고개', 아버지의 생신날 당신의 고봉 쌀밥을 우리 형제들에게 엄마 몰래 한 술씩 덜어 주셨다. 그 쌀밥은 아버지의 살뜰한 사랑의 표시였다. 또 여름 삼복더위면 낡은 모기장 하나로 여덟 식구가 뒤엉겨 지내던 시절, 자다가 눈을 떠보면 밤이 이슥한데도 주무시지 않고 큰 부채를 들고 자식들을 향해 바람을 일으키고 계셨다. 희미한 달빛 아래 아버지의 등 굽은 모습은 지금껏 내 마음을 아프게 한다.

가을이면 마당가에 큰 기둥을 세우고 곶감을 만들기 위해 감 타래를 매달아 말리곤 했다. 한 고지에 10개씩 깎은 감을 꿰어 말리는데 가을 햇살에 하루가 나르세 곶감이 되어 간다. 나는 초등학교 왕복 20리 길을 걸어 다녔다. 학교에 갔다 오면 너무 시장하여 군것질거리를 찾았지만 아무것도 없었다. 그때 말랑하게 숙성되어 가는 발간 타래감이 나를 유혹했다. 엄마가 밭에 나간 사이 한 고지에 한 개씩 제일 작고 못난 것으로 골라 빼어 먹었다. 며칠 그렇게 했던 것 같다. 달콤하고 쫀득한 설된 곶감은 요즘 손녀가 즐겨 먹는 초콜릿같이 혀끝에 녹았다.

사단이 났다. 눈썰미 좋은 엄마에게 들키고 말았다. 싸리가지 회초리를 들고 "누구 짓이냐?" 하시며 나를 쫓아 오셨다. 아버지는 어디서 들으셨는지 금방 "내가 먹었지, 저절로 물러터진 것도 있고." 하셨다. 어머니는 알면서도 그냥 물러날 수밖에 없었다. 이렇게 아버지는 엄격함보다는 자상하셨다.

농한기 때 우리 집 사랑방에는 많은 사람들이 북적였다. 등 너머 재 너머서 오는 촌로들도 더러 있었다. 어쩌다 물심부름을 할 때 보면, 그 흔한 화투나 바둑, 장기 같은 놀이는 없고 낡은 한서를 놓고 모두들 돌아가며 한마디씩 하는 모습이었다. 아버지는 늘 묵직한 목소리로 무엇인가 열심히 설명하시곤 했다. 그럴 때면 엄마는 사랑방 손님들에게 뜨끈한 칼국수를 삼동 내내 대접하셨다.

부귀다남을 제일로 여기던 시절, 우리 집은 아들 하나 딸 여섯으로 딸 부잣집이었다. 여섯째 딸을 낳을 때였다. 엄마는 배가 아프다며 안방으로 들어가셨다. 끙끙 앓는 소리가 문밖으로 흘러나왔다. 그 신음소리는 점점 심해졌다. 나는 겁에 질려 마당 한 귀퉁이에 꼼짝 못하고 서 있었다. 그때 아버지는 '아들이야.' 하는 기적 같은 소리에 목말라 하시며 촉각을 곤두세우고 뒷짐을 진 채 마당을 가로 지르며 안절부절못하셨다. 그 긴박한 순간, 엄마의 자지러질 듯한 그 한마디 "아이고, 또 지지배네. 지지배야." 나는 엄마의 비명에 가까운 그 소리에 숨이 콱 막혔다. 아버지는 마음을 가라앉히려는 듯 "어, 어험, 어험." 헛기침을 두어 번 하시더니 곧 안방을 향하여 큰 소리로 "괜찮다고 해라, 괜찮다고." 서운한 속 심정과는 달리 우렁찬 목소리였다. 요즘 유행하는 말로 '괜찮다고 전해라.'는 강력한 어투였다. 그렇게 소원이던 다남의 꿈이 한순간에 무너지는 찰나였지만, 절망하는 아내를 화급히 진정시키고 위로하는 그 한마디, 단 10초간의 아버지의 그 말씀이 오십 년이 지난 지금도 따뜻한 기억으로 내 가슴에 남아있다.

아버지 노후에 어려운 일이 있었다. 식구들 앞에선 상한 마음을 억제하시느라 애를 썼지만 초췌한 모습을 감출 수 없었다. 가을이 훌쩍 지난 들판에는 빨간 딱지가 붙어 벨 수 없는 벼들이 바람 따라 출렁였다. 그 벼들만큼이나 아버지의 마음도 휘청거렸으리라. 평소 즐기시던 육식은 고사하고 멀건 '갱시기죽'을 드시기도 했다. 당기지 않은 식사를 드실 때마다 상을 찡그리시던 그 모습이 지금도 내 마음을 아리게 한다.

내가 서울로 이사 오던 날 눈발 속에 아버지의 백발이 휘날렸다. 딸이 멀리 이사 간다는 것이 그렇게 서운하셨던지 몇 번이고 눈물을 닦으셨다. "봄이 오면 서울에 한 번 다녀가세요." 내가 건넨 이 한마디는 결국 이루어지지 못했다.

멀어지는 발걸음 뒤로 차갑고 뽀얀 눈발만이 마지막 이별의 눈물인 양 흩날렸다.

아버지의 친필 한시

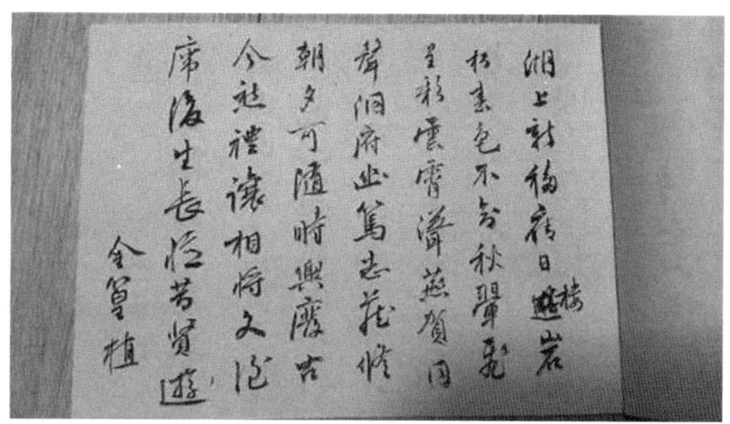

상강가에 새로운 복 있어 기러기 날로 깃들고
암괴가 노후하니 춘색이 추색과 구별이 없네
웅비하며 드러낸 색채 하늘 높이 솟아 오르고
함께 낙성 축하하는 소리 동부에 그윽하네
뜻 독실히 함과 화용 가꾸기에 조석으로 좋겠고
때 따라 흥 발하는 대로 고금수 되리로다
술 마시며 글짓는 자리 예양으로 서로 밀어주니
후손들에게 오랫동안 기억되고 현자들의 놀이 같구나

(서당 낙성식 축하시)

엄마 돈 안 벌면 안 돼

세 아이가 초등학교 다닐 때 나는 다시 직장에 나갔다. 한창 엄마 손이 필요할 때였다. 세 아이를 보살핀다는 것은 내 삶을 송두리째 쏟아 부을 것을 요구했다. '엄마로서 가정을 지키며 살아갈 것인가 나의 발전을 위해서 나설 것인가.'라는 물음이 계속 맴돌았다. 그 즈음에 경기도 어느 학교에서 국어교사를 채용한다는 소식을 접했다. 30 중반에 재취업이라니 참으로 행운이었다. 그러나 아이들이 눈에 밟혔다.

큰딸이 6학년 때 침울한 표정으로 학교에서 돌아왔다. 반장 선거에서 2표 차로 떨어졌다고 한다. 반장이 된 아이는 엄마가 자주 학교에 나오고 담임선생님과도 친한 것 같다는 이야기를 했다. 그 말에 나는 잠시 당황했다. 딸이 반장선거에서 떨어진 것이 다 엄마 탓이라는 표정이었다. 무어라 한마디 하려 했는데 금방 울음이 터질 듯한 딸의 모습을 보니 아무 말도 할 수가 없었다.

큰딸은 어릴 때부터 엄마가 직장에 나가는 게 싫다고 했다. 1970

년대 엄마들의 치맛바람이 거셀 때였다. 운동회, 소풍, 학부모회 등등, 학교 행사 때마다 학부모를 불러냈다.

"엄마 안 온 학생은 앞으로 나와요. 너희들은 꼼짝 말고 여기 있어요. 내가 관리해야 하니까." 그날도 담임선생님은 그렇게 말씀하셨다. 6~7명에 불과한 학생이 앞으로 나갔다. 딸은 그 속에 끼는 것이 싫다고 했다. 엄마의 손을 잡고 환하게 웃으며 손을 흔드는 단짝 친구가 부럽다 못해 얄밉기까지 했다고 한다.

소풍 때도 신이 나지 않았던 딸, 반쯤도 못 먹고 닫아버린 도시락 뚜껑, 그 맛있던 김밥도 맛이 없었다. 아플 때나 먹어 보았던 바나나, 딸기도 가방 속에서 그대로 잠을 자고 있었다. 좀 떨어진 곳에서 엄마들과 친구들이 서로 즐거워하는 모습에 왠지 모를 외로움을 느꼈다. 태어난 지 1년여 만에 엄마의 품을 남동생에게 빼앗겼던 설움까지 겹쳤던 것이었을까.

"아, 그랬구나." 나는 무조건 미안하다는 말만 되풀이했다. 우리 토요일에 맛있는 것 사먹고 예쁜 원피스도 사자고 약속했다.

한 살 아래인데도 아들 녀석은 달랐다. 엄마가 직장에 다니면 우리 집 발전에 도움이 된다나 어쩐다나. 듣기만 해도 대견했다. 내가 퇴근길, 골목에 접어들자 동네 조무래기들이 참새처럼 몰려왔다. 좀 전에 골목대장이 아들을 때려 코피가 났다고 씩씩대며 일러바쳤다.

순간 나는 눈에 불이 번쩍 났다. 달려가서 그 녀석의 멱살이라도 잡고 싶었다. 아들보다 덩치가 크고 우락부락한 그의 얼굴이 떠올랐다. 안 그래도 어릴 때 콧방아를 찧어 코피가 자주 나서 애를 태우던 아들이었다. 저만치서 코에 솜 마개를 한 아들이 "엄마." 하며 달려왔다. 나는 여윈 아들의 어깨를 어루만지며 눈시울이 뜨거워졌다. 그렇다고 아들을 때린 그 아이를 혼내줄 수는 없었다. 골목친구들을 모두 불러 새우깡을 한 아름 안겨 주었다. 골목대장에겐 두어 개 더 얹어 주었다.

막내딸은 성격이 활달해서 사춘기를 잘 넘기는 줄 알았다. 어느 날 저녁 내 귀에다 대고 소곤거렸다.

"엄마, 돈 안 벌면 안 돼? 키 큰 친구들이 날 놀려. 뭐 연애대장이라나."

곧 울음이 터져 나올 듯했다. 반에서 공부도 잘하고 인기가 있던 남학생이 내 딸을 좋아한다고 해서 따돌림을 당한 모양이었다. 초등학교 5학년이 무슨 연애? 참 어이가 없었다. 딸은 무슨 말을 할 듯하면서도 한참이나 뜸을 들였다.

"엄마, 몰랐어? 정말 몰랐단 말이야?"

"뭘 몰라? 다짜고짜 무슨 소리야?"

"나를 놀려 주는 세 친구에게 짜장면을 사주었어. 세 번씩이나."

딸은 경대 앞으로 가더니 세뱃돈을 넣어 두는 예쁜 주머니를 흔들어 보였다. 텅 빈 주머니 속같이 딸의 마음도 얼마나 허전했을까. 자세히 보니 딸의 볼에는 구슬 같은 눈물이 방울 져 있었다. 나는 딸을 물끄러미 바라보았다. 그동안 딸이 얼마나 마음고생을 했을까. 스스로 그 문제를 해결해 보려고 엄마한테 말도 못 하고 거금(?)을 쓰면서까지. 나는 잠시 목이 메었다. 미안한 마음을 애써 감추려 했지만 내 눈가에도 이슬이 맺혔다.
일하는 엄마가 마냥 아이들의 자랑일 수는 없는 시절이었다.

그렇게 어린 시절이 금방 지나가 버리는 걸, 토닥여 주지도 안아 주지도 못했다. 세 아이들은 엄마가 없는 사이, 해 저무는 골목길에서 목을 빼고 엄마를 기다렸다. 넘어가는 해를 따라 아이들 마음속의 그림자도 길어만 갔다.

"나도 엄마가 우산 들고 마중 나왔으면 좋겠어." 어느 비 오던 날 젖은 옷을 입은 채로 중얼대던 딸의 혼자 말이 창밖 비처럼 내 마음에 꽂혔다.

"미안하다. 얘들아, 그래도 너희들은 훌륭하게 자라야 해." 꿈속에서도 내 입술은 이렇게 달싹이었다.

외손녀 사랑

외손녀는 재수를 했다. 청춘의 낭만이 물결치는 5월의 대학가, 그 축제에 함께 동참하지 못하고 밀폐된 재수학원에서 내일이 주는 막막한 불안감에 어쩔 줄 몰라 했다. 나는 외손녀에게 꾹꾹 눌러쓴 장문의 손편지를 보냈다. 사랑하는 서희야! 뜨거운 열망으로 달려가라. 모차르트의 천재성도 '일만 시간의 연습'을 통해서 발휘된 것이란 걸 잊지 마라. "고마워요. 할머니, 힘낼게요." 그런 절실한 시간이 있었기에 그 이듬해 대학에 들어가선 밤을 새워 공부한 덕에 매 학기마다 성적 우수자로 장학금을 받고 있다.

사위는 그런 딸이 대견스러운가 보다. 딸에게 장학금 일부는 네가 가장 하고 싶은 일에 쓰라 했다. 또 대학이 주는 많은 자유 속에서 시간을 아껴 철학과 문학에 관한 책을 읽고 안목을 넓히라고 일러주었다. 나는 단연코 세계여행을 떠나라고 권했다. 누군가의 말처럼 인생은 한 권의 기행문일 수도 있다. 외손녀의 인생이 추억할 것들로 가득 찬 두꺼운 책이었으면 한다. 여행만큼 인생을 다채롭게 만들어 주는 것은 없다는 생각에서였다. 여행의 목적은 새로운 것을 보는 것이 아니라 새로운 시각을 갖는 것이니까.

외손녀는 여름 방학을 이용하여 친구들과 해외자유여행을 다녀왔다. 오스트리아의 다뉴브강변, 캠브리지 대학 도서관, 파리 등 여러 유럽지역을 돌아보았다. 템스 강변을 따라 자전거를 타고 멋진 포즈를 담아 SNS에 올렸다. 온 가족이 해외여행을 갈 때는 외손녀가 크게 한몫을 해냈다. 호텔 예약부터 남의 나라 뒷골목 작은 미술관과 맛집까지도 척척 도맡아 잘도 찾아 다녔다. 제 어미는 그러한 딸이 매우 든든한 모양이다. 영어가 전공이니 그 정도는 할 수 있겠지만, 나는 이런 영리한 외손녀가 여간 기특하지 않다. 깨끗하고 맑은 피부, 오뚝한 콧날 볼수록 귀엽다. 세상을 다 가진 듯한 그 자신감이 넘치는 모습이 부럽다. 아니 가벼운 질투(?)마저 느낀다. 나에게서 흔적 없이 사라진 젊음이 그에겐 활짝 피어 있으니. 누군가는 젊음이 오죽 좋으면 "청춘을 청춘들에게 돌려주기엔 너무 아깝다."고 했겠는가!

외손녀는 폭죽처럼 터져 오르는 20대, 보는 것은 모두가 시가 되고 감격이며 정열이다. 그런가 하면 한편 끝이 보이지 않는 터널에 비유되기도 한다. 그것은 인생에 대한 불안과 초조와 두려움이 있기 때문일 것이다. 그러므로 그만큼 '열렬한 이상주의자'일 수밖에 없다. 보들레르는 청년은 술 없이도 취한다 하지 않았는가. 그 어떤 찬사도 아깝지 않은 인생의 황금기를 통과하고 있는 나의 외손녀가 너무 과하지 않게 꼭 필요한 만큼만 안타까워하고 불안했으면 한다.

학문 못지않게 연애도 대학시절의 중요한 구성요소이다. 연애는 감미로운 서정시. 20대는 누구나 핑크 빛 사랑을 꿈꾼다고. 그러나 어느 시인은 "사랑은 설레는 긴 기다림, 멀고 먼 외로움, 끝없는 목마름, 소용돌이치는 불안의 심연, 고독한 세계를 거치게 된다."고 했다. 청춘이 아름답기만 한 것은 아니다. 사랑에는 그만한 대가가 지불되어야 한다고 하니 그 여린 외손녀가 걱정이다.

또 나는 외손녀가 어떤 직업을 가졌으면 좋을까를 생각해 보았다. 대학은 미래를 준비하는 큰 배움터이지만 우리가 살아갈 세상을 예측하기에는 배움은 항상 턱없이 짧다. 그렇다고 해서 꿈꾸지 않는 인생이 어디 있을까! 나는 교수가 되고 싶다는 외손녀의 꿈이 이루어지기를 기도한다.

내가 수필을 쓴다고 끙끙거리며, 남들에게는 다 온다는 그 영감이 왜 나에겐 오지 않을까? 깊이 고심하고 있을 때, 외손녀가 "할머니, 멋져요. 제가 응원할게요." 환한 미소로 나를 위로해 주었다. 나는 외손녀 응원에 힘입어 미루고 미루었던 이 글을 다시 다잡아 쓴다. 그의 밝은 미소는 나를 항상 기쁘게 해 준다.

나는 외손녀와 종종 만나고 싶다. 지난 세대의 어려움도 털어 놓고, 아쉽게 흘러간 할머니의 청춘 이야기도 들려주었으면 한다. 딸 사랑에 흠뻑 빠진 어느 수필가처럼 눈 내리는 서울거리를 외손녀와 함께 걷고 싶다. 가끔 그의 젊음을 훔쳐보면서 내 남은 생의 기쁨을 누리고 싶다.

적막을 넘어서

– 유찬 태현이를 보내고

"적막이란 가슴에 새소리가 쌓이는 것이다."《인연》이란 책에서 읽은 문장이다. 얼핏 생각하면 이해가 되지 않는다. 아주 조용하니 새소리밖에 들리지 않겠지만, 가슴에 새소리가 쌓인다는 것은 어떤 것일까.

그렇다. 분명 새소리였다. 눈만 뜨면 재재거리는 소리가 영롱하다. 아이들 세상은 단순하고 행복한 것 같다. 아이들이 까르르 웃고 뒹굴고 가끔씩은 제 성을 못 이겨 울음보를 터뜨릴 때가 있다. 그 우는 모습도 참 귀엽다. "어린아이들의 향긋한 냄새는 천국에서 갓 배달되어 온 화원의 꽃이다." 이런 멋진 표현을 한 작가는 누구일까. 손자들이 목욕을 하고 물기 젖은 깨끗한 얼굴로 해맑게 웃으며 와락 달려와 안긴다. 그때 알 수 없는 향기가 코끝에 스며들어 나를 취하게 한다.

평소 좋아하던 시 한 편이 떠오른다.

시냇물에 빠진 구름 하나 꺼내려다
한 아이 구름 위에 앉아 있는 송사리 떼 보았지요
화르르 흩어지는 구름떼들 재잘대며
물장구 치며 노는 어린것들
샛강에서 놀러온 물총새 같았지요
세상의 모든 작은 것들, 새끼들
풀빛인지 새소린지 무슨 초롱꽃인지
뭐라고 뭐라고 쟁쟁거렸지요,
무엇이 세상에서
이렇게 눈부실까요?

– 천양희 〈한 아이〉

참으로 어린것은 다 눈부신 존재다. 뉴질랜드 두 손자가 우리 집에 와 있다. 여기 있는 동안 무엇 하나라도 더 챙겨 먹여야지. 호박죽, 떡볶이, 김밥, 갈비찜 하나하나 헤아려 본다. 맛있게 먹는 손자들 모습이 나를 기쁘게 한다. 둘째는 한국에 와서 앞니 두 개가 빠졌다. 앞니가 빠진 모습이 웃을 때면 더 귀엽다. 갈비를 송곳니로 뜯어먹는 게 힘들지만 내 눈에는 귀엽게만 보인다. 빠진 이를 하얀 종이에 싸서 정성껏 모신다. 밖에 나갔다 들어오면 빠진 이를 들여다보며 인사를 한다. 그렇게 해야 좋은 새 이를 준다고 그곳에서는 믿는 모양이다. 내가 어릴 때는 뽑은 이를 지붕에 던지며 "까치야, 까치야 헌 이 줄게 새 이 다오." 그리곤 다 잊어버리고 희희낙락 잘도 놀았다.

'손자가 올 때 반갑지만 갈 때는 더더욱 반갑다.'는 우스갯소리가 있다. 손자를 봐주는 일이 무척 힘들다는 말일 것이다. 그러나 이제 가면 몇 년 후에나 만날 손자들인데, 이 말은 나에겐 해당되지 않는다. 사실 두 내외가 조용히 살다가 설쳐대는 손자들을 바라보는 것만으로도 힘이 부칠 때도 있다. 제 어미가 아이들 너무 놀게 하면 나중에 통제 불능이라고 길 건너 학원에 등록을 했다.

하루는 진땀을 뺐다. 태권도 복장으로 갈아 입혀 시간 맞춰 보내야 하는데 통 말을 듣지 않는다. 다 입혀 놓은 바지를 홀라당 벗어 던지고 허리띠를 내동댕이친다. 미운 일곱 살이라더니 정말 그 티를 낸다. 도복에 딸린 양말을 고집하며 떼를 썼다. 아무리 뒤져도 나오지 않더니 세탁기 안에 반쯤 젖은 양말이 보였다. 축축한 양말인데도 그것을 신어야 한다고 고집을 부려, 실랑이를 벌이다 내가 지고 말았다. 날씨가 추운데 참 속이 상했다. 손자는 태권도장에 가기 싫다는 심정을 그렇게 나타낸 것인지도 모른다. 손자도 마음에 내키지도 않는 일을 해야 하는 나이가 되어 버렸나 보다. 친구를 만나고 돌아온 제 어미가 "너희들 한 번만 더 할머니 속을 썩이면 한국에 안 데려올 거야." 하며 큰 눈을 부릅떴다. 그 후 손자들은 고분고분해졌다.

손자들과 씨름하듯 사는 요즘 우리는 살맛이 난다. 새 생명이 약동하듯 생기가 넘친다. 나는 그들을 더욱 꼭 껴안는다. 비단결 같은 보드라운 볼이 내 주름진 얼굴에 활력을 준다. 그 천진한 눈망울이 너무 맑고 곱다. 손자들은 뉴질랜드에서 나고 자랐지만 한국말을 제법 잘한다. 토요일에는 한국어학당에서 한글을 배우기 때문이란다.

두 형제가 잘 어울려 놀다가 무엇에 토라졌는지 심하게 다툰다. 그럴 땐 영어가 막 튀어나온다. 영어가 손자들에게는 모국어이니까. 영어로 다투는 모습이 신기하다. 나도 모르는 웃음이 절로 나온다.

막상 손자들을 떠나보낸다 생각하니 마음 한구석에 구멍이 뻥 뚫리는 것 같다. 두어 달이 눈 깜짝할 사이 지나가다니 꿈인 듯 아쉽다. 일이 손에 안 잡히고 걸레도 집었다 놓았다 한다. 자꾸만 눈물이 날 것 같다. 떠나기 전날 밤 큰손자는 “나는 한국이 좋은데. 할머니 할아버지가 있어서 좋은데.” 하면서 훌쩍였다. 친가 외가를 드나들면서 듬뿍 사랑을 받았기에 떠나려 하니 서운한 모양이다. 벌써 열 살이니 철이 들었고 정을 아는 나이가 된 것이다. 송별식을 한다고 식사하러 가는 차 안에서 제 이종 누이가 둘째에게 “태현아, 뉴질랜드 가면 한국 기억하겠니?” 했더니 “너무 많이 기억하면 어지러워요. 그러면 불편해요.”라고 했다. 어린이 치고는 뜻밖의 표현이었다. 우리는 “와!” 손뼉을 치며 칭찬을 했다.

아이들을 태운 공항버스가 저 멀리 사라지고 집으로 돌아오니 참았던 눈물이 소리 없이 흘러내렸다. 남편도 눈시울이 벌게졌다. 군데군데 그들의 흔적이 쓸쓸히 나뒹군다. 작은 공과 딱총이 굴러다닌다. 침을 바르며 쓴 산수 공책이 바람에 나부낀다. 그것들을 볼 때마다 손자들 모습이 눈에 밟힌다. 손자들을 마음껏 사랑하고 작은 헌신의 기쁨을 누렸던 짧은 기간이 참으로 행복했다. 떠난 지 며칠이 안 되었는데 벌써 보고 싶다. 14명으로 불어난 가족사진을 머리맡에 두고 사진 속 할머니 할아버지가 너희들을 위해 늘 기도하고 있음을 잊지 말았으면 한다. 뉴질랜드 두 외손자가 떠나간 우리 집은 적막강산이다. 이제 우리 부부는 그 적막을 받아들이며 가슴 속에 새소리를 담고 일상으로 돌아가리라.

집에 가자

굳게 닫힌 대문, 봄이 온 친정집 마당에는 잡초들만 제 멋대로 자란 채 적막하다. 함께 앉았던 들마루엔 하르르 봄꽃이 찾아와 봄소식을 알리건만, 따사한 봄 눈부신 햇살 한 오라기라도 반겨줄 주인은 없다. 토담 옆 느티나무 무성한 나뭇잎들은 기름을 칠한 것같이 반들거리고 새들은 지붕 위로 오르내린다. 주인은 어디 가고 없느냐고 집안을 기웃거린다. 엄마의 돌확에는 하얀 새똥이 여기저기 묻어 있다.

내 동생이 병석에 누워 있다. 올케도 병원에서 날밤을 지새우며 무너진 성을 구축하듯 남편을 세우기 위해 온몸이 휘어진다. 삶의 낭떠러지를 만난 참담함에 가슴이 무너진다. 병상의 하루는 길고 회복의 기미는 아득하다. 예상 외로 입원기간이 길어진다.

총기 있던 눈엔 우수가 어리고 푸석한 머리카락 수척해진 모습, 평소의 당당했던 모습은 어디 갔는가. 나라 위해, 우리 농산물 지키기 위해 제네바 국제무대에서 삭발하고 머리띠 두르고 두 주먹 불끈

쥔 그 기백과 용기는 어디로 갔나. 독한 약 기운에 입맛을 잃고 우리 형제만 보면 눈물만 떨군다. 희미한 불빛, 소독 냄새가 가득한 병실에 누워 터널 속을 헤매 듯 무슨 환몽 같은 것에 시달려 애를 먹는다.

병실은 긴 동굴 속 같은 무거운 분위기, 세파에 시달렸던 격동의 시간들을 잠재우고 너 나 할 것 없이 불안한 사람들이 누워 있다. 그들 위로 무수한 사념들만 정적 속에 흐르고 있다. 주체할 수 없는 육체들, 존재의 한계를 넘어서지 못하는 그들은 얼마나 불쌍한 영혼들인가.

재활과에서 아기가 걸음마를 배우듯, 한 걸음씩 이를 악물고 삶의 힘든 무게를 이겨낸다. 형제들과 사촌 동생까지도 음식을 들고 먼 길을 오가며 무엇이라도 하나 먹이려고 정성을 다한다. 때로는 기운을 되살려야 한다는 맹렬한 결의가 일어났다가 또 주저앉기를 반복한다. 대학 동기들이 찾아온 날은 제법 생기가 있어 보였고 목소리도 힘이 실렸다. 간간이 웃음까지도 보일 정도로 의욕적이었다. 서울 지리를 모르는 고향 어르신들도 물어물어 동생을 찾아와 손을 잡고 눈가를 적신다.

어서 집으로 가자. 이 한마디가 왜 이렇게 기다려지는지. 집은 방황하다 되돌아가는 회복실이 아니던가. 겹겹이 억눌려 온 슬픔에 가족들은 가슴이 아프다. 문득 소설 〈마지막 잎새〉의 한 대목이 생각났다. 의술이 한계에 다다를 때, 중요한 것은 환자에게 투병의지를 심어주는 것이다. 아무리 비바람이 불어도 결코 떨어지지 않는 마지막 잎새가 지금 절실히 필요하다. 오직 환자에게 살 수 있다는 희망을 품어준 그 마지막 잎새. 나도 고향집 창문 위에 희망의 잎새를 그려 본다. 동생이 퇴원하고 나올 즈음 이 잎새가 자라 생명의 활기를 느낄 수 있도록 봄바람에 부탁해 본다.

황망한 세월이 흐르는 중에 어느 날 올케한테서 전화가 왔다. 조카가 병실을 지키는 동안 급한 볼 일이 있어 잠깐 집에 들렀다고 한다. "내가 없는 사이에 이것들이 저절로 자랐네요." 경황없이 바쁘고 지친 가운데지만 새싹을 그냥 늙힐 수 없어 대강 뜯어 보낸다고. 머위와 버섯, 쪽파가 담긴 상자가 도착했다. 그것을 뜯는 순간 눈물이 핑 돌았다.

버섯 강된장을 끓이고 머위 잎을 쪄서 숟가락 가득 밥을 싸 먹는다. 쌉싸롬한 머위 향기가 입 속에 감돈다. 쪽파 겉절이로 알싸한 매운 맛을 더한다. 두어 술 더 뜨는데 갑자기 가슴이 저미어온다. 동생이 그렇게 좋아했던 머위쌈이 아니던가.

딸 여섯에 아들 하나, 늦게 얻은 아들을 생명인 양 귀히 여기시던 아버지, 가문을 일으킬 큰 인물이 되라고 한 생의 희망을 동생에게 걸으셨다. 동생이 돌을 지날 무렵 친척 옥단이 등에 업혀 쌔근쌔근 잠이 들면, 따라 다니시며 고이고이 머리를 고여 가며 "얘야, 아이고개 삐뚤어질라." 그렇게 애지중지하시던 아들이었다.

《탈무드》에 "신은 우리를 다 보살필 수 없어 어머니란 존재를 보내주셨다."고 한다. 어머니 돌아가신 지 20여 년 세월, 그동안 꿈에 잘 나타나지 않던 어머니가 동생이 대구로 병원을 옮기기 하루 전날 밤, 천 근의 슬픈 무게로 내 꿈길에 다녀가셨다. 터지는 울음을 삼키느라 애타는 모습으로, 납덩이 같은 창백한 얼굴로, 애간장이 녹는 모습으로 나를 바라보셨다. 천상에서 내려다볼 수만 없어서 내 꿈길에 발 벗고 내려오신 것이다. 서로 한마디 말도 나누지 못하고 표정과 마음으로만 오갔던 그 아득한 꿈길, 엄마는 허위허위 어디로 가셨을까, 어머니가 이 세상에 존재하는 한 어떠한 고통이라도 다 해방시켜 주셨는데…….

비몽사몽간, 창밖엔 비만 내린다. 앞산 청솔은 나날이 윤기를 더해 가고, 종일 뻐꾸기 우는 내 고향, 우리 언제 돌아가려나. '어서 집에 가자.'

처음 내 집을 마련하고

나는 부유하지도 않고 가난하지도 않다. 남편이 평생 직장을 놓은 적이 없기에 순탄하게 살아왔다. 남편은 술 담배 오락으로 돈을 낭비하지 않았다. 좀 과도한 지출이 있었다면 여행비 정도라고나 할까. 남편과 나는 시골 출신이라 서울에서 문간방 월세방을 전전하면서 대학을 다녔기에 무엇보다 먼저 집을 마련해야 된다고 생각했다. 그래서 결혼하자마자 내 집을 마련하기 위해 조금씩 돈을 모았다.

목돈을 찾은 지 얼마 안 되어 시아버지께서 찾아 오셨다. 고향에 고추 농사를 지을 밭을 사자고 하셨다. 시골 동네에서는 서울에 있는 아들이 땅을 샀다고 소문이 나면 그 부모의 마음이 얼마나 기쁠까를 잘 알기에 남편은 그 간절한 청을 거절할 수 없었다. 나는 무척 속이 상했지만 부모님 앞에서는 반대를 할 수 없었다. 혼자서 며칠간 속앓이를 하는 동안 그 돈은 고추밭 대금으로 지불되었다.

시부모님께서 서울로 이사 온 아들집을 처음 찾아오셨다. 우리는 부모님을 모시고 남산을 올랐다. 서울 장안 수백만 호 집들이 한눈에 내려다보였다. 너무 많은 집들이 파도처럼 밀려와 멀미를 느낄 정도였다.

한참 서울 장안을 내려다보던 우리들은 잠시 벤치에 앉아 쉬고 있었다. 남편은 뜬금없이 무거운 입을 열었다. “이렇게 많은 집 가운데도 우리 집은 없네.” 잠시 침묵이 흘렀다. 부모님의 얼굴을 훔쳐보니 어두운 기색이 역력했다. 나도 하고 싶은 말을 억지로 참고 있었다. 그 돈이 있으면 변두리 어디에 조그마한 내 집을 마련할 수 있을 터인데 하는 아쉬움이 있었다.

그 후 황당한 일이 생겼다. 우리가 전세로 들어간 그 집은 왕십리 어느 막다른 골목이었다. 밤이 되자 대문 밖에는 큰 황소가 어슬렁거렸다. 나중에 알고 보니 그 집은 밀도살 집이었다. 나는 어렸을 때 간간이 동네서 돼지 멱 따는 소리에 놀란 적도 있었고 아버지께서 손수 닭 목을 비트는 것도 보았다. 그런데 서울 바닥 가정집에서 소를 잡는 것은 꿈에도 생각지 못했다.

모두가 잠든 한밤중 ‘쿵’ 하는 소리에 방구들이 울리고 창문도 드르르 떨렸다. 우리 방은 주인집 부엌 뒤편에 있었기에 앞마당에서 벌어지는 진풍경을 그대로 실감하지는 못했다. 문제는 우리를 따라온 친척 아가씨였다. 그의 방은 문만 열면 바로 앞마당이었다. 소를 잡는 날은 문고리를 붙들고 한잠도 잘 수 없다고 했다. 큰 소가 쓰러지면 그 소리에 놀라고 칼을 들고 덤벼드는 칼잡이의 모습에 온몸이 떨려 오금을 펼 수 없다고 했다. 아침에 나가 보면 마당은 물대포를 맞은 듯 깨끗이 씻겨 있었지만 비릿한 냄새에 구역질이 났다.

도저히 참을 수가 없어 복덕방에 가서 항의를 했다. 주인 아주머니께 이사를 가야겠다고 했더니 내 손을 꽉 잡으며 하소연을 했다. “아저씨가 건강이 안 좋아 벌이를 못해서 먹고 살기 위해 이 일을 하게 되었다.”면서 울상이 되었다. 그렇다고 그 사정을 들어 줄 수는 없었다.

이제는 집을 사야겠다는 절박함을 느꼈다. 부모님께는 죄송하지만 그 고추밭을 다시 팔기로 했다. 집을 보러 다녔다. 가진 돈에 비해서 집값은 터무니없이 비쌌다. 일주일이 지나도 잡히는 건 없었다. 근 보름을 돌아다녀도 그 돈으로는 살 집이 없었다. 밀리고 밀려서 서울 가장 변두리 동쪽으로 가 보았다. 신개발지에 새 단독 주택이 여러 채 있었다. 방 한 칸을 세를 주면 그럭저럭 집을 살 수 있을 것 같았다.

남편과 나는 생각이 달랐다. 남편은 집은 허술해도 터가 있어야 된다고 주장했다. 나는 터는 좁아도 깨끗한 집을 좋아했다. 친정집이 시골이었지만 깨끗하고 좋았다. 나는 집을 보러 다닐 때마다 친정집을 떠올리곤 했다. 결국 나의 원대로 채송화 한 포기 심을 공간도 없는 새 집을 사기로 했다.

겨우 이삿짐을 풀고 짐 정리를 마무리할 즈음, 그해 여름 서울에 대형 물난리가 났다. 아닌 밤중에 억수처럼 퍼붓는 장대비에, 지붕에서 쏟아지는 흙탕물을 감당할 수가 없었다. 여러 개 양동이로 물을 받아내느라 꼬박 밤을 새웠다. 물에 젖은 가재도구들이 치랑 맞기 그지없었다. 아끼던 책들도, 윗목에 개켜 놓은 아이들 옷가지도 너저분한 걸레처럼 나뒹굴었다.

날이 밝자 마루 밑 연탄 광에는 물이 찰랑찰랑했다. 그 이튿날 조간신문에는 '신 개발지 주택 부실 공사'란 기사가 대문짝만하게 실렸다. 새집을 고집하던 나는 할 말을 잃고 말았다. 내 집 마련을 한 기쁨도 잠시 며칠 간 뒷수습에 정신이 없었다. 홍수의 상처는 나를 힘들게 했다.

그 후 대대적인 복구공사를 했다. 그리고 난생처음 남편의 이름 석 자가 버젓이 대문에 걸렸다. 비록 좁은 공간이었지만 아이들의 웃음소리가 끊이지 않는 우리 집은 행복했다. 내 집은 분명 내 집인가 보다. 가슴이 뿌듯했다.

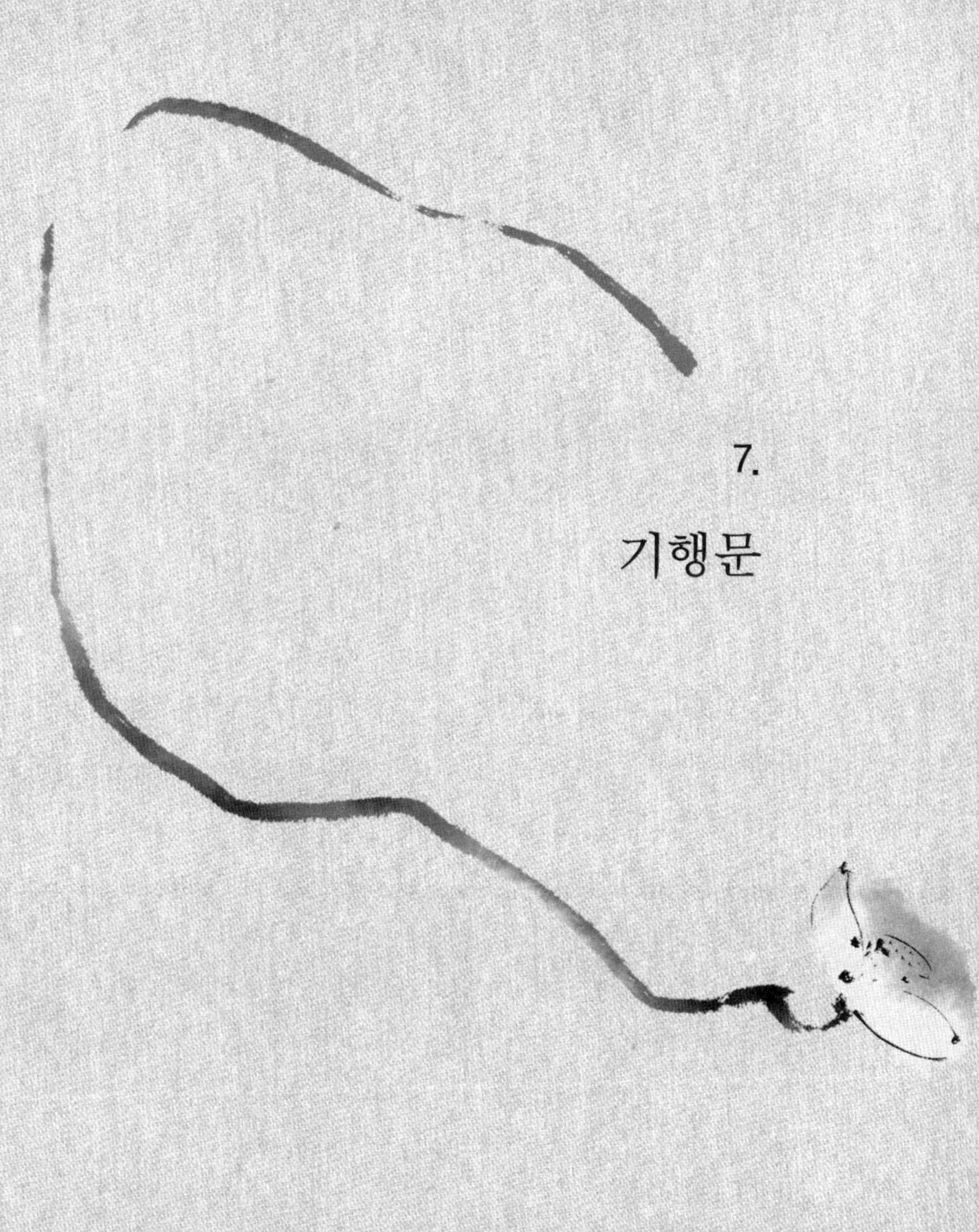

7.

기행문

꿈꾸는 겨울의 제주도

오랜만에 갖는 교직원 소풍이 있는 겨울방학은 어느 때보다 기다려졌다. 배낭 속에 겨울을 가득 담고 우리는 제주도로 떠났다. 제주공항 19게이트. “국경의 긴 터널을 빠져 나오자 설국이었다.” 소설 〈설국〉의 첫 문장처럼 제주의 아침은 눈으로 시작되었다. 우리는 일정대로 버스에 올랐다. 한라산 등반, 설설 기면서 가는 버스가 한라산 입구에 닿았을 때는 신발이 눈 속에 푹 빠질 정도였다. 잠시의 망설임을 뒤로한 채 가는 데까지 가보기로 했다. 산 중턱까지의 목표를 향하여 연세 많은 교장 선생님께서 우리 일행을 제치고 앞장서 가시니 조용히 따를 수밖에 없었다. 젊은 남교사들을 앞세우고 우리는 제일 꼴찌로 앞 대열을 따라 조심조심 올라갔다. 가만히 서서 눈 덮인 고요한 설경을 바라보니 ‘백지의 숲’이란 이런 것이구나 싶었다. 순백의 설원은 안데르센의 동화를 떠올리게 한다. 조금 더 올라가니 마른 나뭇가지에 어느녓 상고대가 영롱하다. 딱딱한 가지에 봄꽃의 때 이른 소망이 겨울 속에 투영된 모습인 양 눈부시다. 눈발이 잠시 비켜간 마른 풀 더미 속에 이름 모를 빨간 열매가 톡톡 튕겨 오른다. 투명한 결정체, 반지 위에 올려 미인의 손가락에 끼워도 전혀 손색 없을 보석이다. 지금 내 손가락엔 구리반지 하나 없지만 그래도 내가 여자인데, 어찌 아름다운 보석에 대한 충동이 없으랴.

모두가 즐거운 표정이다. 눈 내리는 소리가 사르락사르락 들린다. 주위는 성스럽고 경건하다. 나무와 사람이 구별이 없다. 모두 눈이 된다. 모든 피조물이 다 눈 내리는 소리에 귀 기울이고 있다. 나는 눈을 통해 나무가 되어 자연이 전하는 소리를 듣는다. 만물 사이의 빈 공간을 채우며 내리는 눈은 모두에게 태곳적 즐거움을 전해준다. 눈을 맞을 때 그 차갑고 알싸한 맛, 이건 정말 더 없는 기쁨이다. 선생님들은 미지의 땅을 처음으로 탐험하는 듯 용기백배다.

세상에서 서로 미워하고 아옹다옹했던 일들, 학생들 버릇없다고 버럭 화를 내며 불을 뿜었던 일들, 자기 반 성적이 전 학년 최하위라고 단체로 벌을 주었던 일, 이런 상념들이 스쳐간다. 교사는 학생들에게 많은 영향을 미친다. 더구나 감수성이 예민한 사춘기 시절은 교사의 모든 것이 있는 그대로 아이들에게 흡수된다. 그러니 이 고요하고 순결한 마음을 일상으로 옮겨야겠다. 이 순백의 눈꽃이 만발한 세상에 나의 발자국도 깨끗해야겠다.

여행은 나이 든 나를 철부지 소녀 시절로 데려간다. 모든 것이 흥겹다. 미끄러지고 넘어져도 웃음뿐이다. 우리에서 갓 해방된 방목한 양떼들의 자유가 이러했을까. 학생들을 데리고 수학여행을 왔을 때는 제주의 평화가 눈에 들어오지 않았었다. 책임이 속박을 불러 와

서일까. 책임이 없는 이 달콤함, 실로 오래간만에 맛보는 시원함이다.

앞서 가던 다른 팀들은 눈꽃 트래킹 코스로 접어들었다. 저 멀리 눈발로 무장한 한라산이 우리들에게 오라고 손짓하는 듯했지만, 양같이 순한 눈이 폭군이 되어 자꾸만 허벅지를 누르며 못 오르게 한다. 우리는 하산하기로 했다. 더 이상 욕심 내지 말자. 얼마나 올라갔느냐가 산행의 가치를 결정하는 것은 아니다. 우리의 인생은 어떠한 마음으로 누구와 함께 있느냐가 중요하지 않을까. 눈 덮인 산길에 남겨진 발자국이 타이르듯 말해준다. 정신없이 달려온 내 삶의 발자국을 뒤돌아본다. 그때 그랬으면 좋았을 것을, 그것을 했더라면 어떻게 되었을까. 일렁이는 눈바람을 맞으며 끝없는 공상이 이어졌다. '찍~' 급정거하는 버스 소리에 눈을 떠 보니 어느새 바닷가에 와 있다.

눈은 바다에서는 물이 되었다. 눈을 머금은 제주의 물빛은 아름답기 그지없다. 바윗돌을 때리며 잠시도 가만히 있지 않고 몸부림치는 파도, 저 '시퍼런 몸부림'에 몸살이 나지 않을까 걱정이다. 구멍 숭숭 뚫린 현무암에 눈길이 간다. 무슨 사연이 저리 간절해서 뚫린 가슴일까. 현무암의 저린 가슴처럼 내 몸에 찬바람이 확 스쳐간다. 한기가 몰려온다. 이럴 때 뜨끈한 어죽 한 그릇이 생각난다. 발이 시린 작은 새 한 마리, 버거운 날갯짓으로 망망대해를 날아간다.

해변 가 바람을 피해 쪼그리고 앉은 할머니들, 골골이 주름 잡힌 얼굴, 거친 손마디, 걸걸한 목소리가 애처롭다. 그 함지박 옆에 '자연산 미역'이라는 팻말이 붙어 있다. 언젠가 TV에서 본 미역 채취 장면이 생각났다. 수십 길 파도 더미가 솟구쳤다 잠시 물러간 사이 그 틈을 타서 조그만 배에 달린 밧줄에 몸을 감고 바다에 뛰어든 늙은 아비. 파도와 숨바꼭질 하듯 절벽에서 낫으로 베어 건져 낚아챈 미역 한 다발, 목숨과 맞바꾸는 기막힌 장면이 떠올라 손에 땀을 쥐게 한다. '갯가의 삶은 모질다.' 팔리지 않는 미역 다발이 눈앞에 어른거린다.

할머니들의 수십 년 세월이 저 바다에 잠겨 있을 테지. 목숨 걸고 따온 전복과 소라, 크고 거칠거칠한 홍합 이것들을 내다 팔아 자식 먹이고 공부시키느라 한생이 다 갔지.

'섬에 사는 건 절반이 기다림이라고, 손님을 기다리고 자식을 기다리고 늘 기다림으로 사는 섬사람들.' 나는 그들의 겉모습만 보고 감정을 낭비하고 있지만 그들에게도 그들만의 삶의 보람이 있을 것이다.

제주의 저녁 바다는 붉은 치마폭에 지는 해를 담고 느긋하다.

남도의 가을

모처럼의 가을 나들이다. 우리는 문경여고 1회 졸업생. 여덟 명의 단짝 친구들과 2박 3일로 단풍구경을 간다. 60을 갓 넘긴 나이인데도 마음은 아직 청춘이다. 무슨 해외여행이라도 가듯 며칠 전부터 집안 단속에 허둥거렸다. 오늘은 들뜨고 다소 설레는 마음으로 훌쩍 집을 나선다. 아침 8시에 모여 고창 행 버스에 몸을 싣는다. 달리는 차창 밖으로 밝은 햇살이 퍼져 나가고 그 무성하던 나무들은 미처 다 떨구지 못한 분신들을 붙잡고 물러가는 가을을 아쉬워하고 있다.

얼마쯤 가다가 박장대소할 일이 생겼다. '랑'이라는 친구가 신발을 짝짝이로 신고 온 것이다. 한 짝은 검정색으로 좀 넉넉한데 다른 짝은 갈색으로 좀 작다. 어찌나 웃었던지 눈물이 다 나올 지경이다. 정말 오랜만에 실컷 웃어 보았다. 웃으면 건강에 좋다니 그나마 다행이다. 추수가 끝난 들판이라 조금은 황량하다. 황금빛으로 출렁이던 들녘은 풍성해서 좋고 빈 들판은 속이 시원해서 좋다. 밭두렁엔 무 잎이 청청하다. 묶어 놓은 배추 포기는 속이 꽉 찼다. 시름 많은 농촌 살림도 배추 속같이 꽉 찼으면 좋겠다. 산모롱이 돌아서면 나지막한 집들이 옹기종기 정답다. 유난히 장독대가 많은 집이 보인다. 아침 저녁으로 깨끗한 물수건으로 장독대를 반들반들하게 닦아 놓으시던 어머니의 흰 앞치마자락이 펄럭인다. 장맛 좋기로 소문난 우리 집. 그 장독대엔 어머니의 한 많은 생애가 어려 있으리라.

첫 방문지는 고창의 선운사다. 동백 숲이 병풍처럼 울창하게 둘러쳐 있다. 여기에 붉은 동백꽃이 흐드러지게 피어오른다면 선경이 따로 없을 것이다. 그 얼마나 황홀할까! 개울물을 따라 단풍 길을 걷노라니 어디서 방울새 소리가 영롱하다. 발에 닿을 듯 스쳐가는 깨끗한 물소리는, 11월의 바람과 함께 때 묻은 내 마음을 말끔히 씻어 준다. 방금 떨어진 나뭇잎 하나가 작은 종이배처럼 물결 따라 빨갛게 수를 놓는다. 피라미 한 마리도 동무가 되어 빠르게 꼬리를 친다. 저마다 일상에서 벗어난 해방감에 도취하여 날아갈 기분이다. 이튿날 해수탕을 즐긴 것도 빼놓을 수 없는 여행의 재미다. 탄력 잃은 몸매도 아랑곳없이 모두들 시끌벅적 야단이다.

점심때는 '모양성터'를 찾아갔다. 그리 높지 않은 성 둘레에 노송들이 독야청청 푸르다. 갈대밭에는 유난히 맑은 가을 햇살이 눈부시다. 황순원의 〈소나기〉에 나오는 한 장면 그대로다. 스스로 취하여 열정을 쏟던 그 신나던 국어 수업 시간, 소녀의 죽음의 마지막 장면을 애통해 하면서 눈물을 떨구던 순수한 학생들의 얼굴이 지금도 눈에 아른거린다.

변산반도, 오늘 따라 배 한 척 없다. 굽이치는 파도가 채석강의 바위를 후려치고 솟구치며 흰 거품을 토해 낸다. 택시로 내변산의 절경을 드라이브하는데, "와!" 일제히 함성을 지른다. 푸른 바다와 단풍진 산자락이 한데 어우러져 절묘한 장관을 연출함에랴! 미국의 그랜드 캐니언이나 캐나다의 로키산맥을 보노라면 왜 우리 것은 이렇게 작은가? 왜 우리 것은 장엄하고 웅장하지 못할까 하는 아쉬움이 있었다. 그러나 그것들은 너무나 장엄해서 보는 이를 압도한다. 기가 약한 사람은 그 기운에 짓눌려 맥을 못 춘다. 오늘 이 아름다운 산하를 보라! 그 누가 시드니 나폴리를 아름답다 했는가?

마지막 일정으로 내소사 백양사를 찾았다. 내소사는 아늑하다. 온 산이 치마폭을 휘두른 듯 빨갛고 노란 단풍의 향연이 절정이다. 이 단풍의 바다에 내 몸을 던지고 싶은 충동에 잠시 눈앞이 아찔하다. 대롱대롱 빨갛게 매달린 산감들이 어찌나 풍성하고 아름다운지 탄성이 절로 나온다. 백양사를 찾았을 때는 비마저 흩뿌려 스산한데도 여행객들의 얼굴엔 행복이 넘친다. 산허리를 감고 도는 운무가 잠시 벗겨지는가 하더니 홀연히 나타난 기암절벽의 웅혼함과 고색창연한 백양사의 모습이 천년의 신비를 머금은 채 나그네의 눈길을 사로잡는다. 내소사를 곱게 단장한 신부에 비긴다면 백양사는 잘생긴 백마 탄 기사의 모습이라고나 할까!

민박집에서 노란 배추쌈과 감칠맛 나는 젓갈에 배를 불리고 손자 자랑하면 벌금을 물린대도 끝없는 손자 자랑에 배꼽을 빼고 코고는 소리에 밤잠을 설쳤어도 우리는 마냥 행복한 여고 농장생! 이렇게 남도의 가을은 멋지게 깊어만 간다. 단풍의 바다에 흠씬 젖은 이번 가을 나들이, 우리는 참으로 행복했다. 익어가는 가을과 같이 우리의 우정도 나날이 두텁고 살뜰해졌으면 좋겠다. 아! 이 아름다운 자연만큼이나 우리도 아름답고 순수하고 겸손해지고 싶다.

2013《문학예술》지 등단 작품

부산에 가다

오래전 KTX 이야기다. 전국이 1일 생활권이라고 떠들썩했다. 모두들 앞다투어 부산행이었다. 대학동기 10여 명도 어렵게 뜻을 모아 1박 2일로 부산 나들이를 했다. 서울역 7시 출발. 약속 시간보다 다 일찍 모였다. 새벽에 나오느라 힘들었을 터인데 마치 수학여행을 떠나는 여고생들처럼 들떠 있었다. 여행은 낯선 곳에 대한 설렘으로 시작된다.

KTX는 겉보기도 멋지고 차 안도 쾌적하다. '우리나라가 이렇게 발전했구나!' 하는 뿌듯한 자부심을 느낀다. 기차는 빠르게 서울을 벗어나고 있다. 가끔씩 덜커덩덜커덩하는 쇠바퀴 소리가 들릴 뿐 실내는 조용하다. 모든 여행에는 반드시 종착역이 있다. 그곳을 향하여 빠르게 달리고 있는 기차 안에서 우리 인생도 이와 같다는 생각을 했다. 기차 안에 머무는 시간이 허여되어 있을 뿐이다. 나는 과연 종착역이 오기 전에 무엇을 얼마나 최선을 다하며 살아가고 있는 것인가? 모두 눈을 감고 명상에 잠겨 있다.

어느새 부산역. 서울역 못지않게 산뜻하다. 개찰구를 빠져나가는 사람들의 발걸음은 어지러운 물살처럼 바쁘게 흐른다. 밖으로 나가니 시에서 운행하는 봉고차가 우리를 기다리고 있다. 자갈치 시장 2층 횟집에서 점심 예약이 되어 있다. 시장 골목으로 들어서니 찝찔하고 비릿한 바다 냄새. 부산의 왁자한 사투리가 매력적이다. 자갈치 아지매는 소박하면서도 거친 말에 애교가 넘친다.

그 나라의 과거를 알려면 박물관에 가 보고, 미래를 알려면 대학 도서관에, 현재를 알려면 시장에 가보라는 말이 있다. 시장은 그 시대를 살고 있는 사람들의 삶을 그대로 드러낸다. 그 시대의 삶을 오감으로 만날 수 있는 곳이다.

시장 안으로 들어선다. 바다를 통째로 옮겨 놓은 듯 사방 물고기 천지다. 연신 비늘을 번뜩이며 꼬리를 치고 뛰어오른다. 아직도 바다가 그리운 모양이다.

어깨가 떡 벌어진 남정네가 앞치마를 두르고 뜰채를 들고 분주하다. 민어와 광어를 건져 올린다. 덤으로 새우 홍합 바지락을 한 소쿠리 준다고 너스레를 떤다. 그 구수한 입담에 넘어 가 쉽게 낙찰을 봤다. 내륙지방 농촌에서 자란 나는 어릴 때 생선다운 생선을 본 적이 없다. 어쩌다 장날이면 아버지 손에 들린, 새끼줄에 묶인 찌든 고등어 자반이 고작이었다. 그러나 그날 저녁 우리 집 밥상에는 활기가 돌았다. 고춧가루를 듬뿍 친 고등어찌개는 어른들의 잃었던 밥맛을 되찾아 주었다. 머리를 맞댄 형제들의 이마엔 송글송글 땀까지 배어 있다.

친구의 재촉에 나는 2층 횟집으로 급히 올라갔다. 이미 삼삼오오 모여 앉아 이야기의 꽃을 피우고 있다. 우리는 큰 상에 둘러앉아 상추와 깻잎에 회를 듬뿍 얹어 입이 비좁도록 먹는다. 쫄깃쫄깃하고 오돌오돌 씹히는 회 맛은 우리의 미각을 자극했다. 나른한 몸에 생기가 돈다. 어디서 항구를 떠나는 뱃고동 소리, 그것은 언제나 가슴 저린 이별의 소리다.

저녁엔 광안대교, 바다 위에 떠있는 길고 멋진 다리다. 현란한 불빛의 춤이 묘한 색칠을 덧입히며 밤바다를 유혹한다. 해운대의 불빛은 뉴욕의 마천루를 연상케 하는 또 다른 명물이다. 몇 년 전에 와 본 부산과는 아주 딴판이다. 고층 아파트에서 새어나온 불빛이 해운대의 밤바다를 건드리며 환상에 젖게 한다. 이제 부산은 갈매기 우는 낭만의 부산만은 아니다. 부산의 발전상이 실감난다.

이튿날은 거가대교 드라이브다. 섬과 육지를 이어주는 만남의 다리는 웅장하고 아름답다. 만남에서 역사는 이루어진다. 사람과 사람이, 정과 정이 만나는 다리. 탁 트인 바다 위로 배 한 척이 유유히 떠간다. 저 바다는 남해를 넘어 태평양까지 닿아 있겠지. 잠시 살았던 미국 서부 태평양 바다가 생각난다. "언제나 가슴을 열어/ 함께 눕자 하네.// 빈 배 되어/ 하늘을 태우자 하네." 나는 이런 바다가 좋다.

마지막 일정으로 UN묘지를 찾았을 때는 오후 3시경이었다. UN참전 기념비 앞에 서니 저절로 마음이 숙연해진다. 이곳은 세계 16개국의 젊은 용사들이 6·25 때 자유와 정의를 위해 목숨을 바친

2,300여 명의 넋을 고이 모신 곳이다. 5월의 눈부신 태양이 묘지의 우울함을 어루만지듯 내리붓고 있다. 때 맞게 핀 붉은 장미들이 살랑살랑 고개를 흔든다. 가위손이 닿은 나무들이 묘지 사이사이에서 예술가의 작품같이 정교하다. 맑고 깨끗한 도랑물이 졸졸거리며 영령들에게 말을 건네고 있다. 묘지라기보다는 아름다운 공원을 방불케 한다. 꽃다운 나이에 낯선 이국땅에서 목숨을 바친 그들이 내 마음에 밟힌다. 묘지를 떠나면서 이제 우리나라도 받은 은혜를 갚을 때가 되지 않았나 하는 생각이 든다.

낭만과 멋을 기대하고 떠난 부산 나들이는 자갈치시장의 치열한 삶의 모습으로 다가왔다. 가는 곳마다 새롭게 발전하는 부산의 모습이 활기차다. 팽팽한 청춘에 만나 주름살이 깊어질 때까지 함께한 친구들이 눈물겹도록 소중하다. '돌아오는 장엄한 파도 소리와 돌아가는 허전한 물결 소리'를 두고 우리는 서울로 간다.

새재를 걷다

충북 괴산 쪽에서 경상북도로 넘어가는 고갯길. 제3관문에서 제1관문으로 새재 내리막길을 걷기로 했다. 눈 돌릴 사이도 없이 시원하게 쏟아져내리는 수옥폭포. 초록의 밀림을 뚫고 아득한 낭떠러지로 기세 좋게 떨어진다. 마치 은빛 비단 폭이 내리치듯 눈부셨다.

왜 새재일까? 새도 넘기 어려운 고개여서 붙여진 이름이라 한다. 새재, 조령산 바깥 길은 가파르고 위태롭다. 이 산을 넘어 서울로 다녔던 완행버스는 열 시간 남짓하여 서울에 닿았었다. 내가 대학 입학시험을 보러 갈 때 이 버스를 탔다. 차창 밖으로 아래를 내려다보니 현기증이 날 정도로 아슬아슬했다. 버스는 이 험준한 산굽이를 돌고 돌아 숨을 죽이며 사람과 물류를 실어 날랐다. 지금은 굴이 뚫려 두 시간 반이면 문경에 도착한다.

조령산에는 물박달나무가 많다. 재질은 단단하나 가지가 가늘어서 쓸모가 적다. 우리의 민요에도 "문경 새재 눌박날나무/ 홍두깨 빙빙이로 다 나간다."라 하지 않던가. 봉화 마을 금강송은 경복궁을 짓는데 쓰였다는데, 물박달나무는 고작 연장 자루로 쓰일 뿐이라 한다. 그런들 어떠랴, 타고난 대로 쓰임을 받는 거지!

그날은 조령산 안쪽 길, 내리막길이라 보다 더 여유가 있었다. 풍경을 볼 수 있어 좋았다. 친구들과 신발을 벗어 들고 푹신한 흙을 밟았다. 흙은 곤두선 내 마음을 포근하게 했다. 수백 년을 걸어간 사람들의 발자국으로 발밑에 놓인 돌들은 닳아서 반질반질했다. 그 돌 위에 내 두 발을 포갰다. 돌의 감촉에 선인들의 발자취가 느껴졌다. 새재는 소백산 줄기다. 산은 높고 골은 깊다. 포개 앉은 크고 작은 능선마다 외로운 산울림이 가득하고 실낱 같은 길은 저만치 숨어있다. 빽빽이 들어찬 활엽수들이 나를 푸른빛으로 물들일 기세다. 막무가내로 내쏟는 초록빛으로 숨이 막힌다. 이렇게 험한 길을 누가 뚫었을까, 언제쯤일까?

조선 시대에 전국에서 한양에 닿는 가장 가까운 아홉 길을 개통했다 한다. 이 새재 길은 부산에서 한양까지 380km로 영남대로라 불렀다. 걸어서 보름만에 한양에 닿았다 하니, 지금의 삶의 속도를 생각하면 참 아득하기만 하다. 나는 자동차와 문명이 통제된 이 오솔길과 함께 이 길을 걸었던 선조들에게 감사한다.

이 길을 따라 과거 보러 가는 선비도, 생계유지를 위한 보부상도, 출장을 가는 지방공무원들도 있었을 것이다. 고개 중간쯤에 '책바위'가 우뚝 서있다. 선비들은 표표히 서 있는 책 바위를 향해 급제를 빌었을 것이다.

내가 어렸을 때 외가에 가면 외할아버지께서 "동래 정씨 가문에는 많은 정승을 배출했다."며 그 업적을 기리는 말씀을 자주 하셨다. "양반은 죽어도 곁불을 쬐지 않는다."고 철부지였던 나는 알아들을 수도 없는 말씀을 하시곤 했다. 외할머니 푸념 속에서 나는 할아버지의 생활사를 어렴풋이 유추해 볼 수 있었다. 할아버지께서는 가난에 찌들면서도 집안 살림은 돌아보지 않고 책만 끼고 지내셨던 것 같다.

할머니께서는 그 동네 진사 댁 자제분에게 퉁퉁 불린 젖을 다 빨리고 집으로 돌아오면 같은 아기였던 외삼촌에게는 빈 젖만 물렸다고 하셨다. 그래서 외삼촌은 젖배를 곯아 살이 없고 삐쩍 말랐다고 눈물 바람을 날리셨던 기억이 떠오른다.

험한 세월이 지나는 동안에도 홀로 울어 예는 물소리와 함께 걷다 보면 제2관문이다. 우리는 맨땅에 털썩 주저앉았다. 저 심원한 땅속 어디에서부터 흘러내린 물일까? 도랑물이 졸졸거리며 끊임없이 산책 길 따라 흐른다. 그 맑은 물에 발을 담그니 금방 발이 시릴 정도로 차갑다.

간식을 나누며 한참을 쉬었다. 걸어왔던 거리만큼 몸은 노곤하게 풀렸다. 모두들 깊은 상념에 잠긴 듯했다. 그때 느닷없이 역사를 전공한 한 친구가 퀴즈를 냈다. "이 새재 길로 어깨춤을 추며 지나간 사람은 누구게?" 우리는 친구의 뜬금없는 물음에 그의 입만 쳐다볼 뿐이었다. 힌트 한 가지, "역사를 돌아보라고, 끔찍한 전쟁 임진란 말이야." 나는 일본 적장의 이름 '고니시 유키나가'를 기억해 냈다. 고등학교 국사 선생님의 침 튀기는 울분이 흑백 필름으로 돌아가고 있었다.

1592년 4월 26일 임진란이 발발했다. 그 적장이 2만여 명의 일본 육군 부대를 이끌고 새재 고개를 무사통과했다. 조선 병사 한 명도 없다는 척후병의 보고를 재차 받은 왜군들은 하늘이 도왔다며 춤을 추며 이 고개를 넘었다고 한다. 나라는 풍전등화의 위기에 처했다.

우리들은 어두운 역사를 벗어나기라도 하듯 바지의 흙을 툭툭 털며 일어나 다시 걸었다. 제1관문에 가까이 오니 여러 골짜기 물들이 한데 모여 수심이 꽤 깊었다. 산 그림자가 맑은 물에 내려 앉아 물빛이 검었다.

우리의 삶은 우리에게 달리라고 하지만 달리면서는 풍경들을 볼 수 없다. 걷는다는 것은 달리기와 같지 않아 속도를 요구하지 않는다. 걷다 보면 세상의 '무늬와 질감'을 전혀 다르게 느껴볼 수 있다.

내 나이 같은 내리막길을 걸으면서 길이 주는 사색과 안정감, 일말의 환희에 마음은 가벼워진다. 저만치 노을에 불타는 주흘산, 발길이 바빠진다.

서해로 달려갔다

1999년이 마지막 가는 날, 밀레니엄의 새 천년이 펼쳐진다고 아우성이던 그날처럼 우리 형제들은 한 해의 끝자락을 붙잡고 섣달 그믐날 홀연 서해로 달려갔다. 모두들 새해 해맞이로 정동진을 향했는데 우리들은 반대로 '정서진'으로 뭉쳤다. 밤잠을 설쳐가며 장사진을 이루는 사람들을 보며 나는 이런 생각을 했다. 섣달 그믐날 뜨는 해와 정월 초하룻날 솟는 해가 늘 같은 것인데 사람들은 어찌하여 엄청난 차이를 두고 바라보는 것일까. 우리도 해 지는 곳과 뜨는 곳을 함께 볼 수 있다는 충남 당진 근처 어느 어촌에 짐을 풀었다. 세계 어느 곳이곤 해는 지고 뜨는데 굳이 새해 초하룻날 떠오르는 해를 보아야 직성이 풀리는 것은 무엇 때문일까.

어영부영 보낸 세월이 불만족스러워 새해에는 다시 야심찬 계획을 세워 보려는 의지의 탈을 쓴 아쉬움이 아닐까. 내 젊은 시절 파랑새의 꿈도 누구나처럼 쉽게 이루이지지 않았다. 언제고 마지막 날은 허탈하기 그지없었다. 어느 영화 속 주인공처럼 아름다운 과거로

"나 다시 돌아갈래."를 외치는 심정이란!

썰물이 떠나간 저 먼 공간까지 눈길이 닿는다. 나는 수많은 생명들이 깃들여 사는 갯벌을 바라보고 서 있다. 검은 진흙 위로 '실핏줄 같은 길'이 뚫려 있다. 그 고랑을 따라 검은 몸뻬를 입은 아낙네들이 조개를 싣고 숨차게 밀며 간다. 경운기가 고깃배 소리를 내며 그 길 따라 들어온다. 산소 구멍 속에서 낙지발을 꺼내 든 아낙의 싱싱한 웃음이 뻘의 분탕질 속으로 스며든다. 뻘은 먹고 사는 문제가 달린 생존의 터전이다. 고난 끝에 작은 소득을 얻는다. 조개껍데기 하나를 건졌다. 거친 파도의 무늬가 음파처럼 새겨져 있다.

염전을 둘러보았다. 옛날의 영광은 스러지고 지금은 자연 학습장으로 활용되고 있다. 소금 생산의 여러 과정을 시대별로 구분해 놓았다. 내가 어렸을 때는 토판염으로 검은 갯벌 흙이 많이 섞여 있었고 그 후 항아리 옹기 깨진 것으로 옹패 판을 만들어 채취하다가 지금은 타일 판으로 보다 깨끗한 천일염을 생산하고 있다. 뜨거운 태양 아래 자작자작 졸아 든 염전. 바람 없고 쨍쨍한 날의 소금은 짜고 굵고 향기롭고 바람 부는 날의 들뜬 소금은 쓰다고 한다. 향기로운 소금이 되기도 쉽지 않다. 소금창고는 옛날의 풍요를 그리워하며 무너진 망루같이 서해를 바라보고 있다.

지는 해를 보기 위해 작은 정자에 올랐다. 바다 밑으로 한 치 반 치 붉은 덩어리가 떨어져 내린다. 꼴깍 넘어가더니 오랜 침묵만 계속된다. 해는 붉은 노을만 하늘과 바다에 제멋대로 펼쳐 놓고 거친 파도만 수평선에 남겨둔 채, 배 한 척에 기별을 보냈다는 듯 아무 연락이 없다. 길을 나선 자에게 노을 지는 바다는 붉은 노스탤지어다. 옛 추억들이 바람결에 실려 저무는 해와 함께 꼬마전구 불빛처럼 아련하다. 셋째 동생은 사진을 찍자며 나이 순서대로 계단에 서라고 했다. "더 젊게, 더 예쁘게 웃어요." 모두들 활짝 웃으며 인증 샷을 날렸다.

때늦은 저녁 식사, 대나무 숲속 황토 마당에 깔린 조약돌이 정겹다. 잔설이 군데군데 남아 있다. 한 상 떡 벌어진 상차림은 그해 환갑을 맞은 제부가 한 턱 쏜 것이다. 광어회, 백화찜, 문어숙회, 빨간 새우, 낙지호롱이구이까지 정말 멋진 한 상이다. 맛있는 바다 향기 물씬 풍기는 식탁에서 언 몸에 따끈한 맑은 조갯국을 훌훌 마시니 웃음꽃이 만발하다.

숙소로 돌아온 우리들, 노래방도 고스톱도 거나한 술잔도 없다. 소위 형제들끼리의 문학의 밤이라고나 할까. 사회는 남동생 몫이다. 동생은 며칠 전 경북에서 유일하게 지역발전에 이바지한 공적으로 공로상을 받았다. 우리 모두들 박수를 치며 축하했다. 다음은 내 차례, 수필 낭독이었다. 시골내기 서울 상경기라고나 할까. 연탄불로 고생했던 자취생활의 한 단면이었다. 막내 여동생은 《특별한 숙제》란 동시집을 출간했다. 맑고 순수한 아이들 세계를 잘도 표현했다. 박수 연발이었다. 여기에 선친의 한시 일 수와 생전 어머니의 고리짝 속에 고이 간직했던 필사본 신소설 〈장한몽〉의 애달픈 한 대목이 어우러진다면 영락없는 가족 문학의 밤이 될 터인데 하는 아쉬운 생각도 들었다.

새해 들어 내가 보는 C 일간지에 〈모과〉라는 여동생의 동시가 실려 있었다. 나는 여기까지 발전한 동생의 시를 보는 순간 요즘 아이들 말로 '심쿵'이었다.

모과

하느님이
물었지

얼굴을 가질래?
향기를 가질래?

난
향기를
가지기로 했어

자,
맡아 봐
내 향기!

김현숙(1960~)

'시인은 일상의 당연한 일을 탐구했다.' 우리 집 우물가에 서 있던 모과나무 아래 나뒹굴어진 못생긴 모과, 그것을 깊은 사색을 통해 맑은 시선으로 이토록 간결하게 표현하다니! 외모 지상주의에 눌려 놓치고 있던 것을, 그 내면의 은은한 향기를 찾아낸 시인의 맑은 감성이 돋보인다.

왜 산에 오르는가

케이블카를 타고 대둔산 중턱에 내렸다. 산 전체가 가을빛으로 물들었다. 마치 색의 경연이라도 벌이듯 강렬한 원색들이다. 벌써 여름과의 '결별 잔치'인가. 조락을 앞둔 연습일까.

형제들의 나들이였다. 여행을 좋아하는 형제들은 철만 바뀌면 열병처럼 일탈을 즐기곤 했다. 오대산의 전나무 숲, 담양의 대나무 숲 그리고 지난해는 백두대간 협곡열차를 타기도 했다. 산이 아름다운 건 사람들의 마음을 정화시켜 주기 때문이라 한다. 그 정화된 마음으로 또 다른 사람을 정화시킬 수 있다면 이 얼마나 보람된 일일까.

다리가 아픈 언니를 보살피며 가운데 동생은 산 중턱 커피숍에 머물기로 했다. 남동생은 허리 수술 후 아직 힘이 드는데도 더 올라가자며 의욕을 보였다. 자신의 건강을 확인해 보고 싶은 눈치였다. 나는 그러한 동생에게 힘을 보태 주는 심정으로 동참하기로 했다. 도전과 용기, 이것은 엄마의 억척스런 삶의 태도를 물려받은 것인지도 모른다.

우리 앞에 빨간 철 계단이 가파르게 놓여 있다. 앞 사람의 등판을 보며 차근차근 밟아 올라갔다. 삶의 계단도 이러한 방식으로 간다면 큰 낭패는 없을 것 같다. 가쁜 숨을 몰아쉬며 올라가면 조그만 쉴 공간이 있다. 여기서 잠시 여유를 갖고 아래를 내려다본다. 단풍으로 물든 산 빛이 멋진 절경을 선사한다. 기암괴석이 온갖 치장을 한 나무숲과 멋진 조화를 이루고 있다. 화려하다 못해 가슴이 터질 듯 장쾌하다. 줄줄이 가을 시를 쓰고 있는 단풍들.

숨 가쁜 몇 번의 고비 끝에 드디어 금광 구름다리까지 왔다. 산행에 열중하다 보니 자신의 한계를 자신도 모르게 훌쩍 뛰어넘게 되었다. 이쪽 산에서 저쪽 산까지 그 엄청난 허공을 이어주는 다리. 나는 화강암에 굳게 박힌 쇠말뚝을 쳐다보았다. 그 쇠말뚝에 수십 겹의 동아줄을 얽어매어 단단하게 만든 다리다. 천길만길 낭떠러지 위에 출렁출렁 매달린 저 낭만의 다리를 나는 왜 공포의 다리로 보고 있을까. 초등학생도 씩씩하게 잘도 건너는 다리인데…….

동생이 한 발 먼저 떼어놓았다. 그 뒤 올케, 나도 지그시 눈을 감고 걸음마 연습을 했다. 온몸의 신경다발이 다 곤두서는 것 같았다. 무슨 대단한 보상이 있기에 이런 모험을 즐기려 하는가. 왜 비지땀을 흘리며 산에 오르려 하는가. 힐러리 경의 말처럼 '산이 그곳에 있기' 때문일까.

중간쯤에서 난간을 붙들고 온 산 정경을 살펴보았다. 가을이 깊긴 깊구나. 꽃보다 더 아름다운 단풍의 바다, 대둔산이 우리나라 단풍의 명소라는 것이 확실하다. 그래도 자랑 한마디 없다.

다시 다리를 되돌아올 때는 제법 당당했다. 동생의 얼굴에도 자신감이 넘쳐 보였다. 산자락을 내려오는데 올라갈 때 보이지 않던 절벽 바위에 외로이 선 소나무 한 그루가 눈에 들어왔다. 모진 비바람에 시달려 뒤틀어지고 꼬부라진 소나무는 흙이라곤 하나도 없는데 어떻게 뿌리를 박고 자양분을 빨아들일까. 저 기약 없는 고독은 또 어쩔 것인가. 밤하늘에 초롱초롱한 별들과 지나가는 새 울음소리를 벗 삼아 지낸들 근원적인 외로움을 달랠 수 있을까.

산을 오를 때처럼 우리의 인생도 크고 작은 시련을 넘겨야 한다. 그럼에도 불구하고 끝까지 올라 정상에 이르는 이유는 역경을 견딘 존재는 그만큼 더 나은 존재가 되기 때문이리라. 끝나지 않는 어둠이 없는 것처럼 끝없이 계속되는 시련도 없다. 봄부터 온갖 시련을 견뎌낸 결과, 가을의 단풍은 그 아름다움으로 존재감을 확실히 드러낸다.

고운 물감을 옷자락에 묻히며 산을 내려온다. 사진작가들은 대낮보다 저녁녘이 사진발을 더 잘 받는다고 한다. 역광이 더 선명한 효과를 낸다고. 동생과 나도 인생의 역광이 비추는 비탈길에 섰다. 그래서 더 오르고 싶은 치열함이 있었는지도 모를 일이다. 올케는 출렁다리 위에 선 남매를 연신 카메라에 담았다. 그래, 사진을 찍자. 흰 머리칼을 날리며. 공허한 소리, 혈압 올리는 소리를 그만 내자. 사랑할 것이 너무 많아 시간이 모자란다는 말을 누가 했더라? 그런 소리 듣고 싶다. 산에 올랐으니 내 마음도 좀 푸근해졌으면 좋겠다. 단풍의 바다에 누워 행복한 게으름을 피우고 싶다.

꿈만으로도 행복한 유럽 여행

1989년에 해외여행 전면 자유화의 바람을 타고 바깥 구경에 대한 갈증이 봇물 터지듯 했다. 그 틈을 타 손에 쥔 여권을 보며, 나 역시 다른 세상을 보고 싶은 호기심을 주체할 수 없었다. 우리 부부는 단체로 서유럽 6개국 여행길에 올랐다. 첫 방문지 베네치아는 셰익스피어의 대표작 〈베니스 상인〉으로만 내 머리 속에 각인되어 있었다. 눈앞에 펼쳐진 물의 도시는 단지 이국적인 것을 넘어 시기심마저 불러일으킬 정도로 낭만적이었다. 섬과 섬 사이에 수많은 말뚝을 박아 바다를 메워 만든 도시 베네치아. 앞뒷집을 가려 해도 배를 타고 가야만 하는 수상도시의 풍경은 매우 신기했다. 우리는 곤돌라에 올랐다. 키가 훤칠한 이태리 남자가 챙이 긴 모자를 쓰고 휘휘 노를 젓는다. 곤돌라는 아치형 리알토 다리 밑으로 날렵하게 미끄러지듯 흘러간다. 뱃사공은 흥에 겨웠던지 〈오 솔레 미오〉를 목청껏 불렀다. 곤돌라는 흔들린다는 뜻인데, 어감부터 낭만이 넘친다. 곤돌라의 흔들림에 바다의 달빛마저 흔들리고 젊은이들의 마음 역시 흔들려 사랑으로 무르익는다. 베네치아의 매력은 차 없는 거리, 그저 걷는 것만으로도 즐겁다. 산 마르코 광장에서 들끓는 인파 가운데 알록달록한 가면을 쓴 사람들과 두꺼운 눈썹에 백발수염을 늘어뜨리고 기분 좋게 활보하는 그들을 보는 것만도 재미있었다. 어쩌면 '인생은 아름다운 가면'을 완성하기 위해 몸부림치는 것인지도 모른다. 나도 내 가면을 벗어 던질 날이 언제쯤일까.

로마제국의 항구 도시 폼페이는 AD 79년 8월 24일 북쪽 베수비오 화산 대폭발로 순식간에 용암과 잿더미에 파묻혔다. 로마의 번영을 상징했던 화려한 귀족들의 휴양지인 이곳이 죽음의 도시가 되다니! 2만여 명의 주민이 생매장 당한 사상 초유의 대재앙이었다. 유리 전시실 안에 화석으로 남아 있는 건장한 사내, 아기를 껴안고 있는 처참한 여인의 모성애, 사랑하는 가족들이 서로 끌어안고 울부짖다 속절없이 화산재에 휩싸이고 말았을 그때의 일을 상상하니 온몸에 전율을 느꼈다. 마지막 순간에 그들은 무슨 생각을 했을까?

밖의 도로는 넓고 편편한 디딤돌이 깔린 인도와 차도로 구분되어 있다. 차도는 완전 포장에 전형적인 로마의 도로였다. 폐허의 건물들을 바라보며 '허무'와 '소멸'의 의미를 새삼 곱씹어 보았다. 군데군데 당시 목욕문화의 흔적이 남아 있는 곳을 지나는데 가이드가 청량리 쪽방이라며 가리키는 곳에 커다란 남근이 그려져 있었다. 로마인들의 성 관념의 한 단면을 엿볼 수 있었다.

돌아오는 길에 소렌토 언덕에 올라 바다를 바라보았다. 죽기 전에 꼭 가 봐야 할 50곳 중 1위에 올랐던 유명한 해안이다. 눈이 시린 지중해의 에메랄드 빛 바다, 절벽을 따라 알록달록한 동화 같은 집들, 어디선가 바람결에 〈돌아오라 쏘렌토로〉를 목청껏 뽑아내는 노래 소리가 들려오는 듯했다. 엽서 속 그림처럼 포도와 올리브가 맑은 향기를 바람에 실어 보내고 있다. 저 멀리서.

이탈리아에서 밤기차를 타고 알프스를 넘었다. 밤의 정취와 기차가 주는 흔들림은 여행객의 감흥을 돋우어 끝낼 수 없는 글에 매달리게 했다. 꽤 넓은 마당을 가진 스위스의 집들은 눈을 뒤집어쓰고 창문마다 하얀 레이스 커튼을 달고 있었다. 아침 햇살에 빛나는 지붕들은 주변 산세를 닮아 있었다. 취리히 호수는 빙하가 녹아 생긴 스위스에서 세 번째로 큰 호수다. 멀리 알프스산맥을 배경으로 가는 곳마다 출렁거리는 호수의 검푸른 물결은 나의 마음을 압도했다. 척박한 산악지역으로 둘러 싸여 겨울이 길었던 스위스는 가난했었다. 눈이라도 제대로 내리면 이웃 간의 왕래조차 힘들었다. 루이14세가 가톨릭 이외의 교파를 탄압하여서 신교도들이 이를 피해 스위스 서쪽으로 이주하였고 농사철이 아닌 겨울 동안 일을 하기 위해 시계 수리를 시작하게 되면서 스위스의 시계문화가 발달하였다 한다. 세계 최고의 시계를 만들어 낸다는 자부심이 알프스만큼 높은 '바젤'을 찾았다. 150여 년의 전통을 자랑하는 제니스(ZENITH 1865년 탄생) 시계가 정중앙에 높이 달려 있다. 수작업만으로 이런 정교한 예술품을 빚어낸다고 하니 그들의 장인정신에 경의를 표하고 싶다. 결혼선물로 시계를 준다는 것은 내 모든 시간을 당신께 드리고 싶다는 무언의 고백이 숨어 있다니 듣기만 해도 가슴 떨리는 행복이다.

호수로 뒤덮인 도시를 지나 산악 열차를 타고 해발 3,454m의 융프라우를 느릿하게 오른다. 한여름에도 만년설이 뒤덮인 웅장한 알프스의 영봉들을 바라보며 무엇에나 잘 감탄하는 나는 또 다시 감탄을 쏟아낸다. 알프스는 한국인들이 가장 사랑하는 여행 코스 중 하나이다. 흔히들 '산들의 여왕'이라고 불리는 알프스를 정복하기 위하여 스위스는 100여 년 전 알프스 중턱에 플라토 전망대를 세우고 기차를 끌어 올려 세계인을 놀라게 하고 있다. 산정 회전 카페에서 커피 한 잔을 들고 수많은 영봉들과 빙하와 계곡을 바라보노라니 숭고한 대자연 앞에 가슴이 떨린다. 여기가 정말로 유럽의 지붕이란 표현이 실감났다. 장비를 동원하지 않고 손만으로 16년 만에 7km의 터널을 뚫었다는 자랑거리는 사뭇 가슴 뭉클한 감동으로 다가온다.

내려올 때는 긴 밧줄을 잡고 눈 속을 헤치며 그야말로 낭만의 범벅이 되어 온 몸으로 알프스의 눈을 즐긴다. 서양 할아버지와 손자로 보이는 사내아이가 서로 눈을 퍼붓고 뒹굴고 하는 모습이 얼마나 정겹고 순수한지. 갑자기 집에 두고 온 아이들이 생각났다. 직장에 간다고 떼어 놓고 여행 간다고 집에 두고 아이들 생각으로 마음이 짠했다. "아이들 지금 잘 있나?" 남편은 집 생각은 잠시 접어두자고 했다. 알프스의 정기를 담은 눈바람이 내 마음을 아이들에게 전해 주었으면 좋겠다.

낭만의 베네치아, 소렌토 언덕, 웅장한 알프스의 설산, 폐허가 된 폼페이! 내 마음이 아플 때나 허전할 때 눈물겹도록 그리워하며 이것들을 껴안을 것이다.

나이아가라(Niagara Falls)여

미 동부 뉴욕 워싱턴 여행. 우리가 살고 있는 새크라멘토에서 LA로, 다시 뉴악공항으로 날아간다. 만 리 타국 낯선 공항은 언제나 불안했다. 밖으로 나오니 우리 이름을 크게 쓴 피켓을 들고 환한 웃음으로 맞아 주는 한국 가이드를 보니 비로소 마음이 안정되었다. 5인승 밴에 올라 나이아가라가 있는 버팔로 시를 향해 숨 가쁘게 달려간다.

좀처럼 만나기 힘든 나지막한 산들. 담장이 없는 예쁜 집들이 평화의 한 모습을 조용히 그려 보인다. 금방이라도 문을 열고 누군가가 튀어나와 우리를 반겨도 어색하지 않을 것 같다. 맑은 도랑물 따라 소 양떼들이 앞서거니 뒤서거니 한가롭게 풀을 뜯고 있다. 땅이 넓은 미국은 도심만 벗어나면 목가적인 풍경이 끝없이 펼쳐진다.

어느새 캐나다 쪽 버팔로 시로 접어들었다. 옛 이야기 한 자락쯤은 간직하고 있을 법한 울창한 숲이 갑작스레 끝나는 곳에, 나란히 놓인 자동차 길을 따라 넓고 긴 강이 경쟁하듯이 고요하게 흘러간다. 유리알처럼 깨끗한 수면은 마치 비단 폭을 펼쳐 놓은 것 같다. 뉴욕은 호수가 많기로 유명하다. 미국 5대호 중의 하나인 이리호수에서 흘러나온 물이 35km 흐르다가 급전직하하면서 그 이름도 유명한 나이아가라 폭포를 이룬다. 상상이 제대로 되지 않은 가운데 금강산도 식후경이라 폭포 근처 한국식당에서 늦은 저녁을 푸짐한 불고기로 맛있게 먹었다.

숨 돌릴 사이도 없이 스카이 타워에 올랐다. 사방이 탁 트인 전망대 꼭대기는 넓은 홀이었다. 밤의 나이아가라는 푸르스름한 달빛마저 은은하고 보니 황홀하고 신비했다. 거대한 물기둥들이 형형색색의 조명을 받아 떨어져 내리는 우람한 폭포. 와! 사방에서 탄성이 터져 나왔다. 폭포 밑바닥이 말발굽 자국을 닮았다는 안내자 설명에 모두 귀가 쫑긋했다. 누군가가 뒤에서 캐나다 쪽 전망이 더 멋있다고 했다. 타워에서 내려와 폭포 가까이 있는 철책 길을 따라 산책을 했다. 굉음과 물보라 치는 폭포의 위용이 사람의 마음을 뒤흔들어 놓았다. 밤 11시가 넘어간다. 아쉬운 발걸음을 떼어 숙소로 향했다.

이튿날 깊은 잠에서 깨어났다. 서둘러 포구로 나가 보니 벌써 우리 일행들이 와 있었다. 나이아가라의 어원은 천둥 우레라는 뜻을 가진 인디언 언어라고 한다. 인디언들은 폭포 뒤에 신이 있다고 믿었고 안녕과 질병 퇴치를 위해 기원하기도 했다. 어제 본 그 넓고 잔잔하던 강물이 염소섬(goat island)을 경계로 양분되어 한쪽은 미국 땅 다른 한쪽은 캐나다로 굴러 떨어진다. 어느 신부님이 연기가 솟아올라 불이 난 줄 알고 찾아와서 이 폭포를 만났다고 한다. "오! 신이

여, 이곳보다 더 장엄한 곳은 없나이다.” 하고 무릎을 꿇었다고 한다. 그 후 책으로 써서 세상에 알려지게 되었다.

폭포 내면 깊숙이 들어가는 ‘안개속 숙녀호’라는 배를 탔다. 노란 비닐우비로 완전무장을 했다. 초입부터 안개비가 쏟아지고 우~앙 하는 굉음에 집채가 무너지는 듯했다. 커다란 배는 많은 사람들을 싣고 폭포 깊숙이 들어갈 태세였다. 어젯밤에 본 폭포가 서정적인 낭만이었다면, 지금의 폭포는 폭력적인 힘 그 자체라고나 할까. 우렛소리가 고막을 울려 멍멍한데 갑자기 거센 폭풍우가 휘몰아쳤다. 배가 기우뚱, 헉헉 비지땀을 흘리면서 힘겨워했다.

유람선은 폭포 가까이 차츰차츰 다가갔다. 거센 물보라는 사정없이 온몸을 파고들었다. 혼자서는 버틸 수 없어 남편의 손을 잡았다. 무섭고 두렵기까지 했다. 폭포 소리는 나의 신체와 정신의 균형을 여지없이 무너뜨렸다. 당장이라도 이 큰 배를 집어삼킬 듯한 폭포 소리에 놀란 관광객들은 서로 얼싸안고 더욱 비명에 가까운 소리를 질러댔다. 혼미한 가운데 수만 개 물방울들이 화려한 추락을 거듭하고 있었다. 억겁의 세월을 걸쳐 지구를 돌고 돌아 여기에서 뛰어내리는구나. 실로 장쾌한 경지였다.

미국 어느 부통령 부인이 브라질 이과수폭포에 갔을 때의 일화다. 그 부인은 이과수폭포를 보고서 감탄한 나머지 “아! 아! 가엾은 나이가라 폴이여.” 하며 이과수 폭포에 탄사를 보냈다고 한다. 나는 이과수를 보지 못했으나 그 탄사에 선뜻 공감할 수 없었다. 이 거대한 신의 작품을 보고 가엾다고 하다니 지나친 표현인 것 같았다. 돌아보니 수십 수백 개의 폭포를 등에 업고 현란한 무지개가 하늘에 걸려 있었다. 신선도 무지개다리를 건너 하늘로 올라가는 듯했다.

폭포도 뱃사공도 관광객도 숨이 가빴다. 서서히 뱃머리를 돌리고 있다. 강줄기는 크게 떨어짐으로써 신비로운 폭포의 이야기를 알리고 다시 솟구쳐 올라 거대한 소용돌이를 일으키며 사방으로 흩어졌다. 수십 리 밖에서도 폭포 소리가 들린다고 한다. 무사히 배가 선착장에 닿자마자 스페인 관광객 6~7명이 서로 손을 잡고 덩실덩실 춤을 추고 있었다. 춤을 추지 않고는 견딜 수 없는 절경. 필설로 다 표현하지 못한다는 말은 이럴 때를 두고 하는 말이지 싶다. 오래오래 기억될 나이아가라폭포.

모인 것이 흩어질 때 만들어지는 무지개는 우리의 인생에도 전하는 의미가 있다. 욕심으로 응어리지고 맺힌 마음으로 내달리는 인생길에서 때로는 폭포가 되어 물보라로 부서져야 한다. 그때 비로소 우리는 무지개를 바라보며 신의 약속을 기억하는 보다 나은 존재가 될 수 있을 것이다. 워즈워스처럼 무지개를 볼 때마다 내 가슴이 뛸 수 있기를 소망한다.

남섬 여행

뉴질랜드 북 섬, 오클랜드에 막내딸이 신혼살림을 차렸다. 시댁에서 예쁜 집을 마련해주셨다는 기쁜 소식이 왔다. 겨울방학을 이용하여 여행할 곳을 물색하던 중 큰사위가 처제한테 가보자고 제안을 했다. 우리 내외는 그 말에 홀린 듯 짐을 꾸리기 시작했다. 다만 아들 가족이 함께 가지 못해 아쉬웠다. 11시간 비행 끝에 완전히 다른 세상이 되어 있었다. 살을 에는 얼음판에서 뜨거운 태양이 이글거리는 세상으로. 공항에서 딸과 사위를 보는 순간 눈물이 왈칵 솟았다. 강남 아니면 시집 안 간다고 농담 삼아 하더니 수천 만 리 이국땅에서 살고 있으니.

큰사위의 귀국 일정을 감안하여 남섬을 먼저 가기로 했다. 그런데 남섬행 공항에서 황당한 일이 생겼다. 그 전날 렌트한 차를 주인에게 돌려 줘야 하는데 약속시간이 지나도 주인이 나타나지 않았다. 어쩔 수 없이 두 사위는 차 주인을 기다리고 우리는 이층 탑승 장소로 올라갔다.

10분이 지났다. 대부분 승객들은 개찰구를 빠져나가고 출발시간을 알리는 마이크 소리가 들려왔다. 이제 탑승 완료 5분 전, 직원들도 점검을 마무리하는 중이었다. 그리고 잠시 후 탑승 문이 닫혔다. 두 사위가 나타나기를 애타게 기다리던 우리들은 문이 닫히자 반사적으로 우르르 탑승 문 쪽으로 달려갔다. 직원들은 눈을 동그랗게 뜨고 우리에게 비행기 표를 달라고 했다. 우리는 영어로 그 상황을 제대로 설명할 수가 없었다. 다만 티켓 No, No를 연발했다. 그들은 양팔로 가위표를 그리며 완강히 거절했다. 막내딸은 땅바닥에 주저앉아 엉엉 소리를 내고 울었다. 손자들도 덩달아 울었다. 나는 바싹 마른 입술을 달싹이며 하나님! 하나님!을 찾으며 간절히 기도했다. 탑승권도 없이 비행기를 타겠다고 6명이 매달리는 판국이었다.

망연자실하며 멘붕 상태에 빠져 있는데 그때서야 두 남자가 헐레벌떡 들이닥쳤다. 큰사위 주머니 속 깊은 곳에서 그 귀한 탑승권이 튀어나왔다. 그들은 황급히 탑승권을 체크하고 문을 다시 열어주었다. 가쁜 숨을 몰아쉬며 자리에 앉기가 무섭게 비행기는 육중한 몸체를 움직이기 시작했다. 하마터면 큰 낭패를 볼 뻔했다.

두어 시간 비행 끝에 드디어 남섬에 도착했다. 남섬 최남단에 위치한 밀포드사운드는 또 자동차를 타고 5시간을 가야 한다. 두 사위가 운전을 번갈아 했다. 한없이 넓고 푸른 평원에는 소떼 양떼들이 한가롭게 풀을 뜯고 있다. 아이들 키만큼 자란 보라색 엉겅퀴 꽃들이 선명한 색채로 군락을 이루며 바람에 흔들리고 있다. 길게 이어진 화려한 엉겅퀴 군락들이 여행길의 지루함을 달래 주었다.

케이블카를 타고 높은 산정에 올랐다. 만년설을 뒤집어쓴 높은 산들이 무섭게 위용을 드러내고 섬뜩하리만큼 푸른 바다는 산을 휘감고 흐른다. 한마디로 낯선 풍광이다. 〈반지의 제왕〉에 나오는 한 장면 같다. 빅토리아 여왕이 머물렀다는 퀸스타운으로 이동했다. 바다를 둘러치고 있는 여왕의 공원은 그야말로 꽃 천국이다. 이름 모를 나무에 크기가 엄청난 꽃들이 만발해 있다. 누가 던진 꽃잎인가. 바다 위에 붉은 꽃잎들이, 물결 따라 일렁인다. 시 한 편 나올 법한데 표현할 길이 없다.

여왕의 골프장, 연녹색의 고운 잔디는 손으로 만져 보니 아기의 볼같이 보드랍다. 카펫보다 곱고 산뜻한 잔디, 아무리 멋진 유럽의 융단도 이보다 못하리라. 남편과 딸과 사위는 골프장으로 들어갔다. 나와 손자들은 그 주위를 돌며 구경하는 것만으로도 너무나 행복했다.

그 다음 날은 밀포드사운드, 뉴질랜드 여행의 백미라고 일컫는 곳이다. 이곳은 1960년대부터 세계 지질학자들의 연구 대상이 되었다. 지구의 마지막 보고요, 안식처라는 찬사를 받고 있다. 배는 피오르드 U자 계곡으로 뱃머리를 돌렸다. 빙하의 속살을 들여다보기 위해서다. 순백의 만년설과 푸른빛을 뿜어내는 거대한 빙하, 보기만 해도 압도된다. 50m 높이의 거대한 암벽 구멍구멍에서 뿜어져 나오는 물줄기! 탄성이 신음처럼 흘러나왔다. 하나님께서 창조하신 태초의 지구의 모습이 이러했을까! 우리 식구들은 얼싸안고 그 비경을 카메라에 담았다.

갑자기 사람들이 함성을 질렀다. 수십 마리 고래 떼가 서핑 족같이 파도를 타고 있었다. 배는 더욱 고래 가까이로 접근했다. 곡예를 하듯 반원을 그리며 솟구쳤다가 가라앉기를 반복했다. 활개를 치며 요동 칠 때마다 흰 파도가 산같이 솟아올랐다. 그 율동이 주는 엄청난 에너지 가히 바다의 제왕답다. 여행객들은 자연의 경이로움에 압도되어 숨을 죽였다.

더 이상 나아갈 수 없는 세상의 끝 여기가 남극해 끝자락, 이제 배는 서서히 돌아나갔다. 푸른 바다 검은 바위 위에는 물개 가족들이 모여 있다. 살이 통통한 물개들이 몸을 서로 비비며 재롱을 부린다. 해변 가에는 꼬마 병정 같은 펭귄들이 흰 조끼를 입고 뒤뚱거린다. 수백 마리가 이동하는 모습은 장관이다. 손자들은 "펭귄아! 안녕!" 하며 손을 흔들고 좋아했다.

밀포드사운드는 온전한 자연 그대로이며 그 자체가 장엄한 빛깔이었다. 하늘과 바다가 맞닿아 있고 그 사이 어디쯤 육지와 섬들 위에 내가 서 있다는 느낌에 흠뻑 취했다. 옛사람이 말하는 '별유천지비인간'이 바로 이런 것인가. 인간사의 이러저러한 일들을 하찮게 만들어 버리는 이러한 자연의 진수를 우리 가족이 맛볼 수 있었으니 감사할 뿐이다.

문화 속에서 길을 잃다(유럽)

교황이 살고 있는 바티칸시국에서 가장 손꼽히는 곳은 베드로성당이다. 그 지붕 위에 수많은 선지자들의 조각상이 실물 크기로 서 있는, 흔히 볼 수 없는 광경이었다. 이 성당은 초대 교황 베드로의 무덤 위에 세웠다고 한다. 성당이기 전 이탈리아 미술의 보고라 할 수 있는 이곳에는 미켈란젤로의 〈피에타〉와 〈천장화〉가 있다. 피에타는 십자가에 숨을 거둔 예수의 시체를 안고 비탄에 잠긴 마리아의 보이지 않는 눈물을 간직한 예술품이다. '자비를 베푸소서.'라는 의미의 이 작품은 내가 가르치는 국어 교과서에도 실려 있기에 특히 눈길이 갔다. 무엇 하나라도 더 느끼고 배워 가서 학생들에게 잘 전달하고 싶었다. 주변을 압도하는 고요함, 눈을 감으면 더욱 선연하게 젖어드는 슬픔을 느낄 수 있었다. 위로 향한 왼쪽 손바닥은 신의 섭리에 대한 복종을 상징하는 몸짓이라고 한다. 나는 그 피에타 상에 매료되었나.

구약성경을 주제로 한 천장화는 〈빛과 어둠의 분리〉로부터 〈노아의 만취〉에 이르기까지 총 9개 장면을 담고 있다. 그중 중앙에 있는 〈천지창조〉가 가장 유명하다. 미켈란젤로가 33세에 시작하여 4년 만에 완성한 작품이다. 화가는 이 그림들을 통해 무엇을 전하려고 했을까. 여행객들에 떠밀려 그 어마어마한 그림을 자세히 볼 수는 없었지만, 화가의 열정과 노고에 감탄을 금할 수 없었다. 높은 비계 위에서 허리가 꺾이는 듯한 고통과 그 분진으로 시력을 잃을지도 모른다는 불안감에 시달렸다고 한다. 나도 젖힌 고개가 아프기는 했지만, 이 얼마나 화사한 아픔인가. 예술에 대한 별다른 안목이 없는 나였지만, 신앙의 고운 별 하나 가슴에 안고 그림의 숲길을 지나갔다. 밖으로 나오니 사람들이 와르르 달려가기에 나도 덩달아 따라가 보았다. 사람들 시선이 머무는 2층 창문 쪽에 환한 미소를 지으며 손을 흔들고 있는 교황이 보였다. 교황을 보는 것만으로도 큰 행운이라고 모두들 흥분했다. 이 성지 순례에 신의 가호가 가득하길 소망했다.

프랑스 베르사이유 궁전을 들어서면 왕의 광장 중앙에 루이 14세 태양왕의 기마상이 눈길을 끌었다. 궁정 내부의 화려함과 엄청난 크기의 정원이 나를 압도했다. 정교하게 다듬은 나무들이 질서정연하게 잘 배치되어 정원의 극치를 보여주었다. 궁전 뒤편에는 자연미를 강조한 더 멋진 정원이 있고 그 정원 뒤로 눈길이 닿는 지평선까지 왕들의 사냥터가 펼쳐져 있다. 세상을 호령하던 그 많던 왕들은 어디로 가고 지금은 시민들의 휴식공간으로 남아 있다. 궁전 내부의

'거울의 방'은 578장의 거울을 설치했는데 햇빛에 반사되어 눈이 부실 지경이었다.

파리로 향했다. 세느강은 한강보다 좁은 강이지만 세계로부터 모여든 인파로 몸살을 앓는다. 나는 밤 풍경에 대해서 별로 관심이 없었다. 그러나 어둠이 찾아오고 유람선을 타고 야경을 즐기면서 나의 생각은 완전히 바뀌었다. 강 주변 건물들이 어둠 속에서 하나하나 화려한 불빛을 쏟아냈다. 강변 따라 펼쳐지는 꿈의 궁전, 노트르담 성당의 고즈넉한 불빛, 철골 구조의 에펠탑의 모습도 수많은 불빛 가운데 그들의 존재감을 드러내고 있었다. 유럽에 와서 처음으로 야경의 아름다움을 가슴 벅차게 느꼈다. 까맣게 잊어버렸던 "미라보 다리 아래 세느강은 흐르고 우리의 사랑도 흐른다."라고 시작되는 이 시구가 나를 적시며 흘러갔다. 유람선에서 내려 걸어 본 샹제리제의 밤거리, 가로수 머리에서부터 밑동까지 온통 불빛 덩어리다. 개선문에서 콩코드 광장까지 사람들에 떠밀려 황홀한 예술 속을 꿈꾸듯 걸어갔다. 어느 수필가가 "개선문은 나폴레옹과 그 군대를 위해서가 아니라 연인들을 위하여 세운 것이다."라고 했다. 나도 그 글에 전적으로 공감하면서 세월을 비껴간 젊은 시절이 네온 속에 어른거린다.

루브르 박물관은 정문부터 유리 피라미드가 이색적이다. 고대 오리엔트, 이슬람, 유럽 등 세계 각국에서 수집한 30여만 점의 예술품을 소상한 세계 최대 미술관이다. 대제로 제국주의 시설에 상제로 가져온 것들이라 하니 기분이 묘했다. 박물관의 많은 걸작들을 대하면서 그것들이 뿜어내는 강한 기운에 내 빈곤했던 영혼이 차곡차곡 예술적 비타민으로 채워지는 기분이었다. 가장 길게 늘어선 줄은 레오나르다빈치(1452~1519)의 작품 〈모나리자〉 앞이었다. 세계에서 가장 유명한 초상화라는데 나의 낮은 안목으로는 도저히 헤아릴 수 없었다. 검은색의 풍신한 옷매무새와 넓은 이마에 눈썹이 없고 웃을 듯 말 듯 한 미소, 서양 여인이라기보다는 소박한 동양 여인을 연상케 했다. 모나리자는 신비로운 미소로 유명한데 그 비밀이 바로 대기원근법에 있다고 한다. 그 심오한 모나리자의 미소를 감상하기보다는 차라리 징검다리를 건너는 맨발의 시골 처녀가 더 마음에 와 닿는다고 한 어느 분의 평에 나도 살짝 공감이 갔다.

경부선 톨게이트 같은 곳을 통과해서 오스트리아로 들어갔다. 국경 없는 국경선이라 할까. 우리는 늘 경계가 삼엄한 국경선에 익숙했기에, 너무 쉽게 넘는 국경이 오히려 이상했다. 오스트리아 왕은 한때 신성로마제국 황제를 겸했고 합스부르크 왕가의 후손은 유럽 여러 나라 왕과 왕비가 되었던 역사를 가지고 있었다. 그리하여, 합스부르크 왕가가 600년 이상 터전을 잡았던 빈은 유럽 정치 문화의 중심지가 되었다. 또한 음악의 도시라는 칭호에 걸맞게 날마다 음악 축제와 공연이 펼쳐지는 웅장한 오페라 극장이 있다. 모차르트, 베토벤, 브람스, 슈베르트 등 음악의 거장들이 생활했던 건물들이 도심에 자리 잡고 있다.

잘츠부르크는 모차르트의 고향이다. 1965년 〈사운드 오브 뮤직〉

이라는 영화 촬영지로도 더욱 유명하다. 또 모차르트의 결혼식과 장례식이 치러진 슈테판 대성당은 800년 전통을 자랑하는 최고의 고딕식 건축물이다. 하늘을 찌를 듯한 웅장한 첨탑, 설교단에는 성 어거스틴 등 16세기 초 기독교 선지자들의 상이 새겨져 있다. 둘레 4km 구도심 전체가 유네스코 문화유산으로 지정될 만큼 문화 예술의 보고다. 도심에 극장 미술관 박물관들이 즐비한, 문화의 향기가 넘치는 고풍스러움에 놀라고 놀랐다. 화려함과 우아한 문화의 거리에 넓은 공원과 녹색정원이 어우러진 거리를 거닐다 보면 내가 꿈속에 있는 건 아닌지 착각할 정도다. 몇 달 만이라도 이곳에서 살아봤으면 좋겠다는 생각이 들 정도로 나를 사로잡았다.

뮌헨 올림픽 경기장을 주마간산 격으로 둘러본 뒤 뮌헨 북방 12마일 지점에 있는 독일 최초의 유대인 강제수용소인 다카우를 찾았다. 넓은 운동장 둘레에 고압전류가 흐르는 철조망이 높게 쳐져 있고 한편엔 망루가 서 있었다. 내부로 들어갔다. 학살한 시체를 태운 흔적으로 가스실 아궁이가 검게 그을려 있었다. 전시실에 가득한 해골들과 조각난 뼈들이 당시 참사를 떠올리게 해서 소름이 끼쳤다. 공동샤워실로 위장한 가스실에서 어린이 노약자들을 바로 학살했다고 한다. 무시무시한 고문실을 지나 독방(다카우 방)을 찾았다. 낮인데도 방은 칠흑같이 어둡다 못해 까맣다. 조그만 환기구는 이중삼중 철창으로 되어 있고 커다란 녹슨 자물쇠로 굳게 잠겨 있었다. 자유를 강탈당한 영혼들, 야만의 시대에 속절없이 유린당한 아픈 상흔들이 내 가슴을 깊이 파고들었다.

독일은 남에서 북으로 향한 알프스 산지로 인해 라인강 등 주요 하천들이 북으로 흐른다. 가로수 거리엔 활기찬 젊은이들이 활보하고 있었다. 어딜 가도 맥주집이 즐비해 있어 목 타는 나그네는 아무도 없다. 10월에는 16일간 맥주 축제가 열린다. 술 두어 잔도 마시지 못하는 우리 부부는 그래도 아쉬워 물보다 더 싸다는 맥주집에 들어갔다. 황금빛 라거 맥주에 넘치는 거품, 그 진한 향기가 벌써 목마름과 배고픔을 해소해줄 듯했다. 지인이 강력 추천한 우리나라 족발과 비슷한 '꼴레뇨'를 함께 주문했다. 낮에 보았던 수용소의 아픈 감정들이 맥주잔 밑으로 가라앉았다. 술만이 지닌 '영혼의 무장해제', '이성의 질긴 밧줄을 잠시 야들야들하게' 하는 그 기능을 모르고 사는 우리 부부는 인생의 어느 한 부분을 놓치고 사는 게 아닌지 모르겠다.

프랑스에서 영국을 잇는 해저터널을 통과하기 위해 설레는 가슴을 안고 유로스타를 탔다. 프랑스 역은 매우 역동적이고 으리으리하고 들뜬 분위기였다. 질주하는 속력을 기대했지만 너무 긴 침묵의 터널만 계속되었다. 이곳이 그 깊은 바다 밑 어두운 세상인지 실감이 나지 않았다. 누군가는 '유럽의 열차는 당신의 그리움을 안고 달린다.'고 했다. 간간이 흔들리는 이 열차도 나의 그리움을 싣고 달려가는 것인가.

영국의 첫 인상은 나지막한 집들과 평온한 정원이었다. 영국 왕들의 대관식이 열리는 웨스트민스터 사원은 영국의 위대한 시인, 화가, 학자, 정치인들이 묻혀 있는 곳이다. 이 거창한 주검들 틈에 122세 장수한 사람이라는 그 하나만으로 이름 없는 농장 하인이 묻혀 있다고 한다. 장수에 대한 인간의 염원이 얼마나 큰지를 보여주는 한 대목이다.

대영제국 박물관은 세계 최대의 인류문화의 보고다. 유물 800만 점을 소장한 박물관이다. 1803년 소위 '안전한 보호'를 위해 그리스 신전의 벽에서 떼어 온 조각품들까지 비치되어 있다고 한다. 그리스, 로마, 메소포타미아, 아시아 할 것 없이 세계 각국 식민지에서 수집한 것들이다. 2층에는 각색 인종들의 미라를 가득 전시해 놓았다. 가시처럼 앙상한 뼈만 남아 있는 것도 있고 통통한 얼굴이 박제되어 있는 모습도 있다. 영원히 죽지 않고자 하는 그들의 열망이 오히려 죽어서도 제자리로 돌아갈 수 없는 상황을 초래한 것이다. 그 민망한 주검 앞에 왜 나는 이렇게 황망할까. 느릿느릿 미라들을 둘러보며 별다른 감흥도 슬픔도 느껴지질 않았다. 황량한 들판에 죽은 새 한 마리에도 연민을 느끼는 것이 인지상정인데.

서유럽 6개국을 여행하면서 그들의 빛나는 역사, 문화, 전통은 나에게 많은 파문을 던져 주었다. 그들의 행운이 한없이 부러웠다. 우리는 그들이 이 문화유산을 지켜내기 위해 안간힘을 쏟고 있다는 사실을 간과해서는 안 되겠다. 유럽의 모든 이야기들은 내 평생 잊을 수 없는 마음의 자산이기도 하다.

미국 동부지역을 가다

워싱턴 뉴욕을 중심으로 5박 6일간 일정이었다. LA에서 델타 항공을 이용하기로 했다. 뉴욕까지 바로 가지 않고 뉴악이라는 비행장에 내렸다. 비행기 값을 절약하려는 여행사 측 뜻은 이해가 됐지만, 한밤중 11시 30분 낯선 비행장은 무섭고 두려웠다.

첫 방문지는 워싱턴 DC, 한국에서 뉴스 때마다 자주 보던 흰색 건물의 백악관은 웅장하고 산뜻했다. 방문이 허용되지 않은 백악관을 뒤로하고 국회의사당으로 향했다. 돔형의 의사당 안에는 미국 역대 대통령 중 위대한 업적을 남긴 분들의 동상이 즐비해 있다. 세 명의 여성독립운동가의 상도 있었다. 대형 벽화에는 미국 역사의 숨 가쁜 굽이의 사건들이 고스란히 담겨 있었다. 그 바로 옆에는 몸만 있고 '목이 없는 동상'이 하나 있었다. 앞으로 여성 대통령이 나오면 완성품으로 만들기 위해 준비해 놓았다고 했다. 지금 한창 진행 중인 미국 대통령 선거 '힐러리' 후보가 그 영광의 자리에 오를 수 있을지 세기의 관심사다. 또 눈에 띄는 것은 의사당 천장에 제3대 대통령 '제

퍼슨'상이 있는데 13여 천사들에게 둘러싸여 있었다. 아마 미국 독립선언서의 기초를 다진 분이라 특별한 대우를 한 것 같다. 독립운동가를 대우하는 방식에서 이 나라의 발전의 기틀이 무엇인가를 새삼 느꼈다.

자연사 박물관에 들렀다. 2층 넓은 홀에는 세상의 모든 보석들을 다 모아 놓은 느낌이었다. 더도 말고 큰 밤톨만 한 다이아 반지가 눈길을 끌었다. 얼마 전 TV에서 아프리카 어느 막장 좁은 굴속에서 보석을 캐느라 목숨까지 잃은 사람들을 본 기억이 났다. 찬란한 보석 뒤에는 인간의 어두운 욕망이 감추어져 있는 것이다. 오래전 용암 속 액체로 떠돌다가 우연한 계기로 세상에서 가장 높은 경도를 가진 물체가 되어, 58면체로 깎인 후 찬란한 빛이 된다. 원석에서 보석이 되기까지는 약 이천 번의 손길이 닿아야 한다. 그토록 오랜 세월을 견뎌온 인내와 가공의 아픔을 고스란히 담아낸 결정체인 보석, 그러기에 더욱 아름다운 게 아닌가.

세계 외교 1번지 워싱턴광장에는 벚꽃 축제가 한창이다. 꽃잎들이 바람을 타고 군무처럼 파르르 알몸으로 떨어진다. "미국 어느 고관 부인이 일본을 방문 후, 벚꽃에 반해 모금운동까지 벌여 일본 정부가 보태준 3000그루와 함께 벚나무를 공수해 왔는데 그만 다 죽고 말았다. 그 후 워싱턴 흙을 일본으로 보내 시험을 거듭한 끝에 성공해서 워싱턴 거리에 심게 되었다. 그런데 일본에 반대하는 사람들이 몰려 와 벚나무를 캐 버리겠다고 난리가 났다. 그때 벚나무 애호가들이 거세게 항의해, 사수한 끝에 지금의 벚꽃거리가 조성되었다."는 자못 흥미로운 이야기를 들었다. 우리나라가 원산지인 제주 왕벚꽃이 일본의 국화가 되고 이곳 미국까지 옮겨 와 많은 사람들의 사랑을 독차지하고 있는 걸 보니 우리의 것을 빼앗긴 허탈감을 누를 길 없다. 내가 사는 동네 방천 둑에 팝콘처럼 피어 있는 벚꽃들을 보면 "사월이 꽃 뿌리며 오네."라는 어느 시인의 표현이 참 절묘하다.

링컨 기념관 앞 한국참전기념비에는 19개의 조각상이 판초를 입고 삼각형 땅에 실물 크기로 서 있었다. 땅에 박힌 동판에는 "1950~1953 Korean War"라고 선명하게 쓰여 있다. 6 · 25 전란 시 풍전등화 같은 대한민국을 지키기 위해 목숨을 바친 미군 병사들에게 다시 한 번 머리를 숙였다. 한쪽 팔다리를 잃은 조각상을 보며 자유와 민주주의를 위한 희생을 다시금 느끼게 되었다. 그 병사는 자신이 얼마나 가치 있는 일을 했는지 알고 있을까. 그날 오후 알링턴 국립묘지를 찾았을 때는 비가 흩뿌리고 있었다. 내 마음이 무거웠던 것은 날씨 탓만은 아니었던 것 같다. 돌판 위에 케네디 대통령의 묘비석이 놓여 있다. 세기의 대통령이었지만, 이제는 꽃 한 송이와 함께 영원히 잠들어 있다. 넓고 편편한 돌판 한가운데 구멍에서 꺼지지 않는 불멸의 불꽃이 훅훅 소리를 내며 타오르고 있었다. 나는 대학시절에 케네디 대통령의 비보를 듣고 얼마나 놀랐던지. 지금 그분의 묘비 앞에서 드리는 묵념이 젊은 시절의 단순한 애도를 넘어 죽음에 대한 근원적인 감회를 불러오기까지 했다.

'엠파이어 스테이트'빌딩 102층 꼭대기 조망대에서는 뉴욕의 밤이 한눈에 들어왔다. '긴 밤 여로'는 아닐지라도 나는 오늘 밤 뉴욕의 '짧은 밤 여로'를 적어 본다. '빛으로 도배질을 했다.' '천국의 모형이 따로 없다.' '불빛은 소리 없는 아우성' 등등 이미 많은 사람들이 토해 놓은 찬사 그대로였다. 나는 잠시 얼떨떨하고 몽롱한 기분이었다. 강렬한 빛이 벌이는 환상의 세계, 제주도에만 있는 줄 알았던 깊고 푸른 밤이었다. 마천루의 숲이 거대한 불기둥으로 떴다 가라앉기를 반복했다. 수많은 다리는 파란색으로 더욱 선명했다. 그야말로 불야성, 금가루를 뿌려 놓은 네온의 불빛이 아찔할 지경이었다.

이 빌딩은 세계 삼대 불가사의 중 하나로 꼽히고 있다. 12개월 만에 완성했다고 하니 참 놀랄 일이었다. 102층 조망대에는 철근 그물망이 자살 방지용으로 설치되어 있었다. 옆을 돌아보니 여기저기서 연인들은 입술을 포개고 있었다. 어느 짓궂은 이가 지구상 립스틱 절반은 남성들이 먹어 치운다고 했다. 이 전망대를 배경으로 한 몇 편의 영화가 언뜻 떠올랐다. 많은 연인들의 아름다운 추억이 저 네온 불빛으로 더욱 빛난다고 생각하니 마음이 따뜻해졌다. 밤에 보아도 뉴욕 거리는 굽은 데 없이 일방통행 일직선이었다. 좁기는 해도 미국 개척시대 마차가 다니던 그 길을 지금까지도 간직하고 있었다. 이쪽 길에서 저쪽 길까지 뻥 뚫려 있는 것이 참 신기했다.

3일째, 뉴욕의 중심지 맨해튼을 찾았다. 1626년에 네델란드 상인이 도끼, 망치, 악기 그리고 모피, 유리구슬 등 오늘날의 24불에 해당하는 물품으로 인디언으로부터 구매한 이 땅이 뉴욕시의 중심인 맨해튼이었다. "어떻게 하늘을 그리고 땅의 온기를 사고 팔 수 있나요? 인간은 그저 지구를 공유하고 우리는 땅을 보호할 뿐 소유하지는 않습니다."라는 시애틀(Seattle)인디언 추장의 선언이 생각났다.

이번에는 대서양 바다 위에 외롭게 서 있는 '자유의 여신상'을 찾았다. 부드럽게 흘러내리는 청동색 옷을 입고, 오른손에는 자유를 상징하는 횃불을, 또 왼손에는 미국 독립선언문를 들고 자유의 상징으로 리버티 섬을 지키고 있다. 1886년 프랑스가 미국독립 100주년을 기념해 미국에 선물로 준 것이다. 이 여신상의 별칭 중 하나가 '속 빈 여자'인데, 속에는 철근만 들었기 때문이란다. 민주주의와 자유의 상징물을 그렇게 희화하는 표현은 지나친 면이 있다고 느꼈다. 우리나라 최초의 해외 특파원 김동성은 자유의 여신상 앞에 모자를 벗고 경의를 표했다는데 그 심정을 알 듯도 했다.

세계 금융시장의 상징인 월가, '돌진하는 황소'의 위로 치켜든 두 뿔은 주가가 올라가기를 바라는 인간의 욕망을 상징한다. 미국의 힘과 번영을 상징하는 이 황소상은 1989년 등장 이래 지금까지 사랑받는 월가의 조각품이다. 록펠러재단을 중심으로 수많은 미술관을 만날 수 있었다. 유럽의 공원을 질투하여 16년에 걸쳐 만들었다는 '센트럴' 파크에는 11만 ㎢ 면적에 60만 그루의 나무와 꽃들이 살고 있다 한다. 시간이 없어 들어가 보지 못한 것이 아쉬웠다. 재클린, 닉슨이 살았다는 60여 층의 원통형 호화 아파트, 백남준 화가의 집, 〈마지막 잎새〉의 작가 오 헨리가 드나들던 까페, 케네디 대통령의 결혼식과 영결식을 올린 성 패트릭 성당 옆을 그저 지나기만 했다.

점심 식사는 뉴욕에서 한식집으로 유명한 '흔밭'에서 했다. 남편의 고등학교 동기 두 분이 연락이 닿아 찾아왔다. 40년 만에 만나는 친구들이란다. "어, 누구야. 너 누구누구 맞지?" 패기 넘쳤던 그 시절이 그리운 듯 서로 얼싸안고 기뻐하는 모습이 보기 좋았다. 남편이 물김치를 연달아 두 보시기를 비우는 것을 보고 그들은 아직도 시골티를 벗지 못했느냐고 농담을 했다. 짧은 만남이었지만 의미 있는 시간이었다. 미국에서 자리를 잡고 사는 친구들이 든든해 보였다.

마지막 일정으로 UN본부를 찾았다. 1991년 남북이 동시에 가입한 UN, 감회가 깊었다. 본부 국기게양대에는 수많은 국기들이 펄럭이었다. 그중 우리나라 태극기가 압도적으로 탁월해 보였다. 올림픽 경기장에서 펄럭이던 태극기만큼이나 가슴이 벅찼다. UN 본부에 들어갈 때는 몸수색이 엄격했다. X-RAY를 통과해서 1층으로 들어갔다. 입구에 들어서자마자 역대 UN총장 사진이 걸려 있다. 세계 각국에서 기증한 작품들과 풍물들 및 각종 우표들을 전시해 놓았다. 기아와 전쟁 핵무기 등의 화보들이 눈길을 끌었다. 사무국 본부는 49층인데 파란색 유리창 일색이었다. 주변 Astoria 호텔에서 김영삼, 김대중 대통령이 묵었다고 한다.

미국 동부 지역 여행에서는 역동적인 미국을 보았다. 무엇보다 대통령들의 동상을 본 것이 제일 마음에 남아 있다. 이제 우리나라도 역대 대통령에 대한 객관적 평가를 역사적 맥락에서 바라보고 이런 기념관 하나쯤 가졌으면 하는 마음 간절했다. 미국은 짧은 역사지만 유럽 각국의 역사를 계승했고 그를 넘어 미국만의 새로운 색채를 다듬어 냈다. 굽이마다 자유와 민주주의에 대한 열정이 녹아 있고 정말 수준 높은 문화가 있는 품격의 땅이었다.

미국 서부지역을 찾아서

날짜 변경선을 넘어가는 길은 언제나 생경하다. 새크라멘토가 주는 변화에 대한 두려움과 그곳 생활에 대한 동경은 나를 들뜨게 했다. 새크라멘토는 한국인에게 그리 익숙한 곳은 아니나 캘리포니아 주도이고 골드러시의 발원지였던 곳이다. 이곳에서 멀지 않은 Coloma에 가면 그 당시 광산의 모습과 광부들이 생활했던 허술한 오막살이가 그대로 보존되어 있다. 주말이면 관광객들이 몰려와 사금을 고르며 서부 개척 당시 모습을 회상해 볼 수도 있다.

캘리포니아 하면 샌프란시스코의 금문교(Golden Gate Bridge)가 상징처럼 떠오른다. 다리는 붉은색으로 칠해진 철골조인데 저녁노을이 내려앉아 금빛으로 빛나고 있었다. 금문교란 이름이 어울렸다. 1865년 공사를 시작했고 중국인들의 노동력이 투입되었다 한다. 많은 사람들의 희생을 통해 세워진 다리라고 하니 마냥 감탄만 하고 있을 수는 없었다. 저 멀리 섬 하나가 눈에 들어왔다. 알카트라즈라는 섬인데 과거엔 흉악범들을 수용했던 교도소. 사방이 바다로 둘러싸여 어디로도 도망칠 수 없는 절망의 섬. 그들의 죄는 무섭지만 절망감에 떨던 한 인간의 모습은 섬처럼 애절했다.

캘리포니아는 지질학적으로 사막이다. 네바다 주와 애리조나 주가 접경한 곳에 그랜드 캐니언과 라스베이거스가 있다. 그랜드 캐니언은 신이 만든 걸작품이고 '사막에 핀 꽃'이라는 라스베이거스는 인간이 만든 걸작품이라 불린다. 그랜드 캐니언을 찾아가는 길은 멀고도 멀다. 모아비 사막은 누런 황무지가 끝없이 펼쳐 있고 그 황량한 땅에 '죠수아 트리'라는 선인장이 가끔씩 눈에 띌 뿐이다. 서부 개척 당시 수많은 사람들이 서부로 서부로 금을 찾아오다가 추위와 굶주림으로 죽음 앞에 직면했을 때 이 선인장 즙을 짜서 생명을 건졌다 한다. 석양에 불타는 황무지를 보았다면 T.S. 엘리엇은 〈황무지〉란 시를 다시 써야 할 것이라는 망상도 해 보았다. 마치 누드화의 한 모습인양, 더 이상 드러낼 것도 감추고 있는 것도 없을 듯한 이 사막에 미국 정부는 군사기지를 만들었고 많은 자원도 매장해 놓았다. 땅밑으로 콜로라도 강물을 끌어들이는 송수관이 묻혀 있고 전기 수도 시설까지 완비되어 있어 다음 세대가 살 수 있도록 미리 준비해 놓았다고 한다. 이는 현명함일까 아니면 욕망의 한 단면인가.

학창시절에 배웠던 그랜드 캐니언은 지구에서 가장 거대한 협곡이다. 20억 년 동안 쌓아 올린 13층 암석층은 파노라마처럼 펼쳐진다. 바다에 잠겼던 땅이 솟아올라 온갖 풍상에 시달려 거대한 지층을 이루었다. 영겁의 세월에 걸쳐 이루어진 자연의 장엄한 모습에 신들의 신전이라고 모두들 경탄했다. 속살을 속속들이 드러낸 암석들 사이로 흐르는 콜로라도강, 이 신비한 계곡에서 삶의 터전을 일구었던 나바호족들이 이곳을 신성시했다는 것은 너무나 당연하다. 아득히 멀어져 가는 강줄기 끝에는 신이 약속한 낙원이 있을까? 우리 인생은 너무 짧지만 나바호족들의 정신은 영원하기를 바란다.

그랜드 캐니언의 협곡이 경외감이라면 브라이스 캐니언은 예술품이다. 브라이스 캐니언은 자연이라기보다 차라리 인상파 화가들의 화려한 캔버스라고나 할까. 주황색, 붉은색의 온갖 모형들이 아름다운 조화를 이루어 고도의 기교를 담아낸 예술조각품들이다. 이러한 세계적 명소임에도 두 평 남짓한 안내소와 기념품을 파는 아주 작은 가게 하나뿐이다. 인간의 영향력을 최대한 억제하고 위대한 자연을 조금도 손상시키지 않으려는 미국인들의 자연 사랑의 정신이 얼마나 투철한가를 여실히 보여주고 있다. 파라솔과 평상으로 뒤덮인 우리나라의 명산계곡들이 떠올랐다.

귀국을 앞둔 어느 날, 목사님께서 손수 운전을 하시고 우리를 요세미티 국립공원으로 데려갔다. 말 그대로 산 전체가 거대한 한 덩어리의 화강암 암벽이다. 그 거벽 엘 카피탄(El capitan)의 높이가 1000여 미터라 한다. 북한산 인수봉 암벽이 150 미터라 하니 그 크기를 가히 짐작할 수 있다. 풀 한 포기 나무 한 그루 없는 거대한 바위산, 하늘 벽에 대롱대롱 매달린 등반가들의 모습을 보는 것만도 현기증이 났다. 건너편 산꼭대기에서 울리는 장엄한 폭포 소리에 놀라기도 했다. 우리는 장소를 옮겨 바위산 뒤쪽 세쿼이아 나무가 서식하고 있는 곳으로 갔다. 지구상에서 가장 오래된 수종으로 수령 2000년이 넘는다 한다. 성인 6명이 팔을 벌려 나무를 껴안아도 남을 정도다. 우리나라에도 여러 곳에 세쿼이아 나무들을 길가에 심어 놓았다. 이곳에 비하면 아담한 크기이지만 계절별로 감칠맛 있는 풍경을 제공하여 많은 사람들의 사랑을 받고 있다.

한국인의 여행이 대개 그러하듯 주마간산 격으로 훑어 본 많은 장소들이 생각난다. 육중한 후버댐과 이 댐의 전기로 72만 개의 전구를 밝혀 황홀경에 빠져 잠들지 못하게 하는 라스베이거스, 카지노의 도시 리노, 미국 호수 중 가장 높은 곳에 위치한 레이크타호, L.A 지역의 각종 영화 세트장인 유니버설 스튜디오, 솔트 레이크 시티의 소금 호수와 그 하얀 소금 밭, 포도주로 유명한 나파벨리 등등을 둘러보았다. '여행이 생각의 산파'라는 말도 있듯이 흘러가는 이 모든 풍경 속에 나의 생각들도 함께 살아났다. 정신을 빼앗길 만큼 감탄하기도 하고 때로는 우리가 갖지 못한 것에 대한 부러운 마음도 들었다. 황야와 사막에서 문명을 피워낸 미국인들의 서부는 정말 위대하다.

가족여행

남편 팔순을 맞이하여 삼남매 가족들이 함께 해외여행을 가기로 했다. 뉴질랜드에 사는 딸이 동행하게 되어 더욱 뜻이 있었다. 한 시간 남짓 날아간 곳은 일본 돗토리 현 요나고 공항, 입국 절차가 매우 까다로웠다. 지문을 몇 번 찍고 나서야 입국할 수 있어서 기분이 묘했다. 우리가 묵은 호텔은 850년 전통을 자랑하는 료칸식 일본 전통 호텔이었다. 침대가 없는 다다미방이 은은한 조명 아래 정갈했다. 고급스런 이불은 풍성한 하얀 홑청 속에 폭 안겨 있어 꿰매지 않아도 되니 경제적이고 효율적이란 생각이 들었다. 일본은 다다미방을 관광 상품으로 내놓는데, 우리는 온돌방에 굳이 침대를 놓아야 한다고 고집한다.

일본여행의 백미는 온천욕을 즐기는 것이다. 따뜻한 온천물에 온몸을 담그고 시어머니와 며느리, 딸들과 손녀들 온 가족이 서로 얼굴에 온천수를 끼얹으며 즐거워했다. 이렇게 발가벗고 한 물에서 한가하게 놀면서 서로의 마음들이 하나로 어우러지고 있는 이 시간이 행복하다. 속세의 때를 씻겨 버려서인지 몸과 마음이 날아갈 듯 개운했다. 노천탕에는 희끗희끗 눈발이 휘날렸다. 추위를 잊은 채 노천 욕을 즐기는 사람들 얼굴에는 희망이 넘치는 것 같았다.

저녁식사는 유카타 옷을 입고 일본식 전통요리를 맛보았다. 개별 독상으로 조그마한 그릇마다 먹을거리가 앙증맞다. 작은 불꽃으로 데운 냄비 국물에 얇게 썬 소고기와 떡 편을 찍어 먹는 것은 별미였다. 친절에 극치를 다하는 서빙 여인들을 보니 배울 점도 많았지만 조금은 부담스러웠다.

잠자리에 들었다. 밤 3시 30분 새벽잠이 없는 나는 무심코 커튼을 젖혔다. 회색 하늘에 별빛도 종적을 감추고 모두가 잠든 고요한 밤에 소리 없이 눈이 내렸다. 이 땅은 우리나라를 사랑했던 한 시인이 젊음을 조국에 바친 애달픈 역사를 간직한 곳이다. 그 아픈 역사도 눈 속에 잠겨 말이 없다. 그 순간 나는 윤동주의 시 〈편지〉를 읊조리고 있었다.

누나!
이 겨울에도
눈이 가득히 왔습니다

흰 봉투에
눈을 한 줌 넣고
글씨도 쓰지 말고
우표도 붙이지 말고
말쑥하게 그대로

편지를 부칠까요

누나 가신 나라엔
눈이 아니 온다기에

시인의 절절한 그리움이 내 마음을 파고든다. 누나를 사랑하는 마음을 어쩌면 이렇게 맑은 동심으로 그려낼 수 있을까. 28세 꽃다운 나이로 조국을 위해 스러진 애국시인. 역설적이게도 일본이 죽인 윤동주를 일본 사람들이 더없이 사랑한다는 말을 들었다. 저토록 청정한 눈발 속에 그분의 순수하고 맑은 영혼이 살아 움직이는 것 같다.

이튿날은 돗토리 현에 있는 광대한 사구를 찾아가기로 했다. 눈이 이렇게 오는데, 아무 걱정도 없이 차는 달렸다. 한국 관광객 60여 명을 태우고 얼마쯤 가다가 제 속도를 내지 못하고 머뭇거렸다. 일본인 기사와 가이드가 몇 마디 주고받더니 '사구' 구경을 포기해야 될 것만 같다고 했다. 모두들 침묵하는 가운데, 어느 젊은 여성이 볼멘소리로 "그것 하나 보러 여기까지 왔는데." 했다. 나도 조금은 아쉬웠다. 그러나 나는 몇 년 전에 호주 여행에서 모래 언덕을 미끄럼을 타고 내려왔던 기억 때문인지 큰 불만은 없었다. 다만 안전이 문제였다.

되돌아오는 길, 어떤 터널 앞에 도착했다. 수많은 차들이 꼬리를 물고 멈춰 있었다. 그러기를 두 시간, 점심시간이 훌쩍 넘어가고 있었다. 빵이랑 과자를 톡톡 털어 손자들부터 먹였다. 여자들은 우산을 겹겹이 둘러치고 노상에서 소변을 해결하기도 했다.

세상의 모든 소유는 저 폭설에 다 묻혀버리고 수묵화로 고고할 뿐이다. 은사시나무는 눈을 가득 안고 비실거린다. 넓고 푸른 잎사귀에 붙은 눈은 마치 흰 두루미가 나뭇가지에 날개를 쫙 펴고 너울너울하는 것 같았다.

지친 눈을 잠시 감고 있는데 차가 서서히 움직이기 시작했다. 점심시간이 늦어지는 관계로 어느 마트에 잠시 정차했다. 차에 갇혀 있던 손자들은 "야!" 함성을 지르며 밖으로 튀어나왔다. 눈을 보지 못하고 자란 뉴질랜드 손자들은 눈을 뭉쳐 던지고 뒹굴며 신이 났다. 다시 차는 달렸다. 각종 수목을 휘감고 내리는 함박눈은 계속 비경을 연출하고 있다.

가이드는 갑자기 "저기 동해를 보세요."라고 외쳤다. 일정대로 못 가서 미안했던 모양이었다. 동해라는 말에 모두들 정신이 번쩍 들었다. 바다는 잿빛으로 성난 파도를 일으키며 굽이쳤다. 오! 우리의 바다 동해, 일본 땅에서 바라본 동해는 더욱 힘차고 늠름했다.

마지막 일정으로 '다이콘시마'에 있는 유지원(유시엔)이라는 정원을 관람했다. 1만 평 가량의 넓은 부지에 소나무와 괴석이 간간이 늘어선 호수까지 있어 경관이 아름다웠다. 모란관에 들어가니 각종 모란꽃이 만발해 있다. 365일 내내 모란이 지지 않는 곳이라고 한다. 여기서 모란을 옮겨 넓은 정원 군데군데에 한 송이씩 심어 갈대 방풍 띠로 고이 둘러쌌다. 허리를 굽혀야만 겨우 모란꽃을 볼 수 있었다. 이 추운 겨울, 그것도 어제까지만 해도 60cm이상 폭설이 내린 가운데도 이렇게 탐스러운 모란꽃을 볼 수 있다니 얼마나 신기한가. 그들의 꽃 사랑에 감탄했다. 더 놀라운 것은 나비처럼 남실대는 눈발 사이로, 만발한 매화꽃이 맑은 향기를 뿜어내고 있었다. 설경 속에 활짝 핀 매화가 더욱 반가운 것은 분명 시린 눈 때문일 것이다. "매화는 일생 추워도 향기를 팔지 않는다."

일본여행, 우리 가족 10여 명이 한데 어울려 가족애를 느낀 보람된 여행이었다. 가족이란 울타리 안에는 사랑과 꿈이 녹아 있다.

중국의 오지를 찾아서

난뉘산南糯山 다왕수

희미한 불빛이 비행기 차창 너머로 깔린다. 공항이 멀지 않았나 보다. 점점 고도를 낮추더니 드디어 착지에 성공했다. 휴! 나는 안도의 심호흡을 했다. 공항이라 하기엔 너무 낡고 한적하다. 피곤에 절어 있는 무표정한 공항 직원들의 모습에 다른 나라에 왔다는 실감이 났다.

이튿날 알람 소리에 놀라 급히 짐을 챙겨들고 자동차에 올랐다. 그날 일정은 중국에서 800년 된 고령 차나무를 찾아가는 것이다. 가도 가도 끝이 없는 골짜기를 3시간이나 달렸다. 마치 쥐라기 공원에 공룡이라도 만나러 가는 것 같은 분위기였다. 울창한 수풀 속은 무섭기까지 했다. 헉헉대던 자동차는 어느 평지에 우리를 쏟아 놓았다.

한국 다도회 회장은 근엄한 목소리로 "지금부터 수백 계단을 내려가야 합니다. 낙오자가 없기를 바랍니다."라고 주의를 주었다. 그분의 지휘 아래 일사분란하게 움직였다. 나는 걱정이 앞섰지만, 한발 한발 내려갔다. 중간쯤 가서는 여자 회원들이 더는 못 가겠다고 아우성이었다. 까마득하다. 현기증이 났다. 그러나 포기할 수 없는 일. 팽팽한 긴장감 속에 삶의 계단을 오르내리듯 무거운 다리를 끌며 내려갔다. 자만과 욕심은 금물, 겸손하게 한 발씩 걸어 내려갔다.

드디어 목표 지점에 도착. 다행히 낙오자는 없었다. 넓고 텅 빈 밭 가운데 철책이 둘러 쳐 있었다. 단단한 철책 가운데 버티고 서 있는 다왕수가 마치 독재자처럼 보였던 것은 힘든 계단을 걸어 내려와야 했던 원망스러운 마음의 투영일까. 허나 국보로 지정되어 있는 '다왕수' 나무는 그곳에서는 군주처럼 숭배의 대상이 되고 있다.

원목은 고목이 되었고 그 원목에서 뻗은 가지가 큰 나무가 되어 주인 자리를 차지하고 있으니 놀랍기만 했다. 굵은 가지들이 서로 뒤틀리고 꼬여 묘한 분위기를 연출하고 있었다. 비로소 수많은 계단을 내려온 보람을 느꼈다. 이 나무는 지난 세월 동안 자신의 잎으로 중국의 차 문화를 세상에 알렸을 것이다. 한 잔의 차 속에도 세상과 역사와 문화가 녹아 있는 것이다. 사방은 고립무원의 땅. 인가라고는 눈에 띄질 않았다. 아픔의 크기와 행복의 크기는 비례한다고 하지 않던가. 긴 시간 끝에 다가온 짜릿한 쾌감이랄까, 차 한 잔 생각이 간절했다.

시쌍판나西双版納

중국 오지 중 오지를 찾아 갔다. 중국 국내 비행기를 처음 타 보았다. 기내는 깨끗한 편이다. 비행기에서 내려다본 맑은 대기권, 유리알 같았다. 태양이 작열한다. 울창한 숲이 파도처럼 일렁인다. 푸른 바다 속 해초들이 머리를 풀어헤치듯 나무들이 마치 유영하는 물고기 같았다. 나무의 바다, 정말 수해다. 그 나무들 대부분은 고무나무, 이곳은 중국의 유명한 고무 주산지다. 안내원은 여기는 아열대 기후라 여름 내내 비가 오는데 오늘같이 맑은 날을 만난 건 운수대통이라고 힘주어 말한다.

숙소는 최고급 빌라라 했는데, 방안에 들어가다 깜짝 놀랐다. 천장에 도마뱀 새끼 몇 마리가 달라붙어 있는 게 아닌가. 또 이런 양서류들이 마루에, 화장실에도 기어 다니고 있었다. 이것들과 하룻밤 동거를 해야 하나 어쩌나 하는데, 소동을 벌인 회원들 덕에 직원들이 빗자루를 들고 와 그것들을 몰아내고서야 짐을 풀었다.

서울에서 온 차 모임 회원 10여 명, 중국 현지에서 일하고 있는 처녀 형제, 중국민요 수집 차 온 방송국 PD 들이 함께 모여 자기소개를 하고 다과를 나누며 즐거운 시간을 보냈다. 결국 노래자랑까지 하고 자리를 떴다.

하룻밤 자고 나니 제법 여독이 풀려 가뿐했다. '시쌍판나'는 중국 사람들도 가기 힘든 곳이라 한다. 그날은 '애니'족 마을을 방문했다. 울퉁불퉁한 비포장 거친 도로 아래 천 길 낭떠러지 시퍼런 강물, 백담사 가는 길은 여기 비하면 양반이다. 얼마를 달려갔을까?

저 멀리 초라한 초가집들이 우리 옛 마을을 연상케 했다. 마을 입구에 넓은 시내가 있다. 누런 황토 물이 범람하는 걸 보니 오전에 소나기가 한바탕 지나간 것 같다. 그 냇가에 대나무를 촘촘히 엮어 만든 뗏목을 띄워 삼사 명씩 나누어 타고 마을로 들어가야 했다. 이상한 것은 남자들은 다 나무 밑에서 쉬고 있는데, 여자들은 노를 젓느라 힘들어 했다. 모계 중심사회의 특성이다. 나는 뗏목이 너무 허술해서 사고가 날까봐 걱정이었는데 무사히 잘 건넜다.

마을로 들어갔다. 발가벗은 아이들이 맨발로 장마 뒤 개구리 뛰놀듯 천방지축이었다. 화장실이 따로 없어 사람들의 대변과 짐승들의 분뇨 덩어리가 길에 나뒹굴었다. 골목어귀에는 16세쯤 되어 보이는 앳된 처녀들이 전통의상을 입고 삐죽한 모자를 쓰고 비누 방울 같은 웃음을 날리며 우리를 반겨 주었다. 얼굴은 가무잡잡해도 눈이 크고 귀염성이 있었다. 그들은 양팔에 각색 실로 짠 수예품을 늘어뜨리고 "사요, 사요." 하며 애교를 부린다. 남편도 그 웃음에 반하여 어깨에 메는 알록달록한 가방을 하나 샀다. 조금 후 처녀들은 각자 자기 집으로 우리를 데리고 갔다. 납작한 초가집 좁은 마당은 그래도 정갈했다. 낡은 장롱에서 정성껏 짜놓은 여러 가지 수공예품을 꺼내 보이며 무척이나 수줍어했다. 내가 어렸을 때 동네 처녀들이 호롱불에 머리카락을 지지고 태워가며 미지의 신랑감을 그리며 한 땀 한 땀 방석과 베갯잇에 수를 놓듯 그들도 그러한 심정이었으리라.

더 깊숙한 골짜기로 이동했다. 불면 그대로 날아갈듯 한 갈대로 엮은 허술한 집을 구경했다. 아래층엔 몇 마리 돼지가 꿀꿀거리며 먹이에 딤닉해 있나. 관광객노 아랑곳없다. 이층으로 올라가는 나무 계단이 삐걱 소리를 내며 위태로웠다. 마루라기보다 나무 판을 이리저리 걸쳐 놓아 그 틈새가 너무 넓어 조심스럽다. 더구나 아래층 가축 분뇨 냄새가 그대로 올라와 코를 막지 않고는 견딜 수가 없었다. 이러한 곳에서 천진스럽게 살아가는 저들을 보니 사람은 환경의 지배를 받고 사는 것에 익숙해져 있다는 생각이 들었다. 한쪽에 진흙으로 만든 부엌이 있었다. 세간이라곤 눈에 띄지 않고 찌그러진 냄비엔 암죽이 끓고 있었다. 부엌 한편에 흙벽을 쌓아 중간에 문을 달고 방 2개를 독립 공간으로 만들었다. 한쪽엔 엄마와 딸들, 다른 쪽엔 아빠와 아들이 잔다고 한다. 헌 나무 조각을 침대로 사용하고 낡은 홑이불이 덮여 있었다. 이렇게도 사는구나 하는 생각에 마음이 무거웠다.

중국은 56개 소수민족들로 구성되어 있고 주로 모계중심사회다. 중국 정부는 소수민족을 동화시키기 위해 좋은 정책을 쓰고 있다. 베이징 유학비를 대주고 공부시키려 해도 좀처럼 응하지 않는다. 그들만의 언어 문자를 쓰며 결혼도 자기 종족끼리만 한다. 자기들만의 전통을 고수하고 벽을 허물지 않는다고 한다.

그런데 한 가지 흥미로운 것은 자유연애 결혼이다. 음력 3월 3일, 지정된 장소에서 일정 나이 이상 된 처녀 총각들이 모여든다. 각 색종이와 헝겊으로 '채색 공'을 만들어 처녀가 주도권을 갖고 마음에 드는 총각에게 공을 던진다. 총각들은 그 공을 받기 위하여 맹훈련을 한다고 한다. 공을 받은 총각은 행운의 함박웃음을 날린다. 양가 부모님에게 절하고 결혼 승낙을 받는다. 오늘날 우리들과는 달리, 계산이 없는 이 모습이 얼마나 순수한가.

10여 년 전 계림의 이강, 동굴, 석림 등 어마어마한 자연 경관과 넓은 중국에 압도되어 감탄을 했지만, 이번에 시쌍판나 오지에서 만난 '애니'족들의 원시생활에 가까운 삶은 순박하다 못해 오히려 눈물겹다. 거대한 다왕수를 만난 것도 행운이었다. 속도를 잊은 느릿한 세상, 문명의 냄새가 전혀 나지 않는 원시 그대로인 그들의 삶이, 아직도 내 마음속에 아릿한 잔영으로 남아 있다.

짙푸른 호프만 공원

물질문명의 최첨단을 달리고 있는 미국에는 그 문명의 높이만큼 광대한 대자연이 있어 보는 이를 감탄케 한다. 울창한 수목, 끝없이 펼쳐진 잔디밭, 자연을 즐기며 평화롭게 살아가는 그 모습이 부럽다. 그 광활한 자연의 일부를 찾아 오늘은 새크라멘토의 젖줄인 American river와 그 연안 호프만 공원을 가 보았다.

아메리칸 리버는 시에라 산맥에서 발원하여 깊은 계곡을 지나 산과 들을 감돌아 여기까지 흘러온다. 이 강은 샌프란시스코를 지나 태평양을 향해 달린다. 우리의 인생처럼 때로는 조용하게 때로는 빠른 물살로 어느 때는 격랑의 소용돌이로 흰 거품을 토해 내기도 한다. 강물을 바라보는 이의 마음의 울림에 따라 다 같은 물이라도 그 무게와 색채가 달리 보인다. 오늘은 물색도 유난히 푸르고 맑다. 강 위에 배 한 척이 떠 있다. 챙이 긴 모자를 눌러 쓴 뱃사공이 뱃머리를 돌린다. 태평양으로 가려나 보다.

우거진 수풀, 고목이 되어 벌렁 누워 있는 나무 등걸 사이로 다람쥐가 넘나든다. 말라 버린 들국화 덤불 속에서 인적에 놀라 화르르 날아오르는 새떼들의 날갯짓, 어린 아들을 데리고 물고기를 낚는 가장의 모습이 여유롭다. 길게 뻗은 산책로에 자전거를 타고 하이킹을 즐기는 청춘 남녀, 말을 타고 줄지어 가는 젊은이들의 늠름함과 여유, 전쟁도 가난도 모르는 저들의 모습이 잠시 부럽기도 하다. I.M.F를 이겨내야 하는 한국의 현실을 바라보면 과연 국력이란 무엇인가 하는 안타까움을 느낀다. 저만큼에 파릇파릇 냉이가 돋아 있다. 누가 뿌려 놓았나? 분명 우리 것과 같다. 반갑다. 한 줌 뜯어 냉잇국을 끓여 볼까. 고향의 향내가 배어 나올까.

물길을 거슬러 한 20분간 달린다. 새크라멘토 동부 호프만 공원은 짙푸른 녹음에 잠겨 있다. 느릿한 정오가 살풋 지났다. 평일 탓인지 사람은 별로 없다. 덩치 큰 애완견을 몰고 어슬렁거리는 중년의 남자가 보인다. 눈이 닿는 저 넓은 잔디밭, 이곳은 겨울철이 우기라 10월부터 비가 내리기 시작하여 4월까지 계속된다. 여름엔 부분적으로 누렇게 시들시들하다가도 겨울만 되면 더욱 생기가 넘치고 파릇파릇해 진다. 우리나라 겨울에는 모든 풀이 죽는 것과 너무나 대조적이다. 잔디밭에 누워 파란 하늘을 본다. 가슴 가득히 밀려오는 평화, 일상의 일을 멈추고, 항해하던 배가 잠시 정박의 안식을 누리듯 나는 이 자유를 만끽한다. 새털구름이 서서히 움직인다.

공원 북쪽에 아담한 박물관이 있다. 거대한 자연에 비해 건물은 소박하다. 안으로 들어가니 벽 사면에 온갖 곤충들과 새들의 모습을 담은 그림이 붙어 있다. 각 진열장에는 올빼미, 개구리, 두꺼비, 독사, 물고기 들이 살아 움직인다. 어둡고 습한 곳에서 인간과 공존하고 있다. 이곳 생태계를 가늠할 수 있는 소중한 박물관이다. 밖으로 나오려는데 한 귀퉁이에 작은 오르간이 있다. 우리의 권유에 못 이겨 동행한 김 교수님은 오르간 연주를 하셨다. 방문객 누구나 자유롭게 건반을 두드려도 좋다는 정서적 배려에 마음이 끌린다. 〈오 대니 보이〉, 〈스와니 강〉의 아름다운 선율이 흐른다. 갑자기 박물관이 환해지는 기분이다. 마지막 곡 〈고향의 봄〉에선 교수님과 우리 두 내외는 코끝이 찡했다.

박물관 앞뜰에 나오니 움집이 보인다. 잔 나뭇가지를 얽어 맨 움집에서 온 가족이 살을 맞대고 행복하게 살았던 옛 인디언들을 상상해 본다. 화덕에는 금방 구워낸 물고기 냄새가 배어 있을 듯하다. 너럭바위에 곡식을 찧던 절구 구덩이가 깊게 파여 있다. 어머니의 손때 묻은 살림살이를 대하는 듯 한결 정겹다. 감나무 밑 어머니가 쓰시던 절구와 맷돌이 생각난다. 풋콩을 맷돌에 갈아 죽을 쑤어 주시던 어머니의 모습이 아슴하다. 시베리아 바이칼호를 떠나 얼어붙은 베링해를 건너 머나 먼 이곳 아메리카로 이주해 온 인디언들, 우리와 같은 몽골리언 계통인 그들의 고단한 삶의 흔적이 고스란히 남아 있다. 강원도 산골에서나 만남직한 이 유물들을 머나먼 미국에서 만나다니 신기하다.

서부 영화에서 흔히 볼 수 있는 인적이 없는 황야였던 이곳이 눈길 닿는 곳마다 울창한 숲으로 변해버렸다. 버려지고 비어있음으로 새로운 시작을 가능케 했으리라. 우리 마음속에 있는 쓸모없는 것들을 비워냄으로써 우리는 새로운 시작을 할 수 있을 것이다. 유유히 흐르는 장강도 앞 물을 비우지 않으면, 어찌 흐를 수 있겠는가.

시계추를 되돌린 듯 옛 인디언들의 흔적에서 아득한 향수를 느낀다. 낯선 대륙의 어느 끝자락, 석양빛이 내려앉은 강물 위에 우리 인생의 작은 궤적이 맴돌고 있다. 역사도 사람도 나의 상념도 물길을 따라 흐른다.

캐나다 여행

미국에 머무는 동안 인접한 나라와 명소들을 하나라도 더 보고 싶었다. 계절도 좋은 5월, 단출한 짐을 꾸려 5박 6일간 캐나다 여행길에 올랐다. 미국 시애틀에서 밴을 타고 캐나다 국경에 닿았다. 비행기를 타야만 국경을 넘었던 여행과는 달리 육로로 다른 나라에 입국한다는 것이 매우 생소했다. 고속도로 톨게이트 같은 국경검문소에서 비로소 이곳이 국가 간 경계선이라는 것을 실감했다. 관광객을 일일이 인터뷰하고 서류를 꼼꼼히 살펴보는 까다로운 입국절차에 지쳐 있을 때 안내원은 이렇게 말했다. "밀입국자가 1년 내내 끊이지 않아요. 발각되면 총살감인데도." 그 말을 듣는 순간 어디선가 번쩍이고 있을 감시의 눈초리를 느껴 소름이 끼치고 섬찟지근했다.

캐나다로 들어서자 삼엄한 경계와 긴장감은 순식간에 사라졌다. 제일 먼저 이름도 유명한 밴쿠버, 이민자들의 도시라고 불릴 정도로 살기 좋은 곳. 차에서 내려 제일 먼저 해안가를 찾았다. 5개의 돛을 펼친 배가 정박해 있는 듯한 모양새를 하고 있는 국제회의장은 너무나 인상적이었다. 그 상징물을 배경으로 '인증샷'을 남기기에 모두들 분주했다.

이튿날 빅토리아섬을 찾았다. 빅토리아섬은 인구 33만여 명의 작은 도시지만 캐나다 12주 중 가장 기후가 좋은 인기 지역이었다. 겨울에도 영하 1~2도, 여름 낮에는 강렬한 햇빛이지만 밤에는 서늘했다. 밴쿠버에서 1시간 넘게 남서쪽으로 '퀸 빅토리아' 배로 이동했다. 승선 인원 2500여 명 400대의 자동차가 들어가는 5층 크기의 엄청난 배였다. 위도 49도 북태평양을 가로지르며 경이로운 풍광을 쏟아 냈다. 바다 위에 떠 있는 휴양지. 그 섬들은 단번에 내 마음을 사로잡았다. 저곳에 살면 세상 근심을 잊고 신선이 되어 날아갈 수도 있겠다는 엉뚱한 생각도 해 보았다. 남편과 나는 동행한 K 교수님을 쳐다보면서 우리 시 한 수 읊어 볼까요? "아! 아름다운 바다여, 빅토리아섬이여!" 더 이상 이어가지 못했다.

주의사당과 왕궁건물은 이 섬의 상징이었다. 의사당은 돔형 건물로 청동구리 색으로 무게가 있고 멋스러웠다. 프랑스 에펠탑의 조각가가 만들었다고 하니 더욱 관심이 갔다.

가까이에 박물관이 있다. 좁은 공간인데 놀랍게도 실물 크기의 밀랍 인형들이 빽빽이 들어섰다. 영국 여왕, 공주, 다이애나 등 왕실 가족이 눈에 띄었다. 미국 대통령 루즈벨트, 클린턴, 케네디. 세기의 영웅 드골, 나폴레옹도 만날 수 있었다. 다른 코너에는 발명가 에디슨, 와이드 및 세익스피어, 바흐, 헨델 같은 예술가들도 서 있었다. 특히 마릴린 먼로와 크레오파트라 같은 절세미인 앞에서 그들의 잘생긴 눈, 코, 입 발그스레한 뺨까지 찬찬히 살펴보았다. 나는 잠시 남편의 표정을 훔쳐보았다. 겉으로는 아무런 동요도 없어 보였다.

부차드 가든(Butchart Garden)은 세계에서 가장 아름다운 정원 중 네 번째다. 16만여 평의 거대한 꽃 정원인데, 수십만 종의 꽃들이 마치 색들의 군무처럼 현란했다. 정원 주인은 스코트랜드 사람 부차드인데, 처음에는 이곳에 시멘트 공장을 차려서 거부가 되었다. 나중 공장을 폐쇄하고 험상궂은 땅을 바라보며 무엇을 할까 궁리 끝에 아름다운 정원을 만들겠다고 결심했다. 12여 년의 공사 끝에 지금의 세계적인 꽃 공원을 만들었다. 1000여 명의 직원이 일하며 먹고 살고 있다. 군데군데 작은 동산과 언덕을 만들어 조화와 균형을 이루었다. 1~12번까지의 꽃길을 만들어 주제별, 색깔별, 모양별로 멋진 정원을 조성해 놓았다. 조그만 바위산이 조망대로 탈바꿈하여 그 넓은 정원이 한눈에 들어온다. 호수 가운데 분수동산을 만들어 시원한 물줄기를 뿜어낸다. 주변에는 일본, 유럽 여러 나라의 정원들을 만들어 놓았다. 우리나라 정원이 없어서 매우 서운했다.

로키산맥을 향하여 고속도로로 접어들었다. 캐나다 미국을 잇는 세계에서 두 번째로 긴 산맥이다. 우리나라 산은 꼭대기가 삐죽한데 이 산들은 윗부분이 더욱 뭉툭한 게 웅장하고 거대했다. 쳐다보기만 해도 현기증이 일어날 정도였다. 가는 도중 장대 같은 침엽수들이 온 산을 뒤덮었다. 어제까지만 해도 꽃 천지였는데 웬 만년설인가. 만년설이 흘러내린 얼음 호수는 울창한 침엽수 바다 가운데 새파랗게 쉼터처럼 누워있다. 크고 작은 폭포들이 그림처럼 쏟아지고, 특히 면사포 폭포는 하늘하늘 비단실같이 아름답고 눈부셨다. 가는 곳마다 강이나 작은 시내까지도 옥색 치마폭을 드리운 듯했다.

신나게 달리던 차가 속도를 줄였다. 모두가 눈을 의심했다. 소, 양, 사슴, 또 이름 모를 짐승들이 넓은 도로에 어슬렁거리고 있었다. 차에서 내려 짐승들을 바라보니 신기했다. 우리는 그들을 경계했지만 그들은 조금도 우리를 두려워하지 않았다. 오히려 순한 눈망울로 우리를 쳐다보고 있었다. 사진을 찍느라 야단인데, "곰이다." 하는 소리에 정신이 번쩍 들었다. 저쪽 나무 아래 쌓인 눈 더미 속에서 까만 곰의 눈망울이 반짝이었다. 중간크기였다. 미국에서도 못 본 곰을 여기서 보다니. 이것만 해도 캐나다 여행의 본전을 뽑았다고 흥분했다.

며칠간 기름진 음식에 식상하던 차, 점심으로 먹은 김치와 순두부찌개 맛은 개운했다.

로키산맥의 문턱에 닿았다. 산맥의 시작이라고 하는 '레벨스톡'이라는 곳에서 곤돌라를 타고 눈 아래 펼쳐지는 절경을 보니 발끝이 오그라들고 긴장이 되었다. 짜릿한 설렘도 감출 수 없었다. 멀리서만 보던 만년설을 가까이에서 보니 마치 히말라야를 정복한 듯 장쾌무비했다.

세계 10대 절경으로 뽑히는 호수 '레이크 루이스'는 로키산맥 깊숙이 들어가 있어 그 산맥의 그림자를 한껏 담아내고 있었다. 로키산맥의 진주라고 불리는 루이스 호수의 물빛을 무어라 표현해야 할까.

수많은 예술가들의 심금을 울린 루이스 호수. 그 푸른 물결 위에 한 사나이가 외로이 조그만 배를 저어가고 있었다. 인간 언어의 묘사로는 표현할 수 없는 비경이었다.

5월의 캐나다는 참 멋지고 아름다웠다. 가는 곳마다 신의 손길이 닿은 에메랄드 물빛과 장쾌한 폭포들, 장엄한 로키산맥, 그 하나하나가 모두 완벽한 예술이었다.

팔라완섬을 찾아서

내 생일을 기념하여 아들 가족과 우리 내외가 7박 8일 일정으로 필리핀 여행을 갔다. 네 시간 비행 끝에 마닐라 공항에 도착, 두어 시간 기다린 후 다시 팔라완섬을 향해 1시간을 날아갔다. 11월인데도 그곳은 한창 여름, 남쪽 나라답게 무성한 활엽수들이 바람에 일렁이고 태양은 더없이 뜨거웠다.

밤 10시 호텔을 빠져나갔다. 거리에는 세 사람이 겨우 탈 수 있는 오토바이를 개조한 볼품없는 택시가 분주하다. 버스라곤 찾아 볼 수 없는 열악한 교통상황, 시골 원두막 같은 허술한 판자촌, 막대기 몇 개 세우고 제멋대로 생긴 낡은 천을 달기만 하면 집이 완성된다. 그 속에서도 어린 것들은 소박한 저녁을 먹고 곤한 잠을 자고 있겠지. 저잣거리에는 뒤틀린 문짝에 허름한 상점, 고집스럽게 전통을 지키려는 듯 보이는 볼품없는 진열 상품들이 우리나라 1960년대 시골 장터를 연상케 했다. 삶의 애환이 묻어나는 풍경들이다. 나는 지금 시간을 거꾸로 되돌리는 여행길에 나선 듯한 착각에 빠진다.

국적을 알 수 없는 세 식구와 우리 가족을 태운 차는 속력을 내며 고개를 넘고 계곡을 지나 제법 울창한 삼림 속으로 숨 가쁘게 달려간다. '아이왁' 강물의 반딧불을 보기 위해서다. 손자들은 벌써 잠에 곯아 떨어졌다. 드디어 불빛이 가물대는 어느 강기슭 초라한 포구에 도착한 것은 밤 11시. 조그만 통나무배에 세 명씩 나누어 탔다. 정말 일엽편주다. 바람 한 점 없는 고요한 수면, 강을 거슬러 올라가니 울창한 숲이 강물에 비쳐 컴컴하고 음산했다. 노 젓는 소리만 간간이 들릴 뿐 적막한 밤이었다. 하늘에는 금강석을 뿌려 놓은 듯, 금방이라도 별을 한 움큼 딸 것 같았다. 저처럼 총명하고 큰 별은 처음 봤다.

강 연안 저만치 나무 실루엣이 어른거렸다. 파란 불꽃이 가지마다 눈부시게 반짝거렸다. 아까 본 하늘의 별들이 고스란히 내려앉은 듯했다. 뒤 따라 오던 손자들이 "와! 반딧불이다." 하고 고함을 질렀다. 크리스마스 트리의 전등불처럼 불꽃이 피었다 사라졌다를 반복했다. 강물과 반딧불이의 환상적인 조화, 경이로운 이국의 밤 풍경이다.

좀처럼 입을 열지 않던 뱃사공은 아들과 무어라 신나게 이야기를 했다. "대한민국은 멋진 나라다. 부럽다. 꼭 가보고 싶다. 몇 번 비자 신청을 했지만 번번이 퇴짜를 맞았다. 다시 노력하고 있다."고 했다.

팔라완의 주도 푸에르토 프린세사를 떠나 세계문화 유산인 지하강으로 행했다. 숙소였던 쉐리단 리조트는 우리 가족에게 필리핀에 대한 새로운 인상을 심어준 곳이었다. 호텔시설은 최고급이고 문만 열면 바로 앞에 넓고 넓은 수영장, 산으로 둘러싸인 리조트 전경은 남태평양 물결로 더욱 아름다웠다. 지하 강 투어에서 본 동굴의 다양한 모습에 손자들은 환성을 쏟아냈고 우리는 그만큼 더 즐거웠다.

다시 마닐라로 돌아와 시내 관광을 마친 후 바다로 나갔다. 필리핀 특유의 배 '방카'를 탔다. 우리를 따라와 시중드는 앳된 소년들과 총감독 합해서 우리 가족 6명보다 많았다. 그들은 우리가 주는 팁으로 하루 일당을 받기로 하고 고용된 사람들이었다. 까만 얼굴에 허약한 체질, 보기에 딱했다. 필리핀의 국력을 나타내는 한 단면이었다. 바다 한가운데 뗏목을 박아 안전한 경계선을 쳐놓았다. 또 시골 골목같이 구불구불한 물길을 내어 재미를 더했다. 그 안전한 공간에서 어른 아이 할 것 없이 수영을 즐기는 모습이 참 좋았다. 수영을 못하는 나도 물 공포증에서 벗어나 우리 식구들끼리 물을 뒤집어쓰고 한바탕 재미있게 놀았다.

야자수 늘어진 백사장에 수많은 비취 파라솔이 장관이었다. 늦은 점심이라 배가 고팠다. 그 파라솔 아래 테이블 한 개에 전속 요리사 2명이 배당되어 있다. 수족관 생선 중 가장 마음에 드는 생선을 고르면 요리사들이 거기에 맞는 양념을 해서 매운탕을 끓여준다. 금방 잡아 올린 싱싱한 생선, 크기도 엄청났다. 밥은 푸석했지만 찌개는 더없이 맛이 있었다. 손자들은 조개를 줍고 어미는 미역 한 다발을 건져 올려 저녁 찬을 마련한다며 좋아했다. 하얀 고운 모래, 파란 바다, 멀리서 밀려오는 은빛 파도가 물고기 비늘처럼 번뜩였다.

필리핀 여행의 막바지, 마닐라에서 2시간 이상 남쪽으로 내려갔다. 식민지시대 스페인 통치자가 살았던 빌라 에스꾸떼로를 찾았다. 고관대작의 문패가 아직도 걸려 있는 웅장한 저택, 근엄하고 웅장한 풍모는 권력가의 집답다. 지금은 그 후손들이 살고 있다고 한다. 경내는 가늠할 수 없을 정도로 넓었고 거대한 수목들은 남국의 정취를 물씬 풍겼다. 사무직원이나 인부들은 하나같이 스페인 복장이다. 마치 식민지 시대로 되돌아간 느낌이었다. 이런 통일된 복식이 나의 눈에는 어색했다.

대저택을 벗어난 한적한 곳에 고풍스런 성당이 눈에 띄었다. 성당 1,2층은 모두 박물관으로 사용되고 있었다. 스페인이 세계 무역으로 이름을 떨칠 때 세계 각국에서 진기한 보물들을 수집해 놓은 것들이었다. 예술품, 골동품, 보석, 장식장 심지어 각국의 왕들이 쓰던 침대, 목욕탕, 변기까지 진열되어 있었다.

한 코너에서 눈이 휘둥그레졌다. 예수님과 사제들 그리고 제자들의 조각상이 의상과 모자를 갖추고 실물 크기로 서 있었다. 특히 예수님 의상은 파격적이었다. 긴 원피스에 모자까지 눌러쓴 인자한 모습이었다. 지금까지 보아온 예수님의 비통한 모습과는 너무나 대조적이었다. 고증을 거친 것이라지만 나는 어쩐지 납득이 되지 않았다. 규모는 작지만 한국관도 있었다. 우리나라 역대 대통령들의 상반신 상을 전시해 놓았다. 특별히 육영수 여사의 상을 대하니 무언가 모를 애잔함이 스쳐갔다.

점심시간이었다. 여기 식당은 아마 세계에서 유일한 곳인 듯싶다.

폭포수가 쏟아지는 아래쪽 넓은 계곡에 평상이 놓여 있고 그 밑으로 흐르는 계곡물은 발가락을 적시며 온 전신을 시원하게 했다. 이름도 알 수 없는 본토 음식들이 즐비했고 연기를 피우며 양념한 돼지고기가 한창 맛있게 구워지고 있었다. 손자들과 함께 열대과일 망고를 실컷 먹었다.

공연이 시작되었다. 넓은 강당이 관광객들로 꽉 차고 넘쳤다. 무대에는 필리핀 민속춤이 그들의 고유한 악기에 맞춰 흥겹게 펼쳐졌다. 그중 정열적인 스페인 전통 춤 '플라멩코'가 단연 압권이었다. 겹겹이 바닥을 끌며 나풀대는 붉은색 치맛자락이 갑자기 격렬한 리듬을 타고 격정적인 춤을 발산했다. 화려한 몸동작과 함께 가끔 추임새로 손뼉을 치면 춤은 절정에 이른다. 원래는 집시들이 구걸에서 돌아와 하루의 애환을 달래는 한의 춤이었으나 1938년 스페인 무용가가 예술로 승화시켰다고 한다. 집시의 노래와 춤 연주를 보면서 애절한 그 무엇이 가슴을 타고 흘러내렸다.

필리핀에서는 큰 슈퍼에 들어갈 때, X-RAY를 통과해야 하고 가드들이 총을 메고 검색해야 하는 치안이 불안한 나라다. 그러나 대다수 국민들은 소박하고 친절했다. 아들의 영어회화 실력으로 낯선 필리핀 여행이 더욱 순조로웠다.

호주 여행

10여 년 전 우리 내외와 큰딸 가족이 뉴질랜드에 살고 있는 막내딸을 만나러 갔었다. 남북 섬을 다 구경하고 좀 여유를 가졌을 때였다. “우리 여기까지 왔는데 호주에 가 볼까?” 큰딸의 이런 제의에 선뜻 마음이 동했다.

공항에 내리자 우리를 태운 버스는 ‘오페라 하우스’ 광장에 도착했다. 푸르다 못해 검어 보이는 남태평양과 묘한 조화를 이루는 건물이 눈에 들어왔다. 1957년 국제 디자인 공모에서 1등으로 당선된 덴마크의 젊은 건축가 요른 웃손(Jern utzon)의 작품인 시드니 오페라 하우스다. 20세기 최고의 건축물로 유네스코 세계 문화유산이다. 시드니 항구에 정박되어 있는 요트들의 돛 모양을 되살린 조가비 모양의 날렵한 흰 지붕이 나의 마음을 사로잡는다.

사진이나 TV영상으로만 보아왔던 건축물을 직접 와서 보게 되니 그립던 사람을 만나듯이 반가웠다. ‘마침내 이것을 보는구나.’ 하는 묘한 성취감 같은 것도 느껴졌다. 정작 그 안에서 공연되는 예술은 하나도 보지 못하고 외관만 바라보기에는 아쉬웠지만 어쩔 수 없었다.

눈이 시릴 만큼 출렁이는 푸른 물결을 헤치고 배는 하버브리지 아래로 미끄러져 갔다. 세계 삼대 미항이라는 명성에 걸맞게 정말 아름답다. 푸른 바다에서 바라본 시드니는 언덕의 도시였다. 해변의 모든 집의 지붕은 붉은색으로 활기차 보였다. 처음에는 검은색이었는데 영국 여왕의 지적으로 붉은색으로 바뀌었다고 한다. 남국의 햇살을 흠뻑 머금은 붉은 지붕과 푸른 물결이 환상적이었다.

우리는 숙소로 돌아가지 않고 야경을 보기 위해 해변 가를 거닐었다. 해변 둘레에 빽빽이 들어찬 높고 낮은 건물들 사이로 어둠이 서서히 자리 잡기 시작했다. 왼쪽부터 한 무더기씩 건물들이 벌떡벌떡 일어나는 형상으로 조명이 들어왔다. 마치 들불이 번져가듯. 수많은 관광객들이 환호성을 질렀다. 우리는 화려한 밤바다의 네온을 바라보면서 저녁식사를 했다. 이름 모를 굵직한 조개가 풍겨내는 진한 향기, 살이 통통한 새우, 바닷게를 그렇게 실컷 먹어 보기는 생전 처음이었다. 큰딸이 크게 한턱 쏘았다. 황홀한 네온이 잠긴 멋진 바다를 바라보며 이국의 음식들을 이것저것 먹어보는 것도 여행의 큰 즐거움 중의 하나다.

다음 날 모노레일 표를 끊은 뒤 딸과 손자가 먼저 기차에 오르는 것도 모르고 초등학교 6학년인 손녀는 또래들과 몇 마디 말을 주고받으며 신기해했다. 그런데 모노레일의 뒤꽁무니가 서서히 움직이는게 아닌가. 나는 당황하고 놀라서 황급히 매표원을 찾았다. 그녀는 우리에게 걱정 말라고 다음 차를 타면 첫 정거장에서 만날 수 있다고 했다. 울상이 된 손녀와 20분을 기다려서 다음 차를 탔다. 첫 정거장에서 차가 멈추었다. 플랫폼에서 잔뜩 긴장된 표정으로 딸과 손자가 서 있다가 문이 열리자 우리를 보고 후다닥 차 안으로 들이닥쳤다. 이산가족 상봉이 따로 없었다. 손녀는 엄마를 안고 울먹였다.

관광버스는 한국인으로 가득했다. 블루마운틴의 세자매봉은 에코포인티에서 가장 가까이 볼 수 있다고 한다. 넓은 전망대에서 시야가 확 트인 벌판을 지나 저 멀리 푸른빛을 마음껏 발산하는 블루마운틴, 아스라이 어깨를 나란히 하고 서 있는 세자매봉이 정답다. 시닉 월드에서 그 유명한 레일 웨이를 타고 반 누운 상태로 안전벨트를 끼고 급경사로 내리막을 내달린다. 너무 아찔하고 무섭다. 그러나 스릴 만점이다.

타롱가 동물원에 들어서니 수많은 동물들이 머리를 들고 관광객들을 뻔히 쳐다보는 모양새가 자못 흥미롭다. 덩치 큰 코끼리가 어슬렁, 호화로운 얼룩 무늬 옷을 입은 목이 긴 기린, 이름 모를 새들이 요상한 노래를 부르며 날아다닌다. 코알라는 재롱둥이다. 유칼립투스 나뭇잎을 잘도 먹는다. 나무 틈새에 끼어 먹다 말고 똥 싸고 살살 긁더니 이내 단잠을 자고 있다. 잠들어 있는 코알라가 너무 귀엽다. 나보다 더 행복한 삶은 없다는 표정이다. 손주들은 먹이를 사서 손바닥에 올려놓고 동물들이 혓바닥으로 핥아 먹는 걸 보며 너무나 즐거워한다. 그렇다. 나도 이 아이들과 같은 여린 마음이라면 내 삶도 더욱 행복할 수 있으리라.

시드니에서 차로 2시간을 달려 '아나베이' 사구를 찾았던 날은 잔잔한 바람이 부는 맑은 날이었다. 사구는 바람의 세기와 바람 방향에 따라 여러 형태를 이루며 이동한다고 한다. 곱고 보드라운 은모래 빛, 긴긴 세월 켜켜이 쌓인 퇴적물, 바람의 힘으로 옮겨진 모래라고 믿기지 않을 만큼 넓고 거대한 사막이다.

모래에 푹푹 빠져 가며 30미터의 모래 언덕을 기어올라가는 것은 매우 힘들었다. 가이드가 샌드보딩 사용법을 자세히 설명해 주었지만 나는 조금 내려가다가 옆으로 미끄러져 나갔다. 딸과 손주들은 팔을 들고 "야호! 야호!" 외치며 끝까지 완주했다. 사방이 모래뿐인 사막 체험은 처음이라 얼떨떨했다. 그러나 깔깔대는 아이들의 웃음소리만으로도 즐거웠다. 가만히 귀 기울이면 모래 움직이는 소리가 나는 듯했다. 손을 뻗어 모래를 만져보았다. 따뜻했다. 손주들이 부르는 소리에 고개를 들어 보니 모래 언덕 위로 눈부신 햇살이 부서져 내렸다. 아! 호주는 강렬하다.

김용자 수필집

길은 순간마다 아름답고

인쇄 2018년 8월 27일
발행 2018년 8월 30일

지은이 김용자
발행인 서정환
펴낸곳 수필과비평사
주소 서울시 종로구 삼일대로 32길 36(익선동 30-6 운현신화타워 빌딩) 305호
전화 (02) 3675-3885 (063) 275-4000 · 0484
팩스 (063) 274-3131
이메일 shina2347@naver.com essay321@hanmail.net
출판등록 제300-2013-133호
인쇄 · 제본 신아출판사

ISBN 979-11-5933-168-8 03810

값 13,000원

이 도서의 국립중앙도서관 출판시도서목록(CIP)은 서지정보유통지원시스템 홈페이지(http://seoji.nl.go.kr)와 국가자료공동목록시스템(http://www.nl.go.kr/kolisnet)에서 이용하실 수 있습니다.(CIP제어번호 : CIP2018024806)

Printed in KOREA